AF355059

Manual de uso de las reglas
Incoterms 2020

Alfonso Cabrera Cánovas

Con la colaboración de:

www.logisnet.com

Colección: Biblioteca de Logística
Director: David Soler

Manual de uso de las reglas Incoterms 2020
1.ª edición, 2020

© 2020, Alfonso Cabrera Cánovas
© de esta edición, incluido el diseño de la cubierta, ICG Marge, SL

Edita: Marge Books
València, 558 – 08026 Barcelona
Tel. 931 429 486 – marge@margebooks.com
www.margebooks.com

Gestión editorial: Adrià Gibernau
Edición: José M. Collazos
Infografía: José Soto
Compaginación: Mercedes Lara
Impresión: Safekat, SL (Madrid)

ISBN edición impresa: 978-84-17903-40-4
ISBN edición digital: 978-84-17903-41-1
Depósito Legal: B 8674-2020

A mi mujer, Juana Mari,
y a mi hija Virginia,
que me hacen feliz

Índice

El autor

**Alfonso Cabrera Cánovas** es licenciado en Ciencias Económicas y Empresariales por la Universidad de Murcia, y profesor de Organización y Gestión Comercial en el ámbito de la formación profesional desde 1996.

Imparte formación en el IES Príncipe de Asturias (Lorca, Murcia) relativa a Gestión Administrativa del Comercio Internacional, Transporte Internacional de Mercancías y Negociación Internacional dentro del ciclo de grado superior de Comercio Internacional.

Es miembro del Comité Español de la Cámara de Comercio Internacional (CCI), está inscrito en el Registro de Representantes Aduaneros (pruebas de aptitud de convocatoria de 2017) y tiene certificado de Competencia Profesional para el Transporte de Mercancías (2004).

Master Executive en Gestión de la Cadena de Suministro impartido por ADL (Asociación para el Desarrollo de la Logística), curso 2013-2014, es profesor de numerosos cursos, seminarios y másteres en diferentes escuelas de negocios (Grupo IOE, Iniciativas Empresariales, IEBS, ACEDIS, etc.).

Es autor de los siguientes libros:

- *El contrato de transporte por carretera (Ley 15/2009)*, Marge Books.
- *Transporte internacional de mercancías*, ICEX.
- *El transporte internacional por carretera*, Marge Books.
- *El Convenio CMR* (coautor junto a Francisco Sánchez-Gamborino), Marge Books.
- *Las reglas Incoterms 2010. Manual para usarlas con eficacia*, Marge Books.
- *Normativa del transporte de mercancías por carretera*, Marge Books

alfonsoprofesor@yahoo.es
www.formacionentransporte.es

Introducción

La globalización de la economía y de las actividades productivas, que ha alcanzado grandes dimensiones, obliga a numerosas compañías a tomar decisiones estratégicas para optimizar sus procesos de aprovisionamiento, producción y distribución hasta los mercados finales. El nivel de apertura real de los mercados, la división entre economías productoras y consumidoras, y la competencia las obliga también a gestionar convenientemente sus operaciones de compraventa internacional de productos.

En cualquier caso, el comercio internacional proporciona a la empresa grandes beneficios entre los que podemos citar los siguientes:

- Aumenta las ventas al acceder a nuevos mercados internacionales.
- Incrementa las economías de escala mediante el uso más eficiente de sus recursos.
- Diversifica los riesgos al desarrollar sus operaciones en distintos mercados y países, lo que a su vez reduce su dependencia de la evolución económica en las diferentes áreas económicas.
- La hace ser más competitiva en el mercado nacional, donde podrá poner en práctica todo lo aprendido en los mercados internacionales.
- Alarga el ciclo de vida de los productos y les permite acceder a más segmentos de mercado y perfiles de clientes en función de la evolución de los mercados internacionales.
- Le da acceso a una red más amplia de proveedores que mejora su competitividad mediante la optimización de costos derivada de realizar las compras en los mercados internacionales.

- Es una respuesta a la competencia internacional que opera en el mercado nacional, y a la globalización, que no constituye solo una vía para crecer y aumentar la competitividad sino también para desarrollar casi cualquier proyecto empresarial.

Sin embargo, operar en los mercados internacionales no solo implica beneficios sino también riesgos de distinto tipo, entre los que podemos destacar los siguientes:

- *Riesgos comerciales:* impago o incumplimiento de contrato.
- *Riesgos país:* políticos (guerra, impago del sector público, «corralito», etc.) o extraordinarios (catástrofes naturales que impiden desarrollar las operaciones).
- *Riesgos aduaneros:* que la operación quede imposibilitada o retrasada temporalmente, o que genere más costos de los esperados (incluso deje de ser rentable) por el deficiente desarrollo de los procedimientos aduaneros que afectan a casi todas las operaciones de comercio exterior.
- *Otros riesgos:* transporte (siniestros), tipo de cambio, etc.

Por lo tanto, las operaciones de comercio internacional están sujetas a mayores riesgos e incertidumbres que las nacionales, debido a las diferencias lingüísticas y legales; a la complejidad y el costo del transporte, que debe cubrir distancias más largas; al cumplimiento de los trámites y requisitos aduaneros, y a las dinámicas comerciales, entre otras causas.

Habida cuenta de los obstáculos que todo ello supone para la actividad de las empresas, y al objeto de facilitar las compraventas en el ámbito internacional mediante la aplicación de criterios normalizados que ofrecieran seguridad y limitasen las disputas, la Cámara de Comercio Internacional (CCI) publicó en 1936 la primera versión de las reglas Incoterms, esto es, las reglas de la CCI para el uso de términos comerciales nacionales e internacionales. Estas reglas permiten determinar las gestiones, los costos y los riesgos que la parte vendedora y la compradora deben asumir sobre la base de un contrato de compraventa (nacional o internacional) y en función de la operativa que se despliega en su desarrollo. De este modo, las reglas Incoterms tienen naturaleza de *lex mercatoria* (ley mercante) y constituyen uno de los instrumentos de los que se dotan las empresas para llevar a cabo sus operaciones con seguridad, avanzar en la normalización de las compraventas y reducir así el riesgo de controversias y litigios.

Mediante la aplicación de una regla Incoterms al contrato de compraventa se determinan:

- Las principales obligaciones de las partes vendedora y compradora respecto a dicho contrato.
- Los costos atribuibles a cada parte en relación con el transporte y el resto de los eslabones de la cadena logística.
- La obligación de realizar los despachos de aduanas (en caso de que la operación los requiera).
- El momento de la entrega y la transmisión de riesgos de la parte vendedora a la compradora.

En consecuencia, toda organización que intervenga en una operación de comercio internacional necesita conocer y aplicar correctamente estas reglas (que son igualmente aplicables en el ámbito nacional), por cuanto de ello depende su capacidad para:

- Ofrecer precios ajustados a los costos que deba asumir como parte vendedora (por lo tanto, con una regla que asigna mayores costos a esta parte se propondrá un precio más alto).
- Interpretar los precios de las ofertas de compra y elegir el óptimo en función de los costos y riesgos.
- Cumplir con las obligaciones estipuladas por la regla convenida y determinar las que correspondan a la otra parte.
- Identificar el momento de la entrega y la transmisión de los riesgos de la mercancía durante su transporte.
- Negociar y aplicar la regla adecuada según las características de la operación.
- Identificar los aspectos no regulados por la regla en cuestión y que conviene concretar en el contrato de compraventa (calidad y características técnicas de las mercancías, plazo de entrega, medio de pago, legislación aplicable ante disputas y su vía de resolución –juzgados o arbitraje–, etc.).

De todo ello se desprende que el conocimiento de las reglas Incoterms es esencial para el correcto desarrollo de la actividad comercial en el ámbito internacional, pues su incorporación a un contrato de compraventa de mercancías tiene implicaciones en la práctica totalidad de los aspectos que conciernen a cada operación. De ahí la necesidad de utilizar apropiada y eficazmente estas reglas para limitar en lo posible los riesgos de las operaciones y optimizar sus costos de modo que las organizaciones puedan desenvolverse en los mercados internacionales en condiciones óptimas.

Por el contrario, el desconocimiento generalizado de las reglas Incoterms y de las implicaciones que acarrea su aplicación inapropiada puede llevar a las empresas a utilizarlas de manera inadecuada, a menudo por inercia (al aceptar las condiciones propuestas por la otra parte sin valorar su conveniencia para la propia organización), por costumbre (al acordar invariablemente la misma regla en todas las operaciones) o por otros criterios igualmente arbitrarios que las exponen a mayores riesgos y costos. Estas situaciones suelen traducirse en incumplimientos del contrato, controversias comerciales, duplicidades en el pago de costos, reclamaciones sin fundamento jurídico, problemas aduaneros, ineficaces combinaciones con el seguro y el medio de pago, retrasos en la entrega, etc., que redundan indefectiblemente en perjuicio de la empresa y de su expansión internacional.

Para abordar eficazmente todos estos aspectos y ofrecer así un manual de consulta, este libro presenta una descripción general del comercio en el ámbito de las compraventas internacionales y de su evolución reciente, así como de su relación con el transporte internacional. A continuación, expone los aspectos esenciales de la logística internacional y las principales características de cada medio de transporte, cuyo conocimiento es básico para aplicar adecuadamente las reglas Incoterms. También se analizan las características y la necesidad de dichas reglas, las principales novedades de la versión de 2020, su alcance y su relación con los contratos de transporte y de seguro, así como con el crédito documentario.

Este libro realiza, desde una perspectiva práctica y operativa, un minucioso análisis del uso de las diferentes reglas Incoterms, tanto de las multimodales (EXW, FCA, CPT, CIP, DAP, DPU y DDP) como de las destinadas a las operaciones de transporte marítimo (FAS, FOB, CFR y CIF). El análisis de cada una de las reglas incluye la descripción general de las condiciones de venta y entrega de la mercancía, la relación de las principales obligaciones y costos que debe asumir cada parte y unas consideraciones básicas para su aplicación eficaz, entre ellas, diversos aspectos relacionados con la contratación del transporte y la identificación del momento de entrega, la carga y descarga de la mercancía y la realización de los despachos de aduanas. La explicación de cada regla se complementa con ilustraciones y esquemas que representan el reparto de los costos y los riesgos entre las empresas vendedora y compradora.

Pese a no atenerse a las recomendaciones de la CCI, se incluyen aquí también algunos usos inapropiados de las reglas Incoterms para transporte marítimo, como las reglas FOB y CIF, ampliamente extendidos en las operaciones de transporte contenerizado (modalidad de transporte multimodal). En estos casos se exponen los costos y riesgos que aconsejan sustituir las reglas para transporte marítimo por las multimodales en las operaciones de transporte en contenedor, en consonancia con las recomendaciones propuestas por la CCI.

Dado que no existe una regla Incoterms adecuada para todas las operaciones, sino que debe acordarse en cada caso la más conveniente en función de las circunstancias de la compraventa, este libro propone los criterios para facilitar la elección de la regla óptima, así como para aplicarla de manera correcta y eficaz en el contrato de compraventa.

Finalmente, para ilustrar la exposición teórica, se plantean algunos casos prácticos de aplicación de las reglas Incoterms a diferentes operaciones de compraventa, donde deben determinarse los precios de venta ofertados en distintas condiciones o elegir la alternativa óptima de compra. Estos casos también ejemplifican la asignación de los riesgos a la empresa vendedora o compradora ante siniestros ocurridos en distintos puntos de la cadena logística en función del momento de entrega estipulado por la regla Incoterms convenida.

En definitiva, esta obra proporciona criterios, orientaciones, recomendaciones, ejemplos y casos prácticos sobre el uso adecuado y eficaz de las reglas Incoterms, que ayudan a minimizar los riesgos empresariales, optimizar los costos relativos a la compraventa de mercancías y afianzar, así, la operativa en los mercados internacionales. Está concebida como un manual para los profesionales del comercio internacional o nacional, tanto de las empresas (vendedoras o compradoras) que gestionan la compraventa de mercancías como de las transportistas en general, así como, para todas aquellas personas relacionadas profesionalmente con cualquier vertiente de estos ámbitos, como la banca, la gestión aduanera, la asesoría, la abogacía, la docencia, etc.

Manual de uso de las reglas
Incoterms 2020

Capítulo 1
El comercio internacional

La historia de las civilizaciones puede explicarse principalmente desde un enfoque económico, en la medida en que la satisfacción de las necesidades a partir de la obtención de mayores recursos ha sido el motor de las migraciones, las conquistas, los desarrollos técnicos y demás progresos del ser humano.

Desde los albores de la humanidad los individuos organizados en clanes descubrieron que, estableciendo relaciones de colaboración y de intercambio con otros clanes, tribus y pueblos vecinos, podían aumentar su bienestar y su poder. Los intercambios comerciales, basados primero en el trueque y posteriormente en el dinero, han sido cruciales para el desarrollo de las civilizaciones que hoy conocemos y han marcado la evolución social, política y económica en cualquier rincón del planeta. El comercio ha permitido a los países que lo practican obtener ventajas, como el acceso a economías de escala y la especialización en los procesos productivos, que han facilitado el aumento del nivel de vida de las personas y el progreso global de la sociedad.

A grandes rasgos, las etapas de la historia económica han estado marcadas por los descubrimientos científicos, los avances tecnológicos y los intercambios comerciales. Estos tres factores han determinado las características de las sociedades actuales, influidas en gran medida por el comercio internacional, la globalización económica y los avances tecnológicos en la era digital.

1.1 Evolución reciente y situación actual

Tras el desastre de la Segunda Guerra Mundial (1939-1945), las potencias económicas vencedoras impusieron un nuevo orden mundial, que perseguía el mantenimiento de la paz a largo plazo y un desarrollo fundamentado en la producción, el comercio y el consumo masivos de productos. Este nuevo orden, forjado con el apoyo de instituciones de ámbito global (Naciones Unidas, Organización Mundial del Comercio, Fondo Monetario Internacional, etc.), coincidió con la división del mundo en dos bloques económicos en la que existía un profundo trasfondo político (periodo de la Guerra Fría entre 1945 y1991). El enfrentamiento entre estos bloques, liderados por Estados Unidos y la Unión Soviética, respectivamente, se saldó en la práctica con la hegemonía del sistema capitalista, caracterizado por la acumulación privada de capital. Este sistema socioeconómico está afectado por múltiples crisis, desequilibrios y desigualdades sociales y regionales. Ejemplos de ellos son las desigualdades existentes entre los países desarrollados del Primer Mundo y los subdesarrollados del Tercer Mundo, y la crisis que han sufrido desde 2008 las economías occidentales, principalmente Europa, que aún se hallan en proceso de recuperación con muchas incertidumbres sobre la consolidación del crecimiento económico.

Pese a ello, desde la segunda mitad del siglo xx el desarrollo económico ha sido incuestionable, y la economía mundial y el comercio internacional han vivido el momento más próspero y dinámico de toda su historia. Los adelantos técnicos que se han producido en este periodo, como la aparición del contenedor y la mejora de los medios de transporte y su mayor capacidad, rapidez y conectividad, han incidido directamente en el desarrollo del comercio internacional. Otros avances igualmente significativos han sido el progreso de las tecnologías de la información y la comunicación (la era digital y el comercio electrónico), la mayor apertura de los mercados internacionales, la coordinación de los procedimientos aduaneros y la reducción de sus restricciones. Todo ello ha permitido armonizar y agilizar las prácticas bancarias y los mercados financieros, con el resultado de lo que se ha venido a denominar «globalización económica».

Desde la década de 1980, el proceso de la globalización se ha vuelto mucho más dinámico, con el aumento de la participación en el comercio internacional de áreas como Latinoamérica, Europa del Este y, sobre todo, las economías asiáticas, con China y la India (las «fábricas del mundo») a la cabeza, que han duplicado sus exportaciones.

Esta nueva situación configura el mundo en zonas de abastecimiento, producción y consumo, y las empresas pueden plantearse su localización y actuación en los mercados internacionales en función de la eficiencia que consigan en cada uno de ellos, es decir, la mayor tasa de beneficio que obtengan. De este modo, las empresas, especialmente las grandes corporaciones multinacionales, pueden estudiar estratégicamente las mejores opciones para abastecerse, producir y vender en el mundo, pues las herramientas, las técnicas y el conjunto de los recursos disponibles (por ejemplo, los transportes, las comunicaciones, la distribución y los medios de cobro) permiten trabajar desde ese prisma holístico de integración en un mercado global y en evolución continua.

Todo ello ha hecho que muchas organizaciones rediseñen su estrategia y ha dado lugar a fenómenos como la deslocalización de los centros de producción, la competencia internacional entre cadenas logísticas, la integración de empresas, la subcontratación masiva de todo proceso que no suponga la tarea principal de la organización, el desarrollo del comercio electrónico, la automatización de los procesos logísticos y la aplicación masiva de la tecnología a la cadena logística (transporte, localización del envío, gestión aduanera, almacenaje, transmisión de información entre sus componentes, datos masivos, etc.).

1.2 Tendencias actuales del comercio internacional

1.2.1 Grandes bloques comerciales: libre comercio versus proteccionismo

Dentro de la evolución descrita en el apartado 1.1 y bajo la premisa aceptada de que el comercio internacional es beneficioso para todos a nivel global, en las últimas décadas (antes de la crisis de 2008 y la llegada de Donald Trump a la Casa Blanca) han proliferado acercamientos comerciales entre diversos estados que han contribuido a crear y desarrollar diferentes bloques. Se trata de asociaciones de varios países, en mayor o menor grado, para incrementar su desarrollo económico e influencia internacional mediante una mayor integración en sus relaciones comerciales.

A partir de la Segunda Guerra Mundial, en la que Estados Unidos emergió como la primera potencia económica mundial, se crearon bloques económicos y comerciales (de marcado carácter político) en diversas áreas del mundo con el objetivo de contrarrestar la hegemonía estadounidense. Surgieron así los acuerdos que fueron el germen del Mercado Común Europeo, la actual Unión Europea, que se considera la unión económica más integrada y el bloque comercial más desarrollado del mundo (pese a las crisis políticas internas que ha sufrido, con procesos como salida del Reino Unido de la Unión Europea o *Brexit).*

Existen otros importantes bloques comerciales, cada uno de ellos con diferente nivel de integración (acuerdo comercial, unión aduanera, etc.), como:

- El Tratado entre México, Estados Unidos y Canadá (TMEC), que ha venido a sustituir al anterior Tratado de Libre Comercio de América del Norte (TLCAN), conocido como NAFTA, que hubo de actualizarse por imposición de la administración estadounidense a la llegada de Donald Trump a la presidencia.
- El Acuerdo Transpacífico de Cooperación Económica *(Trans-Pacific Partnership* o TPP) que firmaron en 2015 Australia, Brunei, Canadá, Chile, Japón, Malasia, México, Nueva Zelanda, Perú, Singapur, Vietnam y Estados Unidos, y del que este último país se desvinculó tras la llegada al poder de Donald Trump.
- El Mercado Común del Sur (Mercosur) de 1991, integrado por Argentina, Brasil, Paraguay, Uruguay y Venezuela, con países asociados como Chile, Colombia, Perú y Ecuador.
- La Asociación de Naciones del Sudeste Asiático *(Association of Southeast Asian Nations* o ASEAN) de 1967, conformada por Indonesia, Malasia, Filipinas, Singapur, Tailandia, Brunéi, Vietnam, Laos, Birmania y Camboya.
- La Unión Económica Euroasiática (UEE), establecida en 2015 y que integra a Rusia, Kazajistán y Bielorrusia.

En la actualidad se han paralizado (por el «efecto Trump») iniciativas surgidas para tratar de integrar algunos de estos bloques comerciales en otros mayores. Es el caso, por ejemplo, del Área de Libre Comercio de las Américas (ALCA), que busca integrar los países del TMEC (anterior NAFTA) con el resto de los estados americanos, o del acuerdo anunciado en 2013 entre Estados Unidos y la Unión Europea para alcanzar una zona de libre comercio que habría aglutinado casi la mitad del producto interior bruto (PIB) del planeta y un tercio del comercio mundial. Esta propuesta se lanzó en la «era Obama» y ha quedado paralizada también en la «era Trump».

Paralelamente a la formación de estos bloques comerciales, se han creado grandes organizaciones supranacionales –que a veces incluyen a todos los países de uno o varios bloques comerciales– con el objetivo de coordinar políticas y fomentar el desarrollo económico y comercial a escala mundial. Ejemplos de estos organismos son la Organización para la Cooperación y el Desarrollo Económico (OCDE), que integra a más de treinta de las principales economías mundiales, y la Asociación Latinoamericana de Integración (ALADI), que fomenta la creación de un mercado común latinoamericano.

En conclusión, el comercio mundial se encamina hacia una dinámica dominada por los bloques comerciales (con su contrapunto en los defensores del proteccionismo), que pueden clasificarse según el grado de integración y libertad comercial que ponen en práctica. Así, es posible distinguir entre:

- **Zona o área de libre comercio**
  Los países que la componen reducen la mayor parte de sus barreras arancelarias entre ellos, pero cada estado aplica aranceles y medidas de importación diferentes con terceros países. Es el caso, por ejemplo, de los países integrantes del TMEC, entre los que se produce un comercio libre de aranceles internos pero no de cada uno de los tres integrantes con países terceros (de hecho, la Unión Europea tiene acuerdos comerciales con México y Canadá pero no con Estados Unidos).

- **Unión aduanera**
  Los países miembros no imponen restricciones al comercio entre ellos, pero además aplican un arancel exterior común ante las importaciones de terceros países. La Unión Europea es un ejemplo perfecto de esta clase de bloque comercial.

- **Mercado común**
  Se trata de una unión aduanera que aplica otras libertades, como la libre circulación de personas, servicios y capitales. La Unión Europea es un ejemplo de mercado común en continuo proceso de desarrollo pues se trata de armonizar cada vez más los aspectos relativos a seguridad, economía, desarrollo social, ecología, etc.

La disposición de los países en bloques comerciales influye decisivamente en el comercio internacional y sus normas. En el seno de los bloques comerciales, las operaciones de compraventa entre los estados miembros son más sencillas y se tiende a normalizar aspectos prácticos de su formalización y de la cadena logística inscritos en diferentes ámbitos: transporte (dimensiones y requisitos de los medios de transporte, y regulación de su contratación), aduanas (procedimientos, requisitos y documentación), etc.

Tras la crisis de 2008 y la llegada del presidente Donald Trump a la Casa Blanca (con su *America First),* se ha constatado un fortalecimiento del proteccionismo comercial que presenta diferentes manifestaciones, como la guerra comercial que mantiene Estados Unidos con China (con casos como el de la firma Huawei) y la Unión Europea, el propio proceso del Brexit (salida del Reino Unido de la Unión Europea), etc. Esta tendencia (seguida de forma más o menos clara por otros países como Brasil) supone un contrapunto a los procesos de acercamiento comercial que habían constituido el paradigma desde mediados del siglo pasado.

Sin embargo, en general continúan produciéndose acercamientos comerciales que permiten obtener ventajas para todos sus socios, como los recientes acuerdos que la Unión Europea ha alcanzado con Corea del Sur, Canadá, Japón, Singapur, Vietnam, algunos países africanos, etc., y otros en proceso de ratificación, como el negociado con Mercosur. A nivel práctico, la Unión Europea aplica diferentes figuras de acercamiento comercial (acuerdos, uniones aduaneras y Sistema de Preferencias Generalizadas o SPG con los países pobres) que de una forma u otra facilitan el comercio con aproximadamente dos tercios de los países del mundo.

1.2.2 Economías emergentes

Una de las características de la evolución del comercio mundial desde la década de 1990 es la aparición de las denominadas «economías emergentes», con China y la India a la cabeza de un grupo de países (sobre todo asiáticos, las llamadas «economías tigre») entra los que también figuran potencias de otros continentes, como Rusia o Brasil.

Las posibilidades de desarrollo de todos estos países se basan en gran parte en su oferta de mano de obra barata y altamente competitiva. Esta fuerza de trabajo, asociada a políticas públicas favorables a la entrada de capitales extranjeros y a tecnologías fácilmente transferibles y exportables, ha conformado un escenario de globalización económica basada en la liberación del comercio mundial que permite fabricar productos a un costo económico menor en estos países y venderlos, por lo tanto, más baratos en los lugares de consumo.

El grupo más representativo de estas economías emergentes es el los denominados BRICS, formado por Brasil, Rusia, India, China y Suráfrica, aunque en general se constata que el peso de la economía global se ha desplazado hacia Asia.

2 Evolución del transporte internacional

2.1 Comercio internacional y transporte

El crecimiento económico y el desarrollo del comercio internacional no habrían sido posibles sin unos medios de transporte rápidos, eficaces y flexibles, como los que pueden contratarse actualmente en las redes de transporte del sistema logístico internacional.

De hecho, «el crecimiento económico, en cualquiera de sus formas conocidas, parece inseparable del aumento de la dimensión geográfica de los mercados de bienes y servicios. Crecer económicamente no es otra cosa que ampliar los mercados, incorporando al sistema de intercambio nuevos territorios, nuevos recursos naturales o nuevos grupos sociales que anteriormente estaban vinculados a la tierra en su ámbito local, en modelos de subsistencia autónomos o escasamente monetarizados. Todas estas incorporaciones se basan en el transporte. En realidad, el crecimiento económico es básicamente una intensificación del transporte. El aumento del transporte y el desarrollo son prácticamente lo mismo».[1]

En pleno siglo XXI, los sistemas de transporte permiten disponer de todo tipo de productos en el punto de la cadena logística que se requieran, ya se trate de materias primas (aprovisionamiento) o de productos terminados listos para su venta (distribución).

Con la globalización económica, el transporte internacional presenta nuevas complejidades: mayores distancias y tiempos de tránsito, mayor exigencia en el cumplimiento de los plazos de entrega (se tiende a una logística de flujo tenso), mayores costos, reducción del almacenaje (política de existencias cero), espectacular aumento del comercio electrónico y su problemática en la entrega al cliente («última milla»), logística inversa cada vez más compleja, necesidad de implementar medidas para hacer frente a la emergencia ambiental, riesgos que aconsejan la contratación de un seguro, gestiones aduaneras y cumplimiento de normativas y convenios internacionales sobre vehículos, mercancías, envases y embalajes, seguridad, etc.

---

[1] Antonio Esteban, «Transporte contra natura: la inviabilidad ecológica del transporte horizontal», *Boletín CF+S*, Madrid, 2006; pp. 38-39.

2.2 Evolución reciente del transporte internacional

Pese a sus complejidades, el desarrollo del transporte internacional ha sido espectacular y ha evolucionado desde la década de 1950 principalmente en estas direcciones:

- **Aplicación de economías de escala.** Se han puesto en funcionamiento medios de transporte de enorme capacidad (buques portacontenedores con capacidad para 24.000 TEU)[2] que han permitido aplicar economías de escala y han facilitado que muchos productos baratos cuya comercialización se veía obstaculizada por el costo de transporte a causa de falta de rentabilidad se transporten en la actualidad aprovechando unas tarifas reducidas.

- **Mayor rapidez y seguridad.** Los medios de transporte han evolucionado e incrementado la rapidez de sus servicios, gracias tanto a la mejora de sus rendimientos como al uso de redes e infraestructuras más eficientes. Esto puede aplicarse a todas las modalidades de transporte: aéreo, por carretera, ferroviario o marítimo. El transporte marítimo, que es el que mueve el mayor volumen de carga, traslada contenedores desde Asia hasta Europa en veinticinco o treinta días.

- **Adaptación a los requisitos del envío.** Mediante distintas aplicaciones técnicas se pueden transportar productos que precisan cuidados y medidas específicos, como aquellos que requieren mantener la cadena de frío (frutas, verduras, pescado, congelados, etc.) o las mercancías peligrosas. Para cada tipología de productos se han desarrollado medios y elementos específicos que permiten transportarlos con seguridad y rapidez.

- **Aplicación de las tecnologías de la información a la cadena logística.** Este aspecto tiene que ver con la localización y el seguimiento de las condiciones del envío en tiempo real, el suministro de información a las empresas que intervienen en la cadena logística (remitente, almacenista, transportista, des-

---

[2] El TEU (del inglés *twenty-foot equivalent units*) es una unidad de medida para contenedores que equivale a 20 pies (6,10 m). Las capacidades globales de buques, terminales de contenedores, puertos o tráficos se calculan en esta unidad.

tinataria, etc.), la confirmación de la entrega final, etc. El transporte debe adaptarse a la digitalización que implica la cadena de suministro 4.0: robotización e inteligencia artificial, previsión del mercado mediante el tratamiento de datos masivos, comercio electrónico, aplicaciones móviles, etc. El objetivo final es disponer de datos tan valiosos que permitan, mediante su tratamiento adecuado, anticipar el futuro y planificar con anticipación la cadena de suministro respecto a las necesidades del mercado mediante soluciones predictivas («Amazon ya sabe lo que vamos a pedir antes de que nos surja la necesidad»).

- **Evolución hacia un transporte más sostenible y respetuoso con el medio ambiente.** El sector del transporte es uno de los más contaminantes (junto a la industria del carbón, la textil, la alimentaria, etc.) y debe reconvertirse dada la importancia que la sociedad otorga a la crisis medioambiental fruto de las emisiones contaminantes. Ya existen muchas iniciativas en marcha: vehículos eléctricos o propulsados por otros métodos como gas, hidrógeno, etc., restricciones de acceso a ciudades, límites en la conducción, ecodiseño de embalajes, reducción del uso del plástico o desarrollo de nuevas rutas comerciales, como la Nueva Ruta de la Seda euroasiática en la que destaca el tren entre China y Europa. En todo caso, se deberán implementar muchas más (derivadas de normativas a cumplir de forma imperativa) para impedir el impacto ambiental derivado de la actividad logística de la que el transporte forma parte, y que tendrán un impacto significativo en el transporte internacional.

- **La multimodalidad.** Consiste en la utilización de distintos modos de transporte para crear cadenas logísticas eficientes (comodalidad). Ha tenido su mayor exponente en la creación y la rápida expansión del uso del contenedor, que ha sido el elemento que ha revolucionado en mayor medida el transporte de mercancías desde la segunda mitad del siglo xx. La generalización de su uso ha dado lugar a un sistema de transporte con medios propios (buques y grúas portacontenedores, apiladoras y otros elementos de manutención) e infraestructuras específicas (terminales de contenedores para el almacenamiento y la manipulación, por ejemplo) que ofrecen importantísimos rendimientos en cuanto a tiempos y seguridad.

- **Profesionalización y especialización de la oferta de transporte.** Los aspectos anteriores han aumentado la complejidad de las cadenas logísticas, que deben tener en cuenta también la necesidad de gestionar despachos de aduanas. Todo ello ha obligado a las operadoras de transporte a especializarse a fin de ofertar al mercado servicios globales adaptados a los requisitos de cada cliente y envío. Aunque todos los modos de transporte han evolucionado y ofrecen mejoras constantes que permiten proporcionar servicios más rápidos, fiables y flexibles, el marítimo, por ser el más utilizado a escala mundial, es quizá el que mejor refleja la evolución del transporte internacional. Los datos globales reflejan año a año un crecimiento del transporte marítimo y, dentro de este, del transporte de carga seca, tráfico en el que se incluye el transporte en contenedor que refleja crecimientos anuales significativos. Otro modo de transporte que acapara gran cantidad de tráfico, sobre todo en operaciones internacionales de ámbito continental –además de en la mayoría de las nacionales–, es el transporte por carretera. A modo de ejemplo, en la Unión Europea se transportan de este modo aproximadamente la mitad de todos los envíos, mientras que en el interior de cada uno de los países el transporte por carretera suele arrojar cifras hegemónicas respecto al resto.

2.3 La evolución del comercio y el transporte internacionales y las reglas Incoterms

El constante crecimiento del comercio mundial y la evolución de las cadenas logísticas internacionales exigen necesariamente una normativa unificada que sirva de referente para las partes y los agentes que intervienen en una operación de compraventa internacional que implique el transporte de bienes. Esta es la función que cumplen las reglas Incoterms de la Cámara de Comercio Internacional (CCI), de las que se han publicado desde 1936 sucesivas versiones para adaptarlas a los grandes cambios producidos y que se manifiestan en aspectos como:

- Adaptación a las necesidades operativas de las cadenas logísticas basadas en la conexión entre terminales de todo tipo y el uso de los sistemas multimodales, como el contenedor. Así, se han diseñado reglas para transporte multimodal y para transporte marítimo, y se han detallado en el primero sus fases y costos más comunes (carga en el contenedor, manipulación en la terminal, etc.).
- Inclusión de especificaciones para que cada una de las partes (vendedora y compradora) que intervienen en la compraventa puedan conocer el eslabón

de la cadena logística cuyos costos debe asumir (incluidas las indicaciones sobre las operaciones de manipulación en los transportes multimodales).

- Concreción de las obligaciones de cada parte respecto de los despachos aduaneros. Los requisitos de las aduanas se centran cada vez más en aspectos técnicos y de seguridad que en impuestos y fiscalidad. Por ello, las reglas Incoterms han debido adaptarse y detallar exactamente las obligaciones y responsabilidades de cada parte respecto a dichas gestiones y su documentación.
- Incorporación de recursos como el uso de los documentos electrónicos, que propician mayor rapidez en los transportes y agilidad en la tramitación de los elementos documentales asociados a ellos.

Finalmente, las reglas Incoterms analizadas en este libro no hacen más que adaptarse a la realidad de las operaciones de compraventa internacional y su evolución, tratando de clarificar las obligaciones y los riesgos atribuibles a la empresa vendedora y a la compradora mediante su inclusión el reparto de los costos. Este es un aspecto fundamental que persigue dotar de mayor seguridad y menores riesgos a las organizaciones que acometen operaciones de comercio internacional.

Capítulo 2
Logística del comercio internacional

En el escenario descrito en el capítulo 1 se pone de manifiesto la importancia de la función logística, que cobra especial trascendencia en un entorno internacionalizado, con un acentuado nivel de apertura de los mercados y una economía globalizada. Las empresas compiten en un mercado global, y la optimización de la gestión logística es uno de los aspectos clave para conseguir posicionarse en él y tratar de alcanzar los objetivos establecidos.

Podemos definir la logística empresarial como el conjunto de actividades que optimizan el flujo de productos, desde las compras a las empresas proveedoras hasta la entrega de los productos terminados y los flujos inversos que de ello se deriven, así como los flujos de información generados por este proceso, que permiten cumplir con la satisfacción del cliente al mínimo costo.

Si analizamos este proceso desde el punto de vista de una empresa fabricante, la función logística puede dividirse cronológicamente en tres fases: aprovisionamiento (compras), producción y distribución (ventas). En el ámbito internacional, dichas fases se traducen en una serie de actividades afectadas, en mayor o menor medida, por las reglas Incoterms. Entre ellas podemos distinguir las siguientes:

- **Análisis e información del mercado**

  Abarca numerosas actividades que permiten a la compañía obtener información del entorno global en el que actúa e interaccionar en él, tratando de anticiparse y asegurar su supervivencia y expansión. Todas estas actividades se engloban en el sistema de información de mercados que tenga establecido la empresa y que, pudiendo estar más o menos formalizado, debe servir para:

- Recabar información básica del mercado para retroalimentar el proceso empresarial: establecer previsiones de demanda, anticipar las evoluciones del mercado y sus tendencias, etc.
- Analizar las expectativas en mercados potenciales: nichos de mercado, evolución de la competencia, rediseño de productos y su adaptación a los distintos mercados, etc.
- Advertir sobre los riesgos derivados de la evolución de los mercados en los que la compañía ya actúa: subida de precios de las materias primas y otras entradas de factores de producción, indicadores económicos significativos, implantación de una normativa restrictiva que obliga a modificar aspectos del producto, etc.

Las fuentes de información de este sistema pueden ser muy variadas: información directa (evolución de las ventas), información sobre la competencia (inteligencia competitiva),[1] etc. Por otra parte, la era digital y los datos masivos van a permitir a la organización acceder a datos continuamente actualizados para adaptarse a un entorno más cambiante que nunca.

Este tipo de análisis permite a la dirección de la compañía proponer la regla Incoterms que resulte más adecuada en una operación de compraventa, en función de las características del mercado y de su posición en la operación (de origen como parte vendedora y de destino como parte compradora).

- **Gestión de compras o aprovisionamiento**
  Esta función determina las políticas de adquisición a las empresas proveedoras, lo que implica la selección de estas y, por tanto, de los mercados desde los que se gestionan las compras (lo cual influye directa y recíprocamente en la elección de la regla Incoterms óptima para cada caso), así como de la periodicidad y las características de los pedidos (regulares y de pequeña cuantía, grandes y esporádicos, urgentes, etc.). Estas decisiones deben tomarse

---

[1] Existen en el mercado servicios de inteligencia competitiva que ofrecen información sobre la actuación de la competencia en los mercados internacionales.

para cada rango o tipo de producto y su origen en los distintos mercados desde los que la compañía se provea de recursos para su proceso productivo.

- **Envasado, embalado y preparación de la mercancía**
  Conviene distinguir entre:

  - *Envase.* Contenedor o recipiente que contiene, protege y presenta de forma atractiva el producto para su venta al público consumidor final. Se denomina «envase primario» a aquel que contiene directamente el producto (por ejemplo, un cartón de leche) y «envase secundario», al que protege y agrupa envases primarios conformando unidades para su venta (por ejemplo, un paquete que agrupe seis cartones de leche).
  - *Embalaje.* Proceso consistente en la aplicación de técnicas de identificación, protección y manipulación de envases a lo largo de toda la cadena logística del producto. Algunos ejemplos de embalaje son las técnicas de paletizado y el uso de cajas, sacos, contenedores, etc. Su objetivo es proteger el producto y facilitar su manipulación, por lo que debe adaptarse a la cadena logística de este. El embalaje debe estar diseñado para que la mercancía cumpla con las normas internacionales de marcado y rotulación, permita la inspección aduanera y minimice los riesgos de manipulación de la mercancía.

Aunque existe una amplia oferta de tipos de envases y embalajes (caja, saco, botella, palé, etc.) fabricados con materiales muy distintos (cartón, madera, vidrio, plástico, etc.), se debe prever que determinadas opciones pueden estar restringidas en algunos mercados por la legislación de los países de destino. La optimización y, si es necesario, el rediseño de los envases y embalajes son claves para aprovechar al máximo la capacidad de los medios de transporte y almacenaje, así como para garantizar la seguridad en la entrega.

Por un lado, las reglas Incoterms 2020 determinan que la empresa vendedora está obligada a embalar la mercancía de forma apropiada para su transporte, cumpliendo, en su caso, los requisitos específicos notificados por la compradora. Este es un aspecto fundamental para el buen fin de cualquier compraventa de mercancía y la calidad de la cadena logística. De hecho, proporcionar un embalaje insuficiente supone que la empresa vendedora ha incumplido una de sus obligaciones.

Por otro lado, la normativa reguladora de los contratos de transporte suele exonerar a la compañía transportista de las pérdidas y daños provocados a la mercancía por un envase o embalaje inapropiados. Atribuye la responsabilidad de ello a quien la embaló y preparó para su transporte, tanto si se trata de la empresa vendedora como de otros eslabones de la cadena logística relacionados con, por ejemplo, el almacenaje, el transporte o la consolidación.

Asimismo, deben tenerse en cuenta las rigurosas normativas sobre envases y embalajes relacionadas, por una parte, con el cumplimiento de los requisitos exigidos en los despachos de aduanas (sobre todo de importación: normativa internacional relativa al tratamiento fitosanitario de los palés de madera, etc.) y, por otra parte, con la distribución y venta de los productos en los mercados de destino (normativa relativa al etiquetado de cada producto, requisitos de marcas e identificación en envases y embalajes, reciclado de materiales, normativa para mercancías perecederas o peligrosas, etc.).

- **Ubicación de las plantas de producción**
  Este apartado, que corresponde a la planificación estratégica de la compañía, engloba aspectos de especial relevancia como el diseño del proceso productivo, la ubicación de las plantas de fabricación, la red de almacenes y la gestión de las existencias. El objetivo que se propone conseguir de manera sostenida es disponer de los recursos requeridos por el proceso productivo en cada momento. La ubicación de las plantas de producción determina los puntos de salida y llegada de las operaciones de transporte de mercancías, como consecuencia de las compraventas y de posibles intercambios entre diferentes plantas.

- **Disponibilidad de la información**
  Se trata de una de las funciones más importantes y que mayores avances proporciona en la gestión y optimización de la función logística internacional. Las tecnologías de la información y la comunicación (TIC), internet y los sistemas informáticos específicos para la gestión de áreas concretas (por ejemplo, los almacenes) y el control y la trazabilidad de los envíos permiten controlar la cadena logística global y compartir información con los eslabones precedentes y posteriores de dicha cadena, de manera que se optimiza su gestión hasta la venta al público consumidor final.

Como ejemplo de su aplicación, las reglas Incoterms otorgan la misma validez a los documentos electrónicos que a los emitidos en soporte papel, siempre que así se haya acordado en el contrato de compraventa. También pueden utilizarse ciertas aplicaciones, como las derivadas de la trazabilidad de los envíos, para determinar el punto en el que ocurre un siniestro; por ejemplo, si se rompe la cadena de frío en un transporte, el termógrafo del vehículo lo atestigua de manera fehaciente.

- **Gestión y documentación aduaneras**
  Las gestiones aduaneras cobran mayor importancia en la medida en que suponen, en aras de una mayor seguridad (protección del medio ambiente y del patrimonio nacional, seguridad y trazabilidad alimentaria, control de tráficos ilegales de armas, drogas, etc.), el cumplimiento de mayores requisitos documentales, de inspección y de control. La planificación de la incidencia de las aduanas en el comercio internacional, a través de sus instrumentos (aranceles e impuestos, determinación y certificación del origen, valor en aduana, regímenes aduaneros, etc.), es clave para el éxito de las operaciones.

  En general, cada país o región económico-fiscal determina, mediante su propia legislación, los requisitos para la exportación e importación de cada producto. En este sentido, tanto la parte vendedora como la compradora deben prestarse cuanta ayuda sea precisa para garantizar el cumplimiento de los requisitos que exija la aduana correspondiente de acuerdo con la regla Incoterms convenida.

  En las reglas Incoterms se impone la norma general de que la empresa vendedora es la responsable del despacho de exportación y la compradora, del de importación (cuando sean necesarios, pues estas reglas se pueden aplicar a operaciones que no requieren despachos aduaneros –como ocurre en el ámbito de la Unión Europea, por ejemplo–), sobre la base de que cada una de ellas conoce mejor la normativa aplicable en su propio país y se encuentra, pues, en la situación idónea para cumplirla. Solo hay dos excepciones: en condiciones EXW, en que la parte compradora despacha de exportación, y en condiciones DDP, en que la parte vendedora despacha de importación.

- **Medios de pago**
  Las operaciones internacionales de compraventa permiten generar ingresos con los que las compañías pueden continuar desarrollando su actividad comercial. Por ello, los medios de pago están estrechamente relacionados con la cadena logística, y, si bien las reglas Incoterms no los regulan expresamente, en

determinados medios de pago (por ejemplo, el crédito documentario) resulta más adecuado aplicar algunas de ellas teniendo en cuenta que el documento de prueba de entrega o transporte exigible en un medio de pago documentario dependerá de la regla Incoterms pactada en el contrato de compraventa.

- **Transporte y seguro**
  Estos dos elementos fundamentales a lo largo de toda la cadena logística figuran entre los que más se identifican con las reglas Incoterms, ya que estas se ocupan en gran medida de las obligaciones y los costos relacionados con el transporte y el seguro sobre la mercancía que deben asumir las partes vendedora y compradora en un contrato de compraventa.

2 Logística internacional: tendencias y externalización

2.1 Tendencias de la logística internacional

Desde mediados del siglo XX, el desarrollo y la implantación de los sistemas y las técnicas de optimización logística se han convertido en un factor estratégico para el desarrollo de los mercados, las empresas y la economía en general. La logística es una de las principales funciones de la actividad de cualquier organización, hasta el punto de que se la puede definir como la gestión eficiente de esta.

Las principales tendencias logísticas se orientan a la coordinación y la creación de cadenas eficientes y el aprovechamiento del potencial de internet y el comercio electrónico.

En el siglo XXI, la competencia en los mercados internacionales se libra entre cadenas logísticas, de modo que la dirección de cualquier compañía sabe que, independientemente de la función que desempeñe en dicha cadena (aprovisionamiento, fabricación, distribución, operación logística, etc.), debe colaborar con el resto de los eslabones para hacerla más eficiente, capaz de ofrecer el mejor producto al menor precio y con los requisitos de disponibilidad y flexibilidad exigidos por el mercado en cada momento. Esta descripción puede expresarse mediante el concepto de «flujo tenso» en el que se minimizan las existencias y se prioriza la demanda del mercado, como evolución del sistema de empujar *(push)* al de tirar *(pull)*.

Desde una visión logística integral, esta colaboración entre las organizaciones de una misma cadena logística debe existir también entre las que participan en una misma cadena de suministro.

La colaboración entre organizaciones puede alcanzar diferentes niveles de integración. En sus relaciones estratégicas es posible aplicar las más diversas técnicas y métodos de optimización logística, como las entregas justo a tiempo, la minimización de existencias, los sistemas de gestión de almacenes y de reexpedición, etc. Ejemplos de los niveles de eficiencia alcanzados son los sistemas logísticos integrales del sector de la confección textil que engloban el diseño, la fabricación y la venta, o los que articulan las empresas fabricantes de automóviles con su «parque de proveedores».

En esta colaboración es clave la transmisión de información mediante los sistemas de intercambio electrónico de datos *(electronic data interchange* o EDI) e internet y el uso de las TIC, pues el cliente demanda no solo la entrega de los productos en las mejores condiciones de calidad y precio, sino también información adicional como la situación del envío, el momento y la confirmación de la entrega, etc. Esto ha obligado a las empresas transportistas y operadoras de logística a ampliar su gama de prestaciones, a las que han dotado de mayor valor añadido mediante la incorporación de servicios que se suman al tradicional traslado físico de mercancías de un punto a otro.

Este tipo de aplicaciones y el auge del comercio electrónico, que se muestra como el elemento más dinamizador del mercado, ofrecen nuevas posibilidades a las organizaciones que desean expandirse en los mercados internacionales. En los intercambios entre empresas *(business to business* o B2B), en entornos seguros se permite y se fomenta la integración entre los actores de la importación y la distribución, que pueden conocer en todo momento las existencias reales y solicitar sus pedidos en función de la demanda. En el comercio electrónico como canal de venta entre la empresa fabricante y el público consumidor final, las posibilidades son infinitas y las perspectivas apuntan a un cambio radical en los modelos de comercialización de productos de determinados sectores afines (moda y complementos, electrodomésticos, ocio y entretenimiento, etc.).

2.2 Externalización logística

Las funciones y las actividades que componen la función logística pueden llevarse a cabo con los propios medios de la compañía o externalizarse, esto es, mediante la subcontratación de un actor externo especializado en su desarrollo. Toda organización tiene más o menos externalizadas partes de sus funciones y actividades logísticas.

Existe una gran variedad de empresas operadoras capaces de ofrecer una amplia gama de servicios logísticos y de adaptarse a las necesidades de la corporación a la que los presta, e incluso de integrarse en cierto modo en su estructura.

La externalización supone ventajas por cuanto significa reducir los costos fijos y convertirlos en variables, puede generar financiación por la venta de activos y permite centrar los esfuerzos de la organización en su actividad principal *(cuore business)*. Sin embargo, esta decisión puede conllevar una pérdida de autonomía, pues implica depender de otra organización en un aspecto clave como la logística; asimismo, no siempre es fácil encontrar el operador logístico adecuado y gestionar una relación de beneficio mutuo.

3   Transporte de mercancías

En la logística internacional deben desempeñarse funciones que, por lo general, no es posible ejecutar con los medios propios de la organización, como ocurre, por ejemplo, con el transporte marítimo, aéreo o ferroviario. En este caso, la empresa transportista, en sus más variadas formas (transportista de carretera, transitaria o *freight forwarder,* operador logístico, agencia de transportes, etc.), es fundamental para el desarrollo de las operaciones de compraventa de mercancías.

Uno de los parámetros que mejor define la cadena logística de cada producto es el modo o modos de transporte empleados en ella. En función de los puntos de origen y destino, los requisitos del envío, el tipo de carga y el valor de la mercancía en relación al costo del transporte, se puede escoger entre uno o más modos de transporte.

El reparto modal varía según sean tráficos de exportación o de importación, de una misma región económico-fiscal o de ámbito nacional, como se expone en el capítulo 1.

En función de la regla Incoterms acordada en una operación de compraventa nacional o internacional, la parte vendedora y la compradora asumen diferentes obligaciones respecto al transporte de la mercancía. Por este motivo, es imprescindible que conozcan los aspectos básicos relativos a la comercialización (ofertantes del transporte y modalidades del servicio), al ámbito técnico (infraestructuras, tipología de los vehículos, capacidad de carga y formas de presentación de la mercancía) y al marco regulador del contrato de transporte de cada uno de los diferentes modos.

En cada una de las reglas Incoterms se determina el momento efectivo de la entrega (transmisión de riesgos), entendido como aquel en el que la parte vendedora transfiere a la compradora la responsabilidad sobre la eventual pérdida o los posibles daños causados a la mercancía durante su transporte. Por todo ello, si bien el contrato de transporte es independiente del de compraventa y de la regla Incoterms convenida, ambas partes deben coordinarse estrechamente para evitar costos y riesgos y aplicar así eficazmente la regla acordada.

3.1 Transporte por carretera[2]

El transporte por carretera se caracteriza por su independencia, ya que es el único que ofrece un servicio puerta a puerta, flexibilidad, porque se adapta a los requisitos de cada envío, y autonomía, dado que no requiere infraestructuras especiales para desarrollar sus servicios salvo las viarias. Este modo permite, pues, el traslado de casi cualquier envío sin ruptura de carga, de forma rápida y con un costo directo que es asumido por el mercado.

Para distancias superiores a los 1.000 o los 1.500 km, existen modos más eficientes. Aun así, la autonomía y el servicio puerta a puerta han convertido el transporte por carretera en el modo más usado en los intercambios nacionales y continentales, a pesar de que se le aplican normas restrictivas como los límites horarios de conducción, la fiscalidad del combustible, los peajes en las autopistas, las restricciones de contaminación y acceso a centros urbanos, etc.

El transporte por carretera está asimismo presente en toda cadena logística y facilita la intermodalidad, pues las recogidas y las entregas (por ejemplo, de un contenedor que se transporte por mar) suelen llevarse a cabo en combinación con este modo.

3.1.1 Comercialización

Las empresas ofertantes de transporte por carretera están habitualmente reguladas por las legislaciones nacionales y sus normativas complementarias, y son básicamente:

- *Empresas de transporte de mercancías por carretera.* Empresas con flota propia dedicada a prestar servicios de transporte por carretera.

....

[2] Para ampliar la información sobre el transporte por carretera sugerimos la consulta de la obra *El transporte internacional por carretera,* de Alfonso Cabrera Cánovas, Marge Books, Barcelona 2011 (Biblioteca de Logística).

- *Empresas operadoras de transporte.* Se puede distinguir entre agencias de transporte, transitarias o agentes de carga y operadores logísticos que actúan como empresas almacenistas-distribuidoras.

La contratación del transporte en función de la regla Incoterms convenida depende de múltiples factores:

- Ámbito de actuación (nacional o internacional).
- Complejidad y especialización de la operación (por ejemplo, las agencias transitarias o agentes de carga actúan en operaciones internacionales).
- Tipología de los servicios que se solicitan (un operador logístico, por ejemplo, puede desempeñar más funciones y de mayor valor añadido que el transporte en exclusiva).

Estas empresas proveedoras de transporte por carretera ofrecen distintos tipos de servicios, que se agrupan en dos categorías:[3]

- *Camión completo,* cuando se asigna un vehículo específico para un envío.
- *Grupaje o consolidación,* cuando distintos envíos comparten un mismo vehículo.

La modalidad de grupaje puede a su vez segmentarse en distintos tipos de tráfico: transporte de palés completos, paquetería (bultos de todo tipo) y mensajería (envío de documentos y paquetes de hasta 2 kg). Estas grandes modalidades de servicio se adaptan a los requisitos del envío, y a través ellas se ofrecen transporte urgente, compromisos de entrega en un plazo determinado, mantenimiento de la cadena de frío, etc.

3.1.2 Vehículos y tipos de carga

Existe una enorme diversidad de tipos de vehículos en lo que respecta tanto a su capacidad de carga (furgoneta, camión rígido, tráiler, etc.) como a su adecuación al envío (vehículo frigorífico, plataforma, portacontenedores, tolva, etc.).

---

[3] Estas dos categorías suelen identificarse a escala internacional con las siglas y significados siguientes: FTL o *full truck load* y LTL o *less than truck load.*

Los camiones de mayor tamaño ofrecen una capacidad de carga de entre 22 y 28 toneladas en función del tipo de vehículo (están en proceso de implantación los «megacamiones» que ofrecerán mayores capacidades), de acuerdo con que a mayor tara corresponde menor capacidad de carga. El límite de peso para circular varía según la legislación de cada país, que puede también diferenciar entre distintos tipos de vías, y se sitúa entre 35 y 40 toneladas, incluidos el peso del vehículo y la carga. La capacidad de carga en palés es de 26 isopalés (33 o 34 europalés) para los tráileres, mientras que el volumen de carga de las cajas de los vehículos oscila entre 85 m³ (camión frigorífico) y 102 m³ (camión cubierto con lona de hasta 13,6 m de longitud interior).

Las cargas que se transportan por carretera pueden ser de todo tipo: materias primas a granel, productos manufacturados preparados para su venta, residuos que se destinan a procesos de reciclaje, etc. No obstante, de todos los sistemas de unitización de cargas, el de paletización es el que ha conseguido una aceptación más amplia entre la mayoría de los sectores productivos.

Desde la introducción del palé como elemento de carga en los procesos de transporte, su combinación con los vehículos semirremolques de carretera ofrece enormes rendimientos. La paletización confiere seguridad, rapidez, automatización y ahorro de costos, especialmente cuando los envases y embalajes se adaptan a las medidas de los palés.

La clasificación más importante de los tipos de palés se establece en función de su tamaño y capacidad de carga. De este modo, se distingue entre isopalé o palé universal (1.200 × 1.000 mm), europalé o palé europeo (1.200 × 800 mm) y otras medidas (800 × 600 mm, 600 × 400 mm, etc.). Para disponer de palés de servicio continuado, existen básicamente dos modalidades: consorcios de intercambio de palés (EPAL) y consorcios de alquiler de palés (CHEP, LPR, etc.).

La mayoría de los palés están construidos en madera, por lo que, si se usan en el transporte en una compraventa internacional, puede aplicárseles la Norma Internacional para Medidas Fitosanitarias n.º 15 (NIMF 15), creada por la Organización de las Naciones Unidas para la Alimentación y la Agricultura (*Food and Agriculture Organization* o FAO) para reglamentar el uso de los embalajes de madera en el comercio exterior a fin de reducir el riesgo de introducir y diseminar plagas y enfermedades forestales. Esta norma exige presentar un certificado de fumigación en la aduana de destino como condición para realizar el despacho de importación, requisito que deben tener muy en cuenta tanto la parte vendedora como la compradora para, en caso necesario, disponer de dicha documentación junto con el envío y evitar así retrasos en la aduana de importación y sus costos asociados.

Dado que el despacho de importación recae normalmente sobre la empresa compradora, esta debe informar a la parte vendedora, si procede, de esta exigencia aduanera para que pueda proporcionarle dicha documentación, o bien debe pactarse en el contrato de compraventa el uso de otro sistema de embalaje alternativo al palé.

3.1.3 Regulación internacional del contrato de transporte

- **El Convenio CMR de 1956[4]**
  En el ámbito europeo y su zona de influencia en el norte de África, y en Oriente Medio y Extremo Oriente se aplica el Convenio de 19 de mayo de 1956 relativo al Contrato de Transporte Internacional de Mercancías por Carretera, más conocido como Convenio CMR (iniciales de *Convention relative au contrat de transport international de Marchandise par Route*). Sus principales directrices son las siguientes:

  - Es imperativo y se aplica a los transportes internacionales onerosos (esto es, en los que se contrata una empresa de transporte).
  - La operadora de transporte responde de sus actos y de los de aquellos profesionales a los que recurra mediante subcontratación (caso habitual de los operadores de transporte).
  - La operadora de transporte es responsable —excepto causa de exoneración— de la pérdida total o parcial de la mercancía, de las averías que causen daño a esta y reduzcan su valor, y del retraso en la entrega.

---

[4] En el momento de realizar la presente edición (2020), el número de países miembros del Convenio CMR es de 56, a saber: Albania, Alemania, Armenia, Austria, Azerbaiyán, Bielorrusia, Bélgica, Bosnia-Herzegovina, Bulgaria, Chipre, Croacia, Dinamarca, Eslovaquia, Eslovenia, España, Estonia, Finlandia, Francia, Georgia, Grecia, Hungría, Irán, Irlanda, Italia, Jordania, Kazajistán, Kirguizistán, Letonia, Líbano, Lituania, Luxemburgo, Macedonia, Malta, Marruecos, Moldavia, Mongolia, Montenegro, Noruega, Países Bajos, Pakistán, Polonia, Portugal, Reino Unido, República Checa, Rumania, Rusia, Serbia, Siria, Suecia, Suiza, Tayikistán, Túnez, Turkmenistán, Turquía, Ucrania y Uzbekistán. Por lo tanto, los 27 estados de la Unión Europea, otros países del continente europeo que no pertenecen a la UE y países de otros continentes (norte de África, y Oriente Medio y Extremo).

En Para ampliar la información sobre el Convenio CMR sugerimos la consulta de la obra *El Convenio CMR*, de Francisco Sánchez-Gamborino y Alfonso Cabrera Cánovas, Marge Books, Barcelona 2012 (Biblioteca de Logística).

- El límite de indemnización de la empresa transportista se establece en 8,33 derechos especiales de giro (DEG)[5] por kilogramo de peso bruto en casos de pérdida y avería, y en el precio del transporte en caso de retraso.
- Las reservas a la empresa transportista deben formalizarse en el momento de la entrega (en caso de pérdidas o daños aparentes) o en un plazo de 7 días desde la entrega (en caso de pérdidas o daños no aparentes). En caso de retraso, la reserva debe formalizarse en un plazo de 21 días desde la entrega en destino.
- El plazo de prescripción para ejercer posibles acciones es de un año.
- La jurisdicción competente es la que acuerdan las partes que intervienen en el contrato de transporte, la empresa remitente/cargadora y la transportista, o en su defecto los tribunales de origen, destino o domicilio de esta última. También cabe pactar sometimiento a las juntas arbitrales de transporte.
- En el momento en que la operadora de transporte se hace cargo de la mercancía se formaliza la carta de porte CMR. Con anterioridad puede existir un contrato de duración continuada o una contratación mediante una orden de carga o de transporte.
- La carta de porte CMR prueba la recepción de la mercancía por la operadora de transporte y la existencia y las condiciones del contrato de transporte. Este documento se expide en, al menos, tres ejemplares originales, firmados por la parte remitente y la empresa transportista. La primera conserva el ejemplar 1 y los otros viajan con la mercancía hasta el destino final, donde se entrega el ejemplar 2. El tercero y siguientes corresponden a la transportista, que suele remitir uno de ellos junto con la factura para probar la realización del servicio y solicitar su cobro.

- **Regulación del contrato de transporte internacional por carretera en el ámbito americano**
En el ámbito del continente americano no existe un convenio que regule y armonice el contrato de transporte internacional por carretera de manera

---

[5] Unidad monetaria del Fondo Monetario Internacional (FMI) en que se expresan los límites máximos de indemnización por las responsabilidades en el transporte internacional de mercancías. Un DEG equivale a 1,1-1,3 € o 1,54 $. Su evolución y cotización diaria pueden consultarse en el apartado «SDR Rates» del sitio web del Fondo Monetario Internacional (www.imf.org).

similar al CMR en Europa. Tampoco lo hay entre los países latinoamericanos. Pese a ello, se han impulsado diversas iniciativas que no han logrado dicha armonización tanto por falta de ratificaciones suficientes como de coordinación e integración con las regulaciones particulares de cada país sobre la materia.

Entre ellas podemos citar el Acuerdo sobre Transporte Internacional Terrestre (ATIT), impulsado por la Asociación Latinoamericana de Integración (ALADI), y la Convención Interamericana sobre Contrato de Transporte Internacional de Mercadería por Carretera, desarrollado desde la Organización de Estados Americanos (OEA). Los principales aspectos de esta última son los siguientes:

- Se aplica al transporte internacional de mercancías por carretera entre países firmantes, pero no impide la aplicación de otros convenios bilaterales o multilaterales u otras prácticas extendidas.
- El contrato de transporte se formaliza en el conocimiento de embarque que emite la empresa porteadora (la Convención emplea el término «transportador») y contiene las condiciones del transporte. Es un documento negociable excepto que se mencione expresamente lo contrario.
- Las partes que contratan son responsables de la exactitud de los datos incluidos en el conocimiento de embarque, pudiéndose establecer reservas al respecto.
- La operadora de transporte es responsable de la pérdida, daño, avería o retraso excepto en determinadas situaciones (causas de exoneración).
- La responsabilidad de la empresa porteadora (incluidas las acciones u omisiones de sus agentes, personal empleado y dependientes, o de terceras personas a las que se encomiende la totalidad o parte del servicio) no debe exceder el valor real de la mercancía en el lugar y tiempo de su expedición, o en el lugar y tiempo en que se hizo o debió hacerse su entrega, o el valor declarado en el conocimiento de embarque, la cuantía que resulte mayor. Se puede pactar por escrito un aumento o límite de la indemnización de la empresa porteadora, estableciendo una cuantía por unidad o peso de carga. En caso de dolo no se aplican estos límites.
- En cuanto a la jurisdicción competente, puede recurrirse a los tribunales del domicilio de la parte demandada o del lugar de expedición o de entrega en destino del envío. También se prevé la posibilidad de que se acuerde resolver las disputas mediante arbitraje.

3.2   Transporte marítimo

Es el modo de transporte que más mercancía mueve internacionalmente. Entre sus principales ventajas destacan su gran capacidad de carga, su adaptación a diferentes tipos de mercancía, su precio competitivo y su bajo impacto contaminante en comparación con el de los demás modos.

Sin embargo, el marítimo es el modo de transporte más lento, depende de las infraestructuras portuarias y necesita de otros modos para las recogidas y las entregas. Además, la regulación jurídica de su contrato de transporte tiende a beneficiar a las navieras.

3.2.1   Comercialización

El transporte marítimo de mercancías funciona bajo dos regímenes de explotación: línea regular y fletamento. En régimen de línea regular existen rutas, frecuencias y tarifas preestablecidas. Es el régimen bajo el cual se transportan los contenedores, pues las mercancías de muchas empresas embarcadoras comparten el medio de transporte, el buque.

El transporte de contenedores o grupaje en línea regular es uno de los tráficos de mayor expansión y se comercializa básicamente mediante dos canales: contratando directamente el servicio con las navieras (a través de sus agencias consignatarias de buques o departamentos comerciales) y mediante agencias transitarias o agentes de carga. Estas últimas no disponen de buques, sino que, mediante los acuerdos o contratos de servicio que mantienen con las navieras, reservan y alquilan espacios de carga que posteriormente ofrecen a sus clientes (empresas vendedoras o compradoras). En general, las agencias transitarias ofrecen un servicio más global, flexible y adaptado a las necesidades de la empresa embarcadora *(shipper)* que el que proponen directamente las navieras. De este modo, constituyen un elemento fundamental al aportar, además de la contratación del transporte marítimo, el desarrollo de servicios anexos como la consolidación o desconsolidación de las unidades de carga, el almacenamiento temporal, los despachos de aduanas, los transportes en origen o destino, la gestión documental de la operación, los seguros sobre la mercancía, etc.

Existen agencias transitarias de cobertura global y de ámbito local o nacional, si bien todas ellas ofrecen la posibilidad de prestar servicios internacionales mediante la red de corresponsales en la que están integradas.

Normalmente, la empresa vendedora o compradora (en función de quién deba contratar el transporte según la regla Incoterms acordada) trabaja con dos o tres agencias transitarias (que a su vez «filtran» el mercado al seleccionar las mejores cotizaciones y servicios de las navieras), e intenta mantener una posición dominante como cliente en relación con cada una de ellas para acceder al transporte en las mejores condiciones posibles y al menor costo.

La oferta de servicios es amplia, pero si nos ceñimos al transporte en contenedor (el mayoritario) se plantean básicamente dos modalidades:

- El contenedor completo *(full container load* o FCL) supone que la mercancía cubica o pesa lo suficiente para ser transportada en un contenedor completo.
- El contenedor con carga parcial *(less than container load* o LCL) consiste en una modalidad de grupaje en la que la mercancía comparte el contenedor con otras. De este modo, la empresa consolidadora, normalmente una transitaria, optimiza el uso del contenedor transportando varios envíos de distintas empresas embarcadoras en un mismo contenedor FCL.

El incremento en el tiempo de entrega, los costos asociados a las operaciones de consolidación y desconsolidación y el riesgo de las manipulaciones aconsejan que a partir de la ocupación de la mitad de la capacidad de carga de un contenedor, aproximadamente, se contrate su uso exclusivo en condiciones FCL. La decisión depende del valor de la mercancía y de la comparativa de costos entre ambas opciones; con todo, la mayor seguridad que ofrece la opción FCL (la empresa vendedora carga, estiba la mercancía y precinta el contenedor, cuyo contenido no se manipula hasta que llega a destino) es un factor que conviene no desdeñar.

Una de las claves en la optimización de costos consiste en analizar las cotizaciones de transporte marítimo, desglosar sus componentes y asignarlos a la parte vendedora o compradora en función de la regla Incoterms acordada. Estas cotizaciones no están estandarizadas (cada naviera o agencia transitaria desglosa y denomina sus componentes de una u otra manera), lo que representa cierta complejidad para determinar qué cubre cada componente y concepto de costo y qué parte (vendedora o compradora) debe asumirlo en función de la regla Incoterms convenida.

Una cotización puerta a puerta (del almacén de la empresa vendedora al de la compradora) puede estructurarse en tres grupos de costos: previos al embarque (frecuentemente denominados «gastos FOB»), flete y recargos (transporte entre puertos) y costos en destino (similares a los previos al embarque, pero en el país de destino).

En el capítulo 7 se presenta de forma orientativa cómo asignar los componentes más típicos de estas cotizaciones en función de las distintas reglas Incoterms.

En régimen de fletamento no existen servicios regulares preestablecidos, y los contratos (por viaje o por tiempo) se negocian en todos sus términos (póliza de fletamento o *charter party)* en función de la situación del mercado. Este tipo de tráfico es el empleado para transportar graneles (petróleo, gas, minerales, etc.), y en su comercialización intervienen agentes de fletamento *(chartering brokers)*.

3.2.2 Infraestructuras, vehículos y tipos de carga

El transporte marítimo tiene lugar entre puertos, que se configuran como una red de nodos logísticos y plataformas de intercambio modal en la que son claves las conexiones terrestres a través de carretera y ferrocarril.

Los puertos se estructuran en terminales especializadas según la carga que manejan: pueden ser de contenedores, de carga fraccionada (bobinas, planchas metálicas, palés, etc.), de carga rodada o *ro-ro* (remolques o semirremolques, camiones, vagones, etc.) o de graneles (petróleo, minerales, gas, etc.). En cada terminal operan buques especializados en función de la carga.

En este modo, el principal tráfico por número de operaciones es el de contenedores, que se efectúa mediante buques portacontenedores. La mercancía es cargada en grandes recipientes (habitualmente de acero) en forma de caja, lo que permite su transporte multimodal (trasbordo entre modos: de camión a ferrocarril o a barco, por ejemplo) sin manipular el contenido, esto es, sin ruptura de carga.

Los contenedores se pueden clasificar básicamente en función de dos variables: la adecuación al tipo de mercancía (contenedor seco o de carga general, refrigerado, sin techo, plataforma, etc.) y sus dimensiones (aunque existen numerosos tamaños, los más comunes son los de 20 y 40 pies, que presentan la variante de «gran capacidad», cuya mayor altura proporciona más volumen).

3.2.3 Regulación internacional del contrato de transporte

Las conocidas como Reglas de La Haya-Visby[6] constituyen el principal marco jurídico regulador del contrato de transporte marítimo internacional en régimen de conocimiento de embarque (para transporte interior o cabotaje nacional se ha

---

[6] Las Reglas de La Haya-Visby de 1968 constituyen una actualización del Convenio Internacional para la Aplicación de Ciertas Normas en Materia de Conocimientos de Embarque o Convenio de Bruselas de 1924, al que en 1979 se añadió el Protocolo relativo a los Derechos Especiales de Giro.

de aplicar la legislación propia de cada país). Existen otros convenios aplicables a los transportes internacionales, como las Reglas de Hamburgo de 1978 (Convenio de las Naciones Unidas sobre el Transporte de Mercancías por Mar, en vigor desde 1992 pero de escasa aplicación) y las Reglas de Róterdam[7] de 2008 (en el momento de editar este libro aún no están en vigor pues se requieren veinte países firmantes y solo lo han ratificado cinco).

En general, este marco jurídico es muy proteccionista con los intereses de la empresa porteadora, como se observa al analizar los principales aspectos de las Reglas de La Haya-Visby:

- La naviera es responsable de gancho a gancho (desde la grúa del puerto de origen hasta la del puerto de destino).
- La empresa porteadora puede beneficiarse de una extensa lista de exoneraciones de responsabilidad.
- El límite de indemnización de la empresa porteadora se establece en 666,67 DEG por bulto[8] o 2 DEG por kilogramo de peso bruto (el importe mayor de ambos es el límite de indemnización aplicable).
- Las reservas a la empresa porteadora deben formularse en el momento de la entrega (en caso de pérdidas o daños aparentes) o en un plazo de tres días desde la entrega (en caso de pérdidas o daños no aparentes).
- El plazo de prescripción para ejercer acciones en caso de pérdida o avería es de un año.

3.2.4 Conocimiento de embarque

El contrato de transporte marítimo se formaliza en un conocimiento de embarque *(bill of lading* o BL). Este documento, de especial trascendencia en el comercio

---

[7] Convenio de las Naciones Unidas sobre el Contrato de Transporte Internacional de Mercancías Total o Parcialmente Marítimo, aprobado en 2009 por la Comisión de las Naciones Unidas para el Derecho Mercantil Internacional (UNCITRAL o CNUDMI) en Viena (Austria), que describe los derechos y las obligaciones de todas las partes sujetas a un contrato de transporte puerta a puerta que incluya un tramo internacional por vía marítima.

[8] El límite por bulto se calcula mediante la denominada «regla del contenedor». Según esta regla, utilizada en el grupaje de mercancías en contenedor, se considera que un bulto es toda aquella unidad que consta en el conocimiento de embarque como cargada en el contenedor (sacos, palés, cajas, etc.); de otro modo, la totalidad del contenedor se considera un único bulto.

internacional, además de desempeñar las funciones de cualquier otra carta de porte (recibo de recepción de la mercancía por la empresa porteadora y prueba del contrato y sus condiciones), representa un título valor, lo que implica que es su legítimo tenedor el único que, mediante la presentación de un original, tiene la capacidad de reclamar a la naviera la entrega de la mercancía en destino. Puede emitirse al porteador, nominativo o a la orden, es decir, negociable y endosable, y su cesión permite transferir la posesión de la mercancía.

De este modo, al combinarse con medios de pago como el crédito documentario (regulado por las reglas UCP 600), es posible transferir la mercancía de la empresa vendedora a la compradora con ciertas garantías para ambas partes (la primera cobra al presentar el BL y otra documentación a la entidad bancaria, y la segunda accede a la mercancía en destino). En esta situación es muy importante para la parte vendedora asegurarse de que el documento cumple los requisitos formales exigidos en el condicionado del crédito (plazo máximo para el embarque, puertos, flete pagado o debido, indicaciones en la casilla Destinatario, *Consignee*, y, por lo tanto, la forma en que se emite respecto a la posibilidad de su endoso, etc.).

En caso de que no se desee usar la función de título valor, puede solicitarse la emisión de un BL que no la incluya, denominado «carta de porte marítimo» *(sea waybill,* también conocido como *express bill of lading, liner waybill, straight bill of lading* o *non negociable bill of lading).* En ese caso, este documento indica el destinatario que mediante su simple identificación en destino puede reclamar la entrega de la mercancía a la naviera.

3.3   Transporte aéreo

Constituye el modo de transporte más rápido y ágil, y el que ofrece mayor cobertura global, pero su costo es elevado y presenta importantes restricciones en cuanto a pesos, dimensiones y medidas de seguridad.

3.3.1   Comercialización

El transporte aéreo de carga se lleva a cabo bajo dos regímenes de explotación: línea regular y servicios chárter. En línea regular se ofertan rutas periódicas y, por lo tanto, se conocen de antemano los trayectos, horarios, precios y condiciones. Las aerolíneas internacionales, la mayoría de ellas integradas en la Asociación Internacional de Transporte Aéreo (IATA, por sus siglas en inglés), se ceden entre sí, mediante acuerdos, la carga y los documentos en aeropuertos intermedios.

La empresa vendedora o compradora que necesita contratar un transporte aéreo suele hacerlo mediante una agencia de carga IATA, esto es, una agencia transitaria con la formación y los requisitos exigidos por esta asociación, que está autorizada para emitir los contratos de transporte en nombre de las aerolíneas.

La elevada competitividad existente en el mercado de la carga aérea ha propiciado el surgimiento de todo tipo de servicios adaptados a las necesidades de las empresas, como los servicios *courier* ofertados por operadoras internacionales especializadas en transporte aéreo urgente.

Las tarifas aéreas representan el costo del transporte entre aeropuertos y son publicadas periódicamente por la IATA en sus reglas TACT *(The Air Cargo Tariff and Rules)*. Estas tarifas, cada vez más competitivas y adaptadas a las necesidades de los envíos, se clasifican en normales por cantidad (se paga menos por kilogramo cuanto mayor es el peso global del envío), específicas (para algunas mercancías), por contenedor aéreo (dispositivos unitarios de carga o ULD), etc.

A cada envío le corresponde una tarifa aérea en función de su peso tarifario, que es el mayor entre su peso en báscula y su peso de volumen (la equivalencia más aplicada consiste en dividir el volumen en centímetros cúbicos entre 6.000). A dicha tarifa se añaden costos en origen y destino, así como recargos, que en conjunto engloban el costo total del transporte y que deben asignarse a la parte vendedora o a la compradora en función de la regla Incoterms acordada.

Por otra parte, de manera similar al régimen de fletamento marítimo, los servicios chárter de transporte aéreo cubren demandas específicas o temporales, que se gestionan y contratan según los requisitos del envío y la oferta del mercado.

3.3.2 Infraestructuras, vehículos y tipos de carga

Las infraestructuras aeroportuarias funcionan como plataformas logísticas intermodales que combinan normalmente el transporte aéreo con el terrestre (principalmente por carretera). Los aeropuertos con un tráfico importante de carga disponen de terminales y centros de carga donde se llevan a cabo las operaciones previas y posteriores al vuelo (almacenaje, consolidación en palés y contenedores aéreos, despachos de aduanas e inspecciones, etc.).

Existen multitud de modelos de aviones con mayor o menor capacidad de carga, entre los cuales se pueden distinguir los cargueros y los mixtos (estos últimos transportan pasaje y carga). La mercancía suele transportarse en las bodegas de los aviones consolidada en dispositivos unitarios de carga *(united load devices* o ULD), lo que permite una manipulación más eficiente, rápida y segura de la mercancía. Los tipos de dispositivos son igualmente variados: palés con red, cerrados de tipo iglú, etc.

3.3.3 Regulación internacional del contrato de transporte

El Convenio de Montreal[9] regula el contrato de transporte aéreo internacional de mercancías. Sus principales estipulaciones sobre el régimen de responsabilidad de la compañía aérea son las siguientes:

- La responsabilidad de la empresa transportista se extiende a toda la operación de transporte aéreo.
- A la empresa porteadora se la presume responsable de la pérdida o los daños de la mercancía, así como de su retraso en la entrega.
- El límite de indemnización de la empresa porteadora se establece en 22 DEG por kilogramo bruto de mercancía perdida, dañada o entregada con retraso. Cuando se publicó el Convenio, se estableció el límite de 17 DEG, pero se incluyó un mecanismo de actualización si se determina que aumenta el valor medio de las mercancías transportadas. Así se aumentó de 17 a 19 DEG en una primera actualización y hasta 22 DEG por kilo a partir de 28 de diciembre de 2019.
- Las reservas a la empresa porteadora deben formularse en el momento de la entrega (en caso de pérdidas o daños aparentes) o en un plazo de 14 días desde la entrega (en caso de pérdidas o daños no aparentes). Cuando se produce un retraso, la reserva debe formalizarse en un plazo de 21 días desde la entrega en destino.
- El plazo de prescripción para ejercer posibles acciones es de dos años.

El contrato de transporte aéreo se formaliza en la carta de porte aéreo *(air waybill* o AWB), que desempeña las funciones de toda carta de porte. Para su emisión se utiliza un formulario estandarizado por la IATA.

---

[9] Convenio internacional sobre aviación civil para la unificación de ciertas reglas para el transporte aéreo internacional. El Convenio de Montreal de 1999 es una actualización del Convenio de Varsovia de 1929 y entró en vigor en noviembre de 2003.

3.4 Transporte ferroviario

Este modo de transporte ofrece una gran capacidad de carga, un alto nivel de seguridad y un precio competitivo y estable, además de ser el vehículo más respetuoso con el medio ambiente. No obstante, es relativamente lento y requiere grandes inversiones en infraestructura y normalización internacional (ancho de vía, normas de conducción, seguridad, intermodalidad, etc.).

3.4.1 Comercialización

El transporte por ferrocarril se lleva a cabo en régimen regular o facultativo. En régimen regular existen rutas, servicios, trayectos, estaciones y condiciones preestablecidos para transportes periódicos.

Se puede contratar mediante operadoras de transporte combinado (transitarias especializadas en estos tráficos), por medio de operadoras ferroviarias o por medio de operadoras de transporte por carretera que agrupen cargas que luego pueden transportar en semirremolques o cajas móviles utilizando vagones de ferrocarril adaptados.

Existe un creciente flujo de transporte de contenedores entre los puertos marítimos y el interior mediante terminales ferroviarias y puertos secos, así como la posibilidad de enlazar con destinos internacionales. Las tarifas para contenedores dependen del tipo de contenedor, de su peso, del trayecto y de los servicios adicionales requeridos (carga, descarga, manipulación, etc.).

En régimen facultativo se contratan trenes completos en función de los requisitos del envío. El ferrocarril se ha especializado en el transporte de determinados tipos de mercancía como vehículos, materias primas y graneles que se gestionan bajo esta fórmula, también conocida como «tren cliente» o «monocliente».

3.4.2 Infraestructuras, vehículos y tipos de carga

La red ferroviaria conecta las estaciones o terminales ferroviarias de mercancías que deben funcionar como plataformas logísticas de intercambio modal. En estas estaciones se manipulan las mercancías o sus unidades de transporte (contenedores, semirremolques o cajas móviles) en operaciones de carga, descarga, consolidación, etc.

Los trenes están compuestos por locomotoras (eléctricas o diésel) y vagones. Estos últimos pueden ser de distinto tipo en función de su adaptación a la mercancía que transportan: plataforma para contenedor, vagón para semirremolque, vagón cerrado, vagón tolva, etc.

3.4.3 Regulación internacional del contrato de transporte

El contrato de transporte internacional por ferrocarril se regula por el Convenio COTIF-CIM, cuya última actualización es el Protocolo de Vilna de 1999. El régimen de responsabilidad de la empresa porteadora se regula sobre la base de los siguientes principios generales:

- La empresa transportista es responsable de la pérdida o los daños de la mercancía y de la demora en su entrega, si bien su responsabilidad puede verse exonerada por determinadas causas.
- El límite de indemnización de la empresa porteadora se establece en 17 DEG por kilogramo bruto de mercancía perdida o dañada. En caso de retraso, el límite se establece en cuatro veces el precio del transporte.
- Las reservas a la empresa porteadora deben formularse en el momento de la entrega (en caso de pérdidas o daños aparentes) o en un plazo de siete días desde la entrega (en caso de pérdidas o daños no aparentes). En caso de retraso, la reserva debe formalizarse en un plazo de 60 días desde la entrega en destino.
- El plazo de prescripción para ejercer posibles acciones es de un año.

La carta de porte ferroviario internacional o carta de porte CIM prueba tanto la existencia del contrato y sus condiciones como la recepción de la mercancía por la empresa transportista.

3.5 Transporte multimodal

Más que de un modo de transporte, se trata de una modalidad de contratación mediante la cual una operadora de transporte multimodal, normalmente una agencia transitaria u otra operadora de transporte, emite, como única parte porteadora frente a la cargadora, un contrato que engloba un servicio que utiliza varios modos de transporte (por carretera, marítimo, aéreo o ferroviario). Así pues, la mercancía es trasladada en unidades de transporte intermodal, como el contenedor, la caja móvil o el semirremolque, sin que se produzca ruptura de carga.

La multimodalidad es una tendencia en alza que permite generar cadenas multimodales de transporte en las que cada modo ofrece sus ventajas (rapidez, precio, etc.) y propicia la creación de cadenas logísticas eficientes y competitivas (comodalidad).

3.5.1 Regulación internacional del contrato de transporte multimodal

A escala internacional no existe un marco jurídico específico y global que regule los contratos de transporte multimodal. El modelo de carta de porte utilizado puede hacer referencia a las condiciones generales de contratación de agencias transitarias u otras asociaciones, lo que puede traducirse en inseguridad jurídica. No obstante, existen dos convenios que son los más aplicados y que pueden emplearse como marco regulador remitiendo a ellos en dicho documento: el Convenio de Ginebra de 1980 y las reglas UNCTAD *(United Nations Conference on Trade and Development* o Conferencia de las Naciones Unidas sobre Comercio y Desarrollo) / CCI (Cámara de Comercio Internacional), relativas a los documentos de transporte multimodal.

El modelo de carta de porte multimodal más extendido es el conocimiento de embarque FIATA[10] negociable para el transporte multimodal *(FIATA bill of lading* o FBL), que en su formato habitual remite a las reglas UNCTAD/CCI. Sus principios generales sobre el régimen de responsabilidad de la operadora de transporte multimodal son los siguientes:

- El límite de indemnización de la empresa porteadora, si no se ha operado en transporte marítimo, se establece en 8,33 DEG por kilogramo bruto. En otro caso, el límite se establece en la mayor de las siguientes cantidades: 666,67 DEG por bulto (mediante la regla del contenedor) o unidad, o 2 DEG por kilogramo bruto.
- Las reservas a la empresa porteadora deben formularse en el momento de la entrega (en caso de pérdidas o daños aparentes) o en un plazo de seis días desde la entrega (en caso de pérdidas o daños no aparentes).
- El plazo de prescripción para ejercer posibles acciones es de nueve meses.

---

[10] Federación Internacional de Asociaciones de Transitarios y Asimilados (www.fiata.com).

Capítulo 3
Las reglas Incoterms y la cadena logística

1   Necesidad y función de las reglas Incoterms

Las reglas Incoterms son instrumentos clave en la gestión de las operaciones de compraventa de mercancías, que constituyen mayoritariamente el objeto del comercio nacional e internacional. En este tipo de operaciones resulta de especial interés y relevancia que las partes vendedora y compradora de un contrato de compraventa concreten sus respectivas obligaciones respecto del mismo y su desarrollo.

En ese sentido, aspectos como el embalaje y la carga de la mercancía, el transporte, el cumplimiento de la entrega (algo trascendental y especialmente contemplado por las reglas Incoterms), los despachos de aduanas, el seguro de transporte y la documentación requerida en cada operación (y en su caso, en un medio de pago documentario) se reflejan e influyen en la regla pactada en cada operación de compraventa.

Las operaciones de compraventa internacional, en comparación con las nacionales o domésticas, llevan asociada una mayor complejidad por las siguientes razones:

- Regulación de las compraventas y usos y costumbres locales dispares en cada país. Esto hace que la idea que tiene, por ejemplo, un egipcio, de las obligaciones que se establecen en una compraventa difiera de lo que considera una compañía colombiana, brasileña o rusa. Además, en cada país se aplican unas costumbres y usos sustancialmente diferentes en las prácticas comerciales (mayores o menores márgenes en el inicio de la negociación, mayor o menor relación y confianza personal para avanzar en acuerdos comerciales, etc.), a lo que hay que sumar los efectos que tiene el propio protocolo de los negocios. Estas situaciones, sin duda, pueden generar controversias al menos que haya unos términos de ámbito internacional que vengan a normalizar los aspectos básicos de una compraventa. Este es uno de los objetivos básicos de las reglas Incoterms.

- La mayor duración de los procesos de transporte y una cadena logística más compleja. Esto conlleva la conveniencia de contratar seguros que cubran los riesgos inherentes al transporte y sus funciones accesorias, como el almacenaje, la manipulación, etc.

- La obligación, si procede, de gestionar los despachos aduaneros de exportación e importación, así como de proporcionar toda la documentación que requieran y abonar los impuestos asociados. Excepto en las operaciones nacionales o dentro de un mismo territorio aduanero (como es el caso del comercio intracomunitario en el interior del TAU o Territorio Aduanero de la Unión), los procedimientos aduaneros implican riesgos y gestiones a tener en cuenta que complican, condicionan o impiden el desarrollo de las operaciones de comercio exterior, tanto por sus efectos fiscales como por las restricciones derivadas del control y la seguridad gestionadas por las aduanas.

- La necesidad de adaptar el producto a los requisitos normativos (impuestos por las barreras técnicas que son, con diferencia, las más difíciles de cumplir) y comerciales del mercado de destino (envase, embalaje o condiciones para la distribución, como etiquetado, reciclado, trazabilidad, seguridad, etc.).

- Una mayor desconfianza entre las partes vendedora y compradora respecto al cumplimiento de las principales obligaciones de cada una relativas a la compraventa: entrega del producto acordado y pago de su precio. Suele existir una mayor desconfianza cuando se opera con clientes, proveedores o mercados nuevos. Existen diferentes procedimientos, recursos y medios que permiten reducir o cubrir los riesgos de incumplimiento. Por ejemplo, para prevenir el impago pueden usarse medios de pago específicos como el crédito documentario *(letter of credit),* recurrir a un seguro de crédito a la exportación, etc.

- La influencia de las relaciones internacionales (geopolítica comercial) en la aplicación de mayores o menores restricciones a las relaciones comerciales (en función de la existencia o no de acuerdos comerciales o mayor o menor «afinidad política»), las diferencias lingüísticas y culturales, etc.

Del análisis de todos estos factores se desprende la necesidad de sistematizar en lo posible los términos de la compraventa con el objetivo de facilitar y agilizar los trámites operativos, normalizando las prácticas comerciales para que se entiendan mejor las partes, finalidad para la que fueron creadas las reglas Incoterms.

Así pues, al incorporar una regla Incoterms en un contrato de compraventa quedan claramente asignadas gran parte de las obligaciones y responsabilidades de las partes vendedora y compradora relativas a los principales aspectos de la gestión de dicha operación: contratación del transporte, entrega de la mercancía y transmisión (de vendedora a compradora) del riesgo de pérdidas o daños durante el transporte, despachos de aduanas de exportación e importación (y países de tránsito), seguro de transporte de la mercancía (cuando hay obligación de contratarlo y en qué condiciones), pruebas de entrega y documentación asociada y otras obligaciones.

El conocimiento y la aplicación eficaz de estas reglas es imprescindible para que las empresas puedan mejorar la relación entre los riesgos inherentes a toda operación de compraventa y los costos de la misma, y fortalecer las relaciones comerciales que hagan posible su expansión internacional.

Con ese objetivo, el correcto uso de las reglas Incoterms va a permitir a las compañías adquirir unas competencias clave en la planificación estratégica de su internacionalización y, sobre todo, en la gestión eficaz de las operaciones de comercio exterior respecto de los ámbitos que se describen a continuación:

- **Propuesta de opciones de precio en función de la regla Incoterms convenida**
  La empresa vendedora debe realizar un escandallo de costos, en función de cada regla Incoterms, que le permita ofrecer distintas opciones de precio. Pongamos el caso de una compañía de Sevilla, en España, a la que solicitan precios para una partida de productos que deben transportarse en contenedor hasta San Luis Potosí, en México. Una oferta con precio EXW (no recomendable con contenedores y operaciones internacionales por las razones que se comentarán más adelante) incluye la fabricación, el envase y el embalaje, el margen comercial y otros costos, como la emisión del certificado de origen, etc. No obstante, si la regla pactada es DDP, la empresa vendedora debe incorporar en su oferta, además de los costos incluidos en el precio EXW, los necesarios para colocar la mercancía en el almacén de la compradora, incluidos el despacho de importación y sus impuestos, de modo que a esta solo le quedaría descargar la mercancía del contenedor.

  Entre estas dos reglas «extremas» existen otras nueve opciones (en total, son once reglas), y los costos a asumir son diferentes para cada una de ellas

en una escalada que va desde EXW hasta DDP, de manera que a una regla Incoterms de mayor costo para la empresa vendedora debe corresponder una propuesta de precio mayor.

- **Correcta interpretación de los precios y las condiciones de compra ofertados**
  El importe de una oferta y las reglas Incoterms asociadas a ella permiten determinar las obligaciones y los costos de la parte vendedora. Gracias a ello, la compradora puede conocer en detalle las obligaciones y los costos que debe asumir hasta que la mercancía se coloca en su almacén. Esto permite comparar diferentes opciones de precios de distintas empresas proveedoras del mismo país e incluso ofertas de diferentes países (para distintas reglas Incoterms).

  Supongamos que una compañía radicada en Santiago de Chile negocia la compra de una partida de productos en contenedor desde China en condiciones FOB puerto de Shanghái. Para confirmar que la oferta es interesante, la compañía importadora debe realizar un estudio de costos en el que tenga en cuenta la asunción de los costos del transporte marítimo desde China (flete y recargos), los costos en el puerto chileno de importación, el despacho de aduanas (y sus impuestos) y el transporte terrestre hasta su almacén en Santiago de Chile. Este análisis de costos se puede comparar con ofertas de otras empresas proveedoras con reglas Incoterms distintas. Imaginemos que un proveedor indio ofrece a la compañía chilena un producto similar en condiciones CFR puerto de Valparaíso. En este caso, para hacer la comparación, la empresa compradora ha de tener en cuenta que debe asumir los costos en el puerto de importación, el despacho de aduanas (y sus impuestos) y el transporte terrestre hasta su almacén en Santiago de Chile (en condiciones CFR, el transporte marítimo es abonado por la parte vendedora y ya se incluye en el precio de su factura).

  Así pues, el proceso consistirá en igualar las distintas ofertas (precios) en diferentes reglas Incoterms, añadiendo en cada caso los costos que le corresponda asumir a la compradora. De esa forma se puede llegar a un «precio de elección» que permita comparar las ofertas (en el apartado Casos prácticos se muestra con detalle este proceso).

  La comparación de los costos, aunque no es el único factor para determinar la mejor oferta (pueden ser determinantes otros aspectos como la calidad del producto, el tiempo de entrega, los términos de pago, la fiabilidad de cada proveedor, etc.), tendrá, sin duda, un peso importante en el proceso de selección de la empresa proveedora.

- **Cumplimiento de las respectivas obligaciones en relación con la compraventa**
Cada regla Incoterms establece las obligaciones de la parte vendedora y de la compradora respecto a determinados elementos clave de la compraventa. Ambas partes deben realizar sus respectivas gestiones, comunicaciones, contratos y documentación de acuerdo con ellas y exigir a la vez su cumplimiento por la otra parte.

  Por ejemplo, una compañía portuguesa que haya vendido un producto en condiciones DAP Rabat debe asumir los costos y las obligaciones hasta situar la mercancía en el almacén de la compradora en aquella ciudad, mientras que esta es responsable, por ejemplo, del despacho de importación en la aduana marroquí. Así pues, en caso de que la importadora no gestione correctamente el despacho aduanero y se deriven extracostos para la vendedora, esta puede reclamarlos a la compradora pues así se especifican en la regla Incoterms pactada.

- **Identificación del momento de entrega y transmisión de riesgos sobre la mercancía**
Uno de los aspectos clave de las reglas Incoterms es la identificación del momento y la forma de entrega de la mercancía con la consiguiente transmisión de riesgos (es decir, de los posibles daños sobre la mercancía durante el transporte) de la parte vendedora a la compradora.

  Supongamos que una compañía de Zaragoza (España) vende a otra estadounidense una mercancía en contenedor en condiciones CPT puerto de Nueva Orleans: la entrega y transmisión de riesgos se produce al cargar la mercancía en el contenedor en Zaragoza. Así pues, en caso de siniestro, le corresponde a la parte compradora asumir la pérdida o los daños desde este punto. Por el contrario, si la misma venta se pacta en condiciones DAP Jackson (ciudad al norte de Nueva Orleans donde está domiciliada la importadora), la parte vendedora no entrega la mercancía (y, por lo tanto, asume el riesgo) hasta que el contenedor con ella llega a las instalaciones de la importadora en la ciudad de Jackson. En consecuencia, todo siniestro ocurrido hasta ese punto debe ser asumido por la empresa exportadora.

  Cuando indicamos que una de las partes soporta el riesgo y sufre las consecuencias del siniestro, significa que debe asumir el perjuicio económico derivado y, por lo tanto:

  a) Si es la parte vendedora, esta deberá reponer mercancía o cumplir con la compradora como se hubiese pactado en el contrato de compraventa, pero en cualquier caso no puede exigir el pago a esta última.
  b) Si es la parte compradora, esta deberá pagar la mercancía a la vendedora.

En ambos casos, el que sufra el perjuicio económico podrá estudiar la posibilidad de resarcirse del mismo reclamando al seguro de transporte (si lo hay y el siniestro estaba cubierto en el mismo) o a la operadora de transporte (en función de lo pactado en contrato de transporte y del marco jurídico aplicable al mismo).

- **Negociación y adopción de la regla Incoterms adecuada en función de las características de la operación**

  No existe una regla Incoterms óptima para todas las operaciones, sino que las características de cada operación aconsejarán utilizar una u otra, lo que debe valorarse en la negociación de la compraventa junto con otros factores (estrategia de internacionalización de la compañía y forma de entrada en los mercados internacionales –venta directa, distribuidor, agente, etc.–, poder de negociación de la contraparte, etc.). De manera general, cada compañía debe tratar de aplicar las reglas que le permitan controlar la cadena logística y minimizar costos y riesgos, de modo que el cliente (o proveedor) quede satisfecho para facilitar su fidelización, aspecto clave en su expansión internacional.

2　Caracterización de las reglas Incoterms

2.1　Historia y naturaleza de las reglas Incoterms

A principios del siglo xx, la Cámara de Comercio Internacional (CCI), organización que promueve el desarrollo de las relaciones económicas internacionales, creó las reglas Incoterms (acrónimo de *International Commercial Terms)* con el objetivo de ofrecer una normativa que contribuyese a la normalización, a la seguridad jurídica y al entendimiento en las compraventas internacionales de mercancías. Hasta ese momento, la heterogeneidad en las normas y costumbres comerciales que regulaban las compraventas en cada país provocaba inseguridad jurídica, litigios y problemas de todo tipo que suponían un lastre para el desarrollo del comercio internacional.

La CCI, en un intento de uniformar las prácticas contractuales, encargó varios estudios que cristalizaron en una primera versión de las reglas Incoterms publicada en 1936. Desde entonces se han editado sucesivas versiones en 1945, 1953, 1967, 1976, 1980, 1990, 2000, 2010 y, la que nos ocupa, que entró en vigor el

1 de enero de en 2020.[1] Estas versiones han adaptado dichas reglas a las prácticas comerciales de cada momento, a los avances tecnológicos (la aparición del contenedor en 1956, la intermodalidad, etc.), a los procesos documentales, a la regulación de los medios de pago y las prácticas bancarias, a los procedimientos y normativas aduaneros, etc.

Las reglas Incoterms se identifican mediante abreviaturas de tres letras (véase la tabla 3.1) que resumen su significado en inglés (por ejemplo, EXW corresponde a la regla *ex works)*. En su evolución han surgido «variantes» de estas reglas, destinadas a usos específicos, que no gozan de regulación normalizada, como EXF *(ex factory)*, EXW *loaded*, EX *cellar*, FOR *(free on rail)*, FOT *(free on truck)*, PAF

Siglas usuales	Reglas Incoterms 2020	
	Descripción	
	Inglés	**Español**
EXW	*Ex works*	En fábrica
FCA	*Free carrier*	Franco porteador
FAS	*Free alongside ship*	Franco al costado del buque
FOB	*Free on board*	Franco a bordo
CFR	*Cost and freight*	Costo y flete
CIF	*Cost, insurance and freight*	Costo, seguro y flete
CPT	*Carriage paid to*	Transporte pagado hasta
CIP	*Carriage and insurance paid to*	Transporte y seguro pagados hasta
DAP	*Delivered at place*	Entregada en lugar
DPU	*Delivered at place unloaded*	Entregada en lugar descargada
DDP	*Delivered duty paid*	Entregada derechos pagados

Tabla 3.1. Las reglas Incoterms se utilizan habitualmente por sus siglas, que se corresponden con la denominación de cada regla en inglés.

---

[1] Publicación n.º 723 de la CCI, en inglés y francés, que el Comité Español de la CCI editó en español e inglés. Para obtener más información sobre esta publicación, véase el sitio web https://iccwbo.org/resources-for-business/incoterms-rules/incoterms-2020/

(packed at factory), DIS *(delivery into store)* o FIS *(free into storage)*. Las reglas publicadas en 2020 no prohíben el uso de estas últimas, pero sí lo desaconsejan, pues son fuente de inseguridad para ambas partes. Si aun así se opta por emplearlas, es necesario especificar su significado en el contrato de compraventa.

Si bien las nuevas versiones no derogan las anteriores, es recomendable que las empresas empleen las reglas recogidas en la última versión y lo reflejen explícitamente indicando, al final de su redacción, la expresión «Incoterms 2020». Veamos, a modo de ejemplo, una regla correctamente redactada:[2]

> FCA Avda. Libertad, 737, Viña del Mar, Valparaíso. Chile. Incoterms 2020.

En el marco de la denominada nueva *lex mercatoria,* las reglas Incoterms tienen la naturaleza de reglas o usos comerciales entre empresas que estas mismas se han otorgado por medio de la CCI para regular sus transacciones comerciales. Dada la condición de organización no gubernamental de dicha cámara, las reglas Incoterms no constituyen fuente de derecho, ya que no emanan del poder legislativo ni se ratifican e incorporan a los ordenamientos jurídicos nacionales mediante publicaciones en diarios oficiales.

Ahora bien, estas reglas adquieren carácter y fuerza contractual en la medida en que las partes las incorporan voluntariamente a sus contratos de compraventa, y se hallan asimismo reconocidas, como sigue, en el artículo 9.º del Convenio de Viena:[3]

- Las partes quedarán obligadas por cualquier uso en que hayan convenido y por cualquier práctica que hayan establecido entre ellas.
- Salvo pacto en contrario, se considerará que las partes han hecho tácitamente aplicable al contrato o a su formación un uso del que tenían o debían haber tenido conocimiento y que sea ampliamente conocido en el comercio internacional y regularmente observado por las partes en contratos del mismo tipo realizados en el tráfico mercantil de que se trate.

---

[2] Con vistas a dinamizar la lectura de esta obra, la mayoría de los ejemplos citados en el texto no representan una redacción exacta salvo que, como en este caso, se exprese lo contrario.

[3] Convención de las Naciones Unidas sobre los Contratos de Compraventa Internacional de Mercancías o Convenio de Viena de 1980. Texto completo y estatus de ratificación disponibles en el sitio web www.uncitral.org.

Resulta muy conveniente conocer el contenido del Convenio de Viena pues es el único ordenamiento jurídico de alcance internacional (aunque no global, si mayoritario) regulador del contrato de compraventa internacional de mercancías. Si las partes vendedora y compradora están domiciliadas en países firmantes (actualmente 93) del Convenio y no lo han excluido de forma expresa en su contrato de compraventa, dicho Convenio se aplica a todo lo no pactado en el mismo.

Así pues, este Convenio establece la prevalencia de los usos (entendidos como reglas) a los que se hayan acogido las partes frente a lo estipulado en dicho marco jurídico, el cual, por otra parte (como se indica en su artículo 6.º), tiene naturaleza dispositiva, es decir, de aplicación a excepción de que las partes hayan especificado algo distinto (la regla general que prevalece en el Derecho Mercantil Internacional es el del libre pacto entre las partes). De este modo, es posible modificar y concretar, mediante una regla Incoterms, la regulación del Convenio de Viena en relación, por ejemplo, con la transmisión de riesgos que, por defecto, se produce en el almacén de la parte vendedora.

No obstante, las reglas Incoterms no pueden contravenir en ningún caso las normas y disposiciones legales que imperen en un determinado país. La legislación aplicable de forma imperativa prevalece sobre los pactos entre las partes. Esto puede provocar, por ejemplo, que una empresa vendedora no pueda despachar de importación en un país porque no se lo permita el ordenamiento jurídico del mismo, lo que haría imposible la aplicación estricta de una regla como DDP (según la cual, la vendedora despacha de importación en el país de la compradora).

2.2 Novedades de las reglas Incoterms 2020

Las novedades más relevantes de las reglas Incoterms 2020 son las siguientes:

- **Actualización de la regla DAT y su reformulación a DPU**
  En esta reformulación se le ha otorgado más polivalencia y no se requiere que el punto concretado por la regla Incoterms sea una terminal sino, por ejemplo, el almacén de la parte compradora u otro lugar. Lo analizaremos con detalle cuando tratemos esta regla.

- **La redacción de la publicación Incoterms 2020 ha mejorado su presentación y concreción respecto de anteriores versiones**
  Se ha hecho un esfuerzo por explicar mejor los términos y su uso adecuado, así como la conexión y las implicaciones del contrato de compraventa con otros

tipos de contrato, se han incluido notas explicativas para cada regla y se ha puesto énfasis en algunos aspectos clave, como la entrega y transferencia del riesgo para clarificar cuándo estas se producen.

- **Intento de compaginar el uso de FCA y el transporte en contenedor con la exigencia a la parte vendedora de un BL embarcado**

  Aunque lo analizaremos con detalle en el análisis de esta regla Incoterms, se ha tratado de incluir una opción en las obligaciones de las partes para posibilitar que se combine con la obtención por parte de la vendedora de un BL embarcado (BL *on board)*. Aun así, resulta disonante y difícil de llevar a la práctica, por lo que habrá que ver en qué medida se puede aplicar esta posibilidad.

- **Modificación de la cobertura de seguro en la regla CIP**

  Cuando se pacte esta regla, la parte vendedora deberá contratar un seguro cuya cobertura sea al menos la equivalente a las coberturas ICC «A» (hasta las reglas Incoterms 2020 la cobertura exigida era la ICC «C» aunque en la práctica se solía elevar de forma voluntaria a la que ahora será exigible). La nueva cobertura exigida ICC «A» es la mayor de las estándar, aunque también se excluyen determinados riesgos.

  La otra regla que incluye obligación de contratar seguro, CIF, mantiene la exigencia de cobertura ICC «C», la más baja (más propia para graneles y materias primas), aunque las partes pueden pactar de forma voluntaria contratar un seguro de mayor cobertura (es recomendable cuando se use esta regla con operaciones de transporte en contenedor).

- **Se recoge expresamente la posibilidad de que las partes gestionen el transporte con sus propios medios**

  Ya quedaba implícito, a nuestro juicio, en versiones anteriores de las reglas Incoterms, que las partes podían utilizar sus propios medios de transporte para efectuar la operación. Es decir, por ejemplo, en DAP con carretera, la empresa vendedora podía optar por no contratar una porteadora sino efectuar el transporte hasta destino con sus propios medios (flota de vehículos y personal propio). En todo caso, en las reglas Incoterms 2020 se indica expresamente esta posibilidad.

- **Clarificación de los costos a soportar por cada parte**

  En las obligaciones A9/B9 de cada regla Incoterms aparece una relación de los costos que deben soportar las empresas vendedora y compradora, respectivamente. Aunque esta obligación ya aparecía con esta denominación en versiones previas, en la de 2020 se incluye un listado de los costos a soportar por cada parte en cada término. Teniendo en cuenta que una de las funciones de las reglas Incoterms es asignar (en el sentido de repartir) los costos de la cadena logística a las partes vendedora y compradora, resulta positivo que se determine de forma expresa dicha asignación y reparto en una de las diez obligaciones.

- **Comparativa transversal de las obligaciones de cada parte en función de cada una de las diez obligaciones o artículos de las reglas Incoterms**
La versión de 2020 ofrece al final de su redacción una presentación trasversal en la que aparecen especificadas cada una de las diez obligaciones (entrega, transporte, etc.) a cumplir por cada parte (vendedora o compradora). Esta presentación expone de forma muy clara cómo cada parte va modificando (ampliando o reduciendo) sus cometidos respecto al cumplimento de cada una de las obligaciones.

Es importante tener en cuenta que la nueva versión de las reglas Incoterms constituye una excelente ocasión para conocer sus novedades y comenzar a utilizarlas correctamente. En mi larga trayectoria profesional como docente y asesor de empresas en comercio exterior, he podido comprobar que, aunque «se conocen» las reglas, su aplicación práctica deja mucho que desear en el sentido de que se ignoran determinados aspectos o se actúa de manera distinta a como está regulado en la publicación oficial.

Por otra parte, en muchos casos, las personas responsables de negociar y aplicar una regla Incoterms en un contrato de compraventa (área comercial) son distintas de quienes han de llevarlo a la práctica (área logística). Es habitual que el afán comercial por cerrar un contrato de compraventa lleve a aceptar una regla difícilmente ejecutable en la realidad. Supongamos el caso de una exportación desde Europa o Sudamérica hasta una ubicación interior de un país africano con deficientes infraestructuras de transporte y cuya aduana presenta una notable inseguridad en la aplicación de las diligencias. Pues bien, el departamento comercial puede haber aceptado, por ejemplo, la regla DDP almacén del comprador pero, a la hora de llevar a cabo la operación, el departamento logístico puede encontrase con innumerables problemas para cumplir las obligaciones que esta impone.

Con este caso queremos poner de manifiesto que es importante que las reglas Incoterms sean conocidas por todos los departamentos afectados por las operaciones de comercio exterior, y que una nueva versión parece una ocasión inmejorable para que se pongan al día de forma conjunta y se establezcan cauces de comunicación que permitan aplicarlas mejor en función de las características de cada operación.

2.3 Alcance de las reglas Incoterms

En líneas generales, las reglas Incoterms, concebidas fundamentalmente para facilitar las transacciones comerciales internacionales, regulan:

- Las principales obligaciones de las partes vendedora y compradora respecto al contrato de compraventa.
- Los costos atribuibles a cada parte en relación con el transporte y el resto de la cadena logística.
- La obligación de realizar los despachos de aduanas.
- El momento de la entrega y la transmisión de riesgos de la parte vendedora a la compradora.

La tabla 3.2 resume de manera esquemática las obligaciones de las partes compradora y vendedora en función de la regla Incoterms convenida. No obstante, dichas reglas no constituyen por ellas mismas un contrato de compraventa, pues algunos aspectos clave de la transacción comercial quedan fuera de su alcance.

2.3.1 Aspectos regulados por las reglas Incoterms

Desde la versión de 1990, la redacción de las reglas Incoterms está vertebrada por las obligaciones de la empresa vendedora y de la compradora, tal como se resumen en la tabla 3.3.

Debe tenerse en cuenta que en la versión 2020 se han reestructurado las diez obligaciones que conforman las reglas Incoterms y que algunas aparecen con una definición totalmente nueva (que a veces ha recogido lo que en versiones anteriores se expresaba en varias obligaciones).

Reglas Incoterms 2020 – Asignación de gestiones y costos											
	EXW	FCA local vendedor	FCA otro lugar	FAS	FOB	CFR	CIF	CPT	CIP	DAP	DPU	DDP
Envase y embalaje	●	●	●	●	●	●	●	●	●	●	●	●
Otros costos de exportación: documentos, certificaciones...	●	●	●	●	●	●	●	●	●	●	●	●
Carga de la mercancía en el vehículo de transporte inicial	○	●	●	●	●	●	●	●	●	●	●	●
Despacho de exportación	○	●	●	●	●	●	●	●	●	●	●	●
Transporte inicial	○	○	●	●	●	●	●	●	●	●	●	●
Transporte hasta terminal	○	○	●	●	●	●	●	●	●	●	●	●
Costos en terminal de origen: THC, tasas y otros	○	○	○	●	●	●	●	●	●	●	●	●
Carga a bordo	○	○	○	○	●	●	●	●	●	●	●	●
Transporte principal	○	○	○	○	○	●	●	●	●	●	●	●
Seguro de transporte	●	●	●	●	●	●	●	●	●	○	○	○
Descarga en terminal	○	○	○	○	○	○	○	○	○	●	●	●
Costos en terminal de destino: THC, tasas y otros	○	○	○	○	○	○	○	○	○	●	●	●
Despacho de importación	○	○	○	○	○	○	○	○	○	○	○	●
Transporte de terminal a destino	○	○	○	○	○	○	○	○	○	●	●	●
Descarga de la mercancía del vehículo de transporte final	○	○	○	○	○	○	○	○	○	○	●	○

● Costo a cargo de la empresa vendedora.

○ Costo a cargo de la empresa compradora.

● ○ No es obligatoria la contratación del seguro como condición de una regla Incoterms, pero se indica la parte, vendedora o compradora, a la que le conviene plantearse su contratación por soportar mayoritariamente los riesgos del transporte. En general, es conveniencia de la compradora desde EXW a CPT, mientras que convendrá mayoritariamente a la vendedora desde DAP a DDP.

Tabla 3.2. Relación de las gestiones y costos que asumen la parte vendedora y la compradora en función de las distintas reglas Incoterms que acuerden para una operación de compraventa internacional.

Obligaciones de la empresa vendedora	Obligaciones de la empresa compradora
A1. Obligaciones generales	B1. Obligaciones generales
A2. Entrega	B2. Recepción
A3. Transmisión de riesgos	B3. Transmisión de riesgos
A4. Transporte	B4. Transporte
A5. Seguro	B5. Seguro
A6. Documento de entrega/transporte	B6. Documento de entrega/transporte
A7. Despacho de exportación/importación	B7. Despacho de exportación/importación
A8. Comprobación/embalaje/marcado	B8. Comprobación/embalaje/marcado
A9. Reparto de costos	B9. Reparto de costos
A10. Notificaciones	B10. Notificaciones

Tabla 3.3. Obligaciones de las empresas vendedora y compradora reguladas por las reglas Incoterms.

A continuación se detallan las obligaciones a las que quedan sujetas las respectivas partes:

1 **Obligaciones generales de las partes vendedora y compradora (A1 y B1)**
   La empresa vendedora debe suministrar la mercancía y la factura comercial de acuerdo a lo pactado en el contrato de compraventa, así como cualquier otro documento o prueba de conformidad (lista de bultos o *packing list*, certificado de inspección, de origen, etc.) que se haya especificado en dicho contrato. Por su parte, la empresa compradora debe abonar el precio acordado por la mercancía conforme a lo pactado en el contrato de compraventa. Nótese que las reglas Incoterms no determinan el medio de pago (en su momento expondremos la relación e influencia de los medios de pago documentarios). Por lo tanto, esta primera obligación reafirma los deberes más básicos de cualquier compraventa: la parte vendedora entrega una mercancía y la compradora debe pagar por ella.
   No se determina la transmisión de la propiedad, que depende de los términos o las leyes aplicables al contrato de compraventa. En general, si los requisitos para la trasferencia de la propiedad no se han especificado en este contrato y surge una disputa al respecto, será determinante la ley del lugar donde se encuentre la mercancía *(lex fori* o «ley del foro») para determinar

la misma (ni siquiera el Convenio de Viena de 1980 sobre la Compraventa Internacional de Mercancías fue capaz en su momento de establecer un criterio para la trasferencia de la propiedad).

De modo general se establece, tanto para la parte vendedora como para la compradora, que cualquier documento o procedimiento indicado en sus obligaciones puede ser presentado en formato electrónico si lo acuerdan, o si es habitual presentarlo así. Téngase en cuenta que se tiende a sustituir documentos en papel por electrónicos y que esta tendencia se verá acentuada en un futuro próximo.

2 Entrega y recepción de la mercancía (obligaciones A2 y B2)

Aborda las obligaciones recíprocas de la parte vendedora respecto a la entrega de la mercancía y de la compradora respecto a su recepción (y está muy relacionado con el punto de transferencia del riesgo del transporte de la mercancía que se comenta en la siguiente obligación A3 y B3).

En A2 se determina el lugar y la forma de entrega (poniendo la mercancía en un lugar, entregándola a una empresa porteadora, poniéndola a disposición de la compradora para su descarga, etc.) para que se considere que la vendedora ha entregado la mercancía a la compradora. Téngase en cuenta que la principal obligación de la parte vendedora en un contrato de compraventa es entregar la mercancía, por lo que resulta fundamental cumplir con esta obligación en la forma que indican las reglas Incoterms.

En B2 se detalla la obligación de la compradora de recibir la mercancía de una manera que se relaciona con la forma de entrega indicada en A2 para la vendedora (puede consistir en contratar y posicionar un buque en un puerto, enviar un camión a recoger la mercancía al almacén de la vendedora, recibir la mercancía enviada por esta en sus instalaciones en destino, etc.), una vez haya sido avisado de ello tal como se indica también en la obligación A10.

3 Transmisión de riesgos (obligaciones A3 y B3)

Concretar en qué punto de la cadena logística se transmite el riesgo de daños a la mercancía durante el transporte es un aspecto clave de las reglas Incoterms. En cada una de ellas se detalla el lugar y momento en que dicho riesgo pasa de la parte vendedora a la compradora, que coinciden con el punto de entrega/recepción de las obligaciones A2/B2. Sin embargo, el punto de entrega/transmisión del riesgo no siempre coincide con el lugar hasta el cual la vendedora debe asumir los costos de transporte, como ocurre con las reglas del grupo C, donde esta debe pagar un transporte hasta el país de destino, pero entrega (a efectos de transmisión del riesgo) en el país de origen.

Ser capaces de determinar el punto de entrega y la transmisión del riesgo en cada regla resulta de importancia capital. Cuando ocurre un siniestro, se debe comparar el lugar en que este se ha producido con el punto de entrega y transmisión del riesgo que indica la regla aplicada en la compraventa. De esta comparación surgen dos posibilidades:

a) Siniestro previo a la entrega/transmisión del riesgo. La parte vendedora no entregó (siendo esa su obligación principal de contrato de compraventa) y deberá reponer la mercancía o actuar según lo indicado en el contrato de compraventa. En todo caso, la compradora no está obligada a pagar pues la mercancía no se ha entregado.

b) Siniestro posterior a la entrega/transmisión del riesgo. La parte vendedora entregó (cumplió con su obligación principal) y, por lo tanto, la compradora debe pagar el precio de la compraventa.

En ambos casos se derivan otros efectos *a posteriori,* como determinar quién puede reclamar a la operadora de transporte, en el caso de que esta sea responsable de la pérdida o daño de la mercancía, para recibir una compensación por ello, o la parte que se pueda reclamar al seguro de transporte contratado para cubrir los riesgos de la operación.

4 Transporte (obligaciones A4 y B4)

Se indica quién debe contratar el transporte de la mercancía o desarrollarlo con sus propios medios. Por lo tanto, se especifican las obligaciones e implicaciones de cada parte respecto de la contratación del transporte en sus diversas etapas (desde el almacén hasta el puerto, donde se lleva a cabo el embarque a bordo, desde el puerto de embarque hasta el puerto o terminal en el país de destino, etc.) dentro de la cadena logística que va a desarrollar la operación. El transporte puede llevarse a cabo también con medios propios, en el caso de que la empresa disponga, por ejemplo, de flota propia de camiones.

5 Seguro (obligaciones A5 y B5)

Se indica si las partes tienen alguna obligación respecto de la contratación de un seguro que cubra los riesgos de la mercancía durante su transporte. Esta obligación se concreta de dos maneras:

a) Contratación del seguro. Solo en las reglas CIP y CIF se indica que la parte vendedora está obligada, como condición del contrato de compraventa, a contratar un seguro que cubra los riesgos que soporta la compradora relacionados con el transporte de la mercancía. En cada una de estas reglas se especifican algunos aspectos que deben cumplir dichos contratos de seguro como la cobertura, el valor asegurado, etc. En las reglas Incoterms 2020 se ha modificado la cobertura mínima en la CIP (ampliándola de ICC «C» a ICC «A»).

b) Información sobre el seguro. Ambas partes están obligadas a facilitarse mutuamente la información que se solicite para contratar un seguro. Este sería, por ejemplo, el caso de una operación en condiciones FCA almacén del vendedor en la que el comprador solicitara información a este (peso, embalaje, situación exacta de la mercancía, etc.) para contratar un seguro que cubriera los riesgos del transporte de la mercancía desde el almacén del primero (punto donde se transfieren los riesgos en esta regla).

6 Documento de entrega/transporte (obligaciones A6 y B6)

Detalla los aspectos que debe cumplir el documento que prueba la entrega de la mercancía. En función de la implicación la parte vendedora en la contratación del transporte (y de la forma de entrega que se detalla en A2), en cada regla se especifica que dicha prueba debe ser:

a) Un documento de transporte (un contrato de transporte que cumpla determinados requisitos como transporte pagado, etc., cuando es la vendedora la que contrata el transporte, por ejemplo, en DAP).

b) Un simple documento que pruebe la entrega a la operadora de transporte contratada por la compradora (cuando es esta la que contrata el transporte, por ejemplo, en FCA almacén del vendedor).

7 Despacho de exportación/importación (obligaciones A7 y B7)

Se refiere a qué parte debe realizar los despachos aduaneros de exportación o importación cuando estos sean necesarios.

En todas las reglas Incoterms despacha de exportación la parte vendedora y de importación la compradora (que conoce mejor su legislación, procedimientos aduaneros e impacto fiscal), excepto en EXW (donde despacha de exportación la compradora) y DDP (donde despacha de importación la vendedora).

También se indica la obligación de cada parte de ayudar a la otra (a solicitud y a cargo de esta) proporcionando cualquier documento o información necesaria para gestionar los despachos aduaneros. Sería, por ejemplo, el caso de una empresa compradora que hubiera notificado a la vendedora (y pactado con ella en el contrato de compraventa) que necesita obtener y presentar un certificado de origen preferencial (por ejemplo, un EUR1 para conseguir una rebaja arancelaria en la importación en destino, obviamente suponiendo que cumpla los requisitos para solicitar la emisión de dicho certificado). En este caso, la vendedora estaría obligada a obtener dicho certificado y transferir su costo a la parte compradora incluyéndolo en el precio facturado. Es muy importante tener en cuenta los documentos a presentar ante la aduana. Estos deben consultarse previamente (con el representante aduanero o en bases de datos, como TARIC o Market Access Database, por ejemplo, en las operaciones desde o hacia la Unión Europea) para confirmar la viabilidad de la operación (hay productos afectados por importantes restricciones en su comercialización) y los aspectos fiscales (aranceles y otros impuestos). Se comentan con detalle más adelante estas y otras fuentes de información aduanera.

8 Comprobación/embalaje/marcado (obligaciones A8 y B8)

Se indica que la parte vendedora tiene la obligación (y asume el costo correspondiente) de verificar que la mercancía cumple con los requisitos de calidad, medidas, pesos, etc., en el momento de su entrega. Además, debe marcar y embalar la mercancía de manera adecuada para su transporte o, de forma más específica, cumplir los requisitos de marcaje y embalado que se hayan concretado en el contrato de compraventa. Cuando los requisitos de marcaje y embalaje no se han concretado en el contrato, esta obligación queda redactada de forma muy genérica (incluso, en determinadas reglas, la vendedora puede desconocer el medio de transporte que va a contratar la compradora) por lo que es recomendable que los aspectos específicos de envase y embalaje sean pactados expresamente en el contrato de compraventa.

9 Reparto de costos (obligaciones A9 y B9)

Se establece el reparto de costos entre la parte vendedora y la compradora en relación con aspectos que se concretan en otras obligaciones de las reglas Incoterms. Principalmente, se trata de costos hasta el punto de entrega, de transporte, de carga o descarga, del seguro y de los trámites aduaneros y las ayudas prestadas entre las partes para su desarrollo.

10 Notificaciones (obligaciones A10 y B10)

Es fundamental que exista una adecuada transmisión de información entre las partes para gestionar de forma adecuada y eficiente la compraventa desde el punto de la entrega de la mercancía y su transporte (y resolver algunas de las incidencias que puedan surgir durante su desarrollo). Esta transmisión de información en forma de notificaciones a la contraparte hace referencia a aspectos como: aviso de que la mercancía se ha entregado, aviso de que el porteador designado no se ha hecho cargo de la mercancía, el nombre de la empresa transportista, el modo de transporte, el momento escogido dentro del plazo de entrega pactado, etc.

2.3.2   Aspectos no regulados por las reglas Incoterms

Como ya se dijo, las reglas Incoterms no constituyen en sí mismas un contrato de compraventa, pues quedan fuera de su alcance algunos aspectos esenciales de la transacción comercial, si bien pueden verse afectados por ellas. Por este motivo, las condiciones por las que se rigen dichos aspectos deben ser negociadas, pactadas y expresadas en el contrato de compraventa para evitar que la falta de acuerdo sobre estos ámbitos genere inseguridad jurídica y comercial entre quienes lo suscriben. Entre los aspectos no regulados por las reglas Incoterms destacan los siguientes:

- **Transmisión de la propiedad de la mercancía, y ley y jurisdicción competentes para resolver los incumplimientos del contrato de compraventa**
  Las expresiones empleadas en la redacción de las reglas Incoterms relativas, por ejemplo, a «suministrar» la mercancía o a «ponerla a disposición» de la empresa correspondiente no equivalen en modo alguno a la transmisión de su propiedad. Esta se regula mediante lo que se haya pactado en el contrato de compraventa (en el que pueden establecerse cláusulas que afecten directamente a la mercancía, como la reserva de dominio) o, en su defecto, por las leyes aplicables en función de los convenios ratificados por los países de origen y de destino. Téngase en cuenta que tampoco el Convenio de Viena de 1980 (seguramente la ley aplicable a la compraventa)

especifica el requisito para que se considere transferida la propiedad de las mercancías.

Algo similar ocurre con la normativa aplicable ante incumplimientos del contrato de compraventa. Dado que el Convenio de Viena ha sido ratificado por la mayoría de los países importantes en el comercio internacional y que se aplica (por defecto, es decir, si no se ha excluido expresamente) a operaciones entre empresas domiciliadas en ellos, habitualmente será el marco jurídico que regule lo no especificado expresamente en el contrato de compraventa (por ejemplo, cálculo de indemnizaciones por incumplimientos de contrato). Dicho esto, debe tenerse en cuenta que este convenio es dispositivo y sobre su aplicación prevalece lo pactado por las partes que pueden especificar en una cláusula del contrato de compraventa que la ley aplicable es otra distinta (en todo caso lo habitual es no haber pactado nada al respecto).

Si la operación no se realiza entre compañías de dos países firmantes del Convenio de Viena, será aplicable dicho Convenio cuando lo indique el Derecho Internacional Privado, rama del derecho dedicada a resolver los conflictos de jurisdicción internacionales. En el caso de un país europeo, por ejemplo, el Derecho Internacional Privado aplicable viene determinado por el Reglamento (CE) 593/2008 del Parlamento Europeo y del Consejo, de 17 de junio de 2008, sobre la ley aplicable a las obligaciones contractuales («Roma I») que indica, respecto de las compraventas, que la ley aplicable es la del país de la parte vendedora, en cuyo caso correspondería el Convenio de Viena. Para el caso de una importación desde un país no firmante de dicho convenio, como Marruecos, será aplicable la ley marroquí por el principio universal de Roma I.

No parece razonable dejar que un aspecto tan importante como el marco jurídico aplicable al contrato dependa de los países con que se comercia, por lo que es recomendable pactarlo expresamente en el contrato de compraventa. Seguramente, por un criterio de normalización jurídica, lo más sensato sea pactar en todos los contratos el sometimiento al Convenio de Viena.

Respecto a las vías de resolución de conflictos y jurisdicción competente (vía judicial y en qué sede) ocurre otro tanto. Generalmente, cuando se está negociando una operación de compraventa no se suele pensar que vaya a producirse un incumplimiento pero, por eso mismo, el contrato debiera incluir una cláusula que determinara la forma en que las partes van a resolver, llegado el caso, sus disputas por incumplimiento.

En primer lugar, siempre es recomendable tratar de arreglar la situación derivada de un incumplimiento mediante la negociación (es preferible pagar un costo añadido para salvar la relación) pero a veces esto resulta imposible. En ese caso, las partes pueden haber pactado vías amistosas de conciliación o mediación comercial (un tercero trata de que las partes lleguen a un acuerdo antes de acudir a tribunales o arbitraje) pero, llegado el caso, una o ambas partes pueden no atenerse a las mismas.

Los tribunales de justicia (opción por defecto) son vinculantes, excepto que las partes hayan pactado someterse al arbitraje comercial internacional mediante una cláusula incluida en el contrato de compraventa. Entre las ventajas del arbitraje frente a la vía judicial destacan:

a) Mayor efectividad. Un laudo arbitral es efectivo si ha sido emitido desde un país firmante y según las normas de la Convención de Nueva York de 1958[4] (Convención sobre el Reconocimiento y la Ejecución de las Sentencias Arbitrales Extranjeras) y el país donde debe ejecutarse también es firmante de dicho convenio. Téngase en cuenta que el convenio ha sido firmado por 161 países (prácticamente la totalidad y desde luego los más importantes) por lo que la efectividad de un laudo arbitral en cuanto a su cumplimiento es alta. Esto presenta una gran ventaja en comparación con la vía judicial pues una sentencia emitida por los tribunales de justicia de un país tiene muchas dificultades para ser ejecutada en otro (debe llevarse a cabo un proceso de reconocimiento que a veces acaba haciendo inefectiva la sentencia).[5]

b) Rapidez. El laudo debe emitirse en seis meses como máximo desde que se acepta el arbitraje.

c) Costo previsible. Se puede conocer de antemano, lo que no implica que resulte más o menos económico que la vía judicial (las cámaras

---

[4] Convención sobre el Reconocimiento y la Ejecución de las Sentencias Arbitrales Extranjeras (Nueva York, 1958). Se puede consultar este Convenio y su estatus (países firmantes en la web de Uncitral) en este enlace: https://uncitral.un.org/es/texts/arbitration/conventions/foreign_arbitral_awards.

[5] A modo de ejemplo, en la Unión Europea este reconocimiento es automático para las sentencias emitidas por juzgados de sus países miembros, según lo establecido por el Reglamento 1215/2012 de 12 de diciembre, en vigor desde 10/01/2015, relativo a la competencia judicial, el reconocimiento y la ejecución de resoluciones judiciales en materia civil y mercantil, denominado Convenio de Bruselas.

de comercio u otras cortes arbitrales que indican el costo del arbitraje en sus webs).

d) Neutralidad de los árbitros. En la vía judicial se puede «sospechar» que el juez de la empresa «nacional» protegerá sus intereses de la demanda de la extranjera.

e) Especialización de los árbitros. Pueden designarse árbitros muy especializados (por ejemplo, peritos) por materias según lo que se juzgue

f) Seguridad jurídica. Una vez dictado el laudo, ha finalizado el proceso ya que no se admite recurso. Debe valorarse el hecho de que los recursos en la vía judicial se pueden eternizar y aumentar el costo de la resolución final del conflicto hasta que se obtiene sentencia firme. En todo caso esto puede verse como una ventaja, pero también puede representar un inconveniente pues «se juega todo a una carta».

Así pues, las partes pueden optar por vía judicial o el arbitraje y en este último caso deberán incluir una cláusula que expresamente lo determine indicando la corte arbitral competente. En el caso de no haberlo pactado así, la vía de resolución son los tribunales de justicia por lo que habría que determinar los juzgados competentes si no se han especificado en el contrato de compraventa (como sería recomendable). De hecho, el lugar de entrega especificado por la regla Incoterms acordada en la operación determina de forma indirecta los tribunales competentes cuando estos no se han acordado expresamente en el contrato de compraventa. Así, por ejemplo, en una compraventa entre una compañía española y otra colombiana, si se ha pactado FCA Madrid, la entrega debe producirse en España y los tribunales competentes son los españoles, mientras que, se si ha pactado DAP Bogotá, lo serían los tribunales colombianos.

En todo caso y visto todo lo anterior, se recomienda que las partes pacten expresamente en el contrato de compraventa la ley aplicable, la vía de resolución de disputas y los tribunales o la corte arbitral competente.

- **Medio y plazo de pago**
  A pesar de que las reglas Incoterms no regulan el medio ni el plazo de pago, estos pueden verse condicionados en mayor o menor medida por las circunstancias de la operación. Por ello conviene adoptar la regla adecuada en cada una de las transacciones. Esta cuestión se trata en detalle en el apartado 6 de este capítulo, referido al crédito documentario, y en los respectivos análisis de las reglas Incoterms (véanse los capítulos 4 y 5).

- **Calidad y características técnicas de las mercancías objeto de compraventa, así como su plazo de entrega**

  Las reglas Incoterms solo indican en la obligación A1 de la parte vendedora que debe suministrar la mercancía y la factura comercial de conformidad con el contrato de compraventa y cualquier otra prueba de conformidad que aquel pueda exigir. Así pues, es importante que se detalle en el contrato la mercancía y las características que debe cumplir: calidad, requisitos técnicos, calibre, tamaño, marcas, garantía, vida útil, etc. También es muy importante concretar el envase y el embalaje a utilizar (tipo, materiales, resistencia, marcas, etiquetado, etc.).

  En consonancia con la logística de flujo tenso que suele caracterizar las operaciones de comercio exterior en la actualidad, es importante asimismo determinar el plazo de entrega de las mercancías. Habitualmente se indica que se ha de producir antes de una fecha determinada, en un intervalo (en la semana «X») o en un plazo máximo a partir de un hecho concreto, como la fecha de apertura de un crédito documentario, etc.

- **Comercio de servicios**

  Las reglas Incoterms son únicamente aplicables a las compraventas de productos tangibles, por lo que el comercio de servicios queda fuera de su alcance.

3 Las reglas Incoterms y el contrato de transporte

Las reglas Incoterms se aplican al contrato de compraventa y no a los contratos de transporte, pese a las lógicas implicaciones que de ellas se derivan respecto a estos últimos, como la gestión, contratación y asunción de los costos y riesgos del transporte. Estos contratos se rigen por las respectivas normativas reguladoras según el modo de transporte y su ámbito (véase el capítulo 2), al margen de las reglas Incoterms acordadas. Por lo tanto, al contrato de transporte se le aplicarán las condiciones en él pactadas entre las partes cargadora y porteadora, independientemente de que la primera sea la empresa vendedora o compradora en la compraventa.

No obstante, las importantes consecuencias para el transporte que se derivan de la aplicación de una u otra regla han convertido en una práctica habitual solicitar a las empresas transportistas la cotización de sus servicios en función de una regla Incoterms determinada.

Otra práctica no menos frecuente consiste en expresar las reglas Incoterms en las cartas de porte como reseña relativa a la parte (vendedora o compradora, remitente o consignataria/destinataria) que debe asumir el costo del transporte. Si bien estas indicaciones no se pueden imponer al marco regulador del contrato de transporte, pueden resultar útiles para esclarecer litigios relacionados con la obligación de pago del servicio, así como con la responsabilidad en caso de pérdida o daño a la mercancía o de retraso en la entrega, siempre que la normativa aplicable y el contrato de transporte no indiquen lo contrario.

En efecto, en función de la regla Incoterms convenida en el contrato de compraventa, el momento de entrega y de transmisión de riesgos determina qué parte puede reclamar contra la operadora de transporte en caso de siniestro. Si la responsabilidad recae sobre la parte vendedora, la pérdida patrimonial por ella asumida al verse obligada a reponer la mercancía u otra alternativa la legitima para reclamar contra la empresa porteadora (sobre la base de la normativa que regula el contrato de transporte y las condiciones en él pactadas). Por el contrario, si el siniestro ocurre tras la entrega y transmisión de riesgos a la parte compradora, esta, que se ve obligada a asumir la pérdida y a proceder al abono de la compraventa, queda legitimada para reclamar a la operadora de transporte la indemnización que le permita recuperar su pérdida patrimonial, siempre según lo estipulado en la normativa reguladora del contrato de transporte.

Como vemos, la relación directa entre las reglas Incoterms y la contratación del transporte debe llevar a las partes, para ahorrar costos y ganar en seguridad jurídica, a conciliar ambos aspectos contratando y gestionando el transporte estrictamente en la medida en que la regla Incoterms lo exija.

4 Las reglas Incoterms y el seguro de transporte

Excepto en condiciones CIP y CIF (en virtud de las cuales la parte vendedora debe contratar un seguro de transporte que cubra los riesgos de la compradora en unas condiciones determinadas), las reglas Incoterms no obligan a contratar un seguro de transporte que cubra los riesgos que pueda sufrir la mercancía (pérdidas, daños, retrasos en la entrega, etc.). Aun así, como veremos, la suscripción de una póliza de seguro es cuando menos recomendable. Conviene tener en cuenta que, generalmente, se impone la obligación de que la empresa vendedora, a petición y a expensas de la compradora, facilite a esta la información necesaria para contratar un seguro y viceversa. La empresa vendedora o la compradora pueden decidir:

- **No contratar un seguro de transporte**

  En caso de siniestro en el tramo de transporte en el que una de las partes ha asumido el riesgo, esta puede, si procede, reclamar a la operadora de transporte. Si se determina que esta es responsable del siniestro (existen causas de exoneración de responsabilidad del porteador que se indican en la normativa reguladora de cada contrato según el medio de transporte), deberá indemnizar a la parte que corresponda sobre la base del régimen de responsabilidad aplicable.

  Lo habitual es que la empresa transportista tenga contratado un seguro de responsabilidad que cubra dichas situaciones, en virtud del cual se abona una indemnización compensatoria a quien ha sufrido la pérdida patrimonial. Hay que precisar que dicho seguro no suele encajar perfectamente con la responsabilidad que el marco jurídico correspondiente asigna a la empresa porteadora. Por ejemplo, el Convenio CMR le hace responsable de la entrega con retraso pero, en general, los seguros que contrata la transportista no cubren este incumplimiento por lo que el seguro no indemnizaría en caso de producirse.

- **Contratar un seguro de transporte**

  En el caso de siniestro en el tramo de transporte en el que una de las partes asume el riesgo (condición indispensable para tener interés asegurable), esta puede, si procede, reclamar a la aseguradora la indemnización que compense su pérdida patrimonial en las condiciones estipuladas en la póliza de seguro. En tal caso, lo habitual es que posteriormente la aseguradora reclame en acción de recobro contra la empresa porteadora responsable del siniestro, que normalmente está cubierta por su propio seguro. Es muy frecuente que la operadora de transporte (por ejemplo, la agencia transitaria) ofrezca a la cargadora (la parte vendedora o compradora) la posibilidad de asegurar el envío.

Aunque no estén obligados a ello, es aconsejable que quienes suscriben el contrato de compraventa valoren la conveniencia de contratar una póliza de seguro que cubra los riesgos asumidos por cada parte, en función del punto de entrega y la transmisión de riesgos especificados en la regla Incoterms que acuerden. Se pueden dar las siguientes situaciones:

- El siniestro se debe a una causa por la que no se puede exigir responsabilidad a la operadora de transporte sobre la base de la normativa reguladora del contrato de transporte: por ejemplo, por causa de fuerza mayor, como desastres naturales, etc. En tal caso, si dicho riesgo se ha cubierto en el seguro, se puede reclamar una indemnización a la aseguradora.

- El valor de la mercancía supera el límite de indemnización de la empresa porteadora regulado en el convenio que rige el contrato de transporte (véase el capítulo 2). En este supuesto, se puede concretar en el seguro tanto el valor asegurado –con un importe que se corresponda con el del valor de la mercancía– como el límite de la indemnización, si hablamos del seguro de un porteador, para, en caso de siniestro, cobrar el total de la pérdida patrimonial sufrida.
- La empresa transportista se niega a responder a la reclamación o esta no puede ejecutarse por diferentes motivos (no se considera responsable, se declara insolvente, su seguro no cubre el siniestro y no puede hacer frente a la indemnización, etc.), o bien se trata de agilizar la reclamación a través de la aseguradora (cobrar la indemnización de ella y que sea esta la que reclame al porteador).

Pese a hallarse estrechamente relacionados, el contrato de seguro de la empresa transportista y el de transporte son independientes. Por lo tanto, una transportista no puede negarse a responder ante una reclamación alegando que su seguro no cubre el riesgo causante del siniestro, siempre y cuando el régimen de responsabilidad de la operadora de transporte (regulado en la normativa legal correspondiente) se la atribuya ante dicha situación. Por ejemplo, en el transporte por carretera, la transportista es responsable de los perjuicios económicos provocados por el retraso en la entrega hasta el límite del precio del transporte, pero su seguro no suele cubrir el retraso como riesgo. En este caso es posible reclamar, y la empresa transportista no puede negarse a responder aduciendo que su seguro no cubre dicho riesgo, salvo que pueda alegar alguna causa de exoneración recogida en la norma reguladora del contrato de transporte.

5   Las reglas Incoterms y los despachos aduaneros

La relación entre los despachos aduaneros y las reglas Incoterms se concretan en las obligaciones A7/B7 (Despacho de exportación/importación) que indican, en dos subapartados, qué parte (vendedora o compradora) debe gestionar y asumir el costo de los despachos aduaneros y la ayuda que ambos deben prestarse al respecto.

Los despachos aduaneros son clave en las operaciones de comercio exterior de las empresas con terceros países. Las aduanas tienen dos funciones básicas, la de control/seguridad (cumplimiento de requisitos de seguridad, salubridad, protección del patrimonio, medioambiente, marcas, etc.) y la de recaudación (cobro de impuestos –aranceles, IVA y otros como impuestos especiales, antidumping, etc.– que normalmente solo se aplican en la importación).

Los procedimientos aduaneros afectan al desarrollo de la operación de compraventa ya que, si no se cumplen los requisitos documentales exigidos en ellos, las mercancías objeto de compraventa pueden quedar retenidas en las aduanas de exportación o importación.

En general las reglas Incoterms indican que la parte vendedora despacha de exportación (excepto en EXW) y la compradora, de importación (excepto en DDP), pero la aduana de importación puede requerir documentación que se ha debido formalizar y certificar en el país exportador (licencia, certificado de origen preferencial como un EUR-1, etc.). Por eso, la correcta gestión de los procedimientos aduaneros depende en gran medida de que las empresas importadora y exportadora hayan analizado las implicaciones aduaneras de la misma antes del desarrollo de la operación. Son importantes los siguientes aspectos:

- Clasificación arancelaria de la mercancía (Código TARIC en el caso europeo) y requisitos que se exigen para su exportación/importación, así como los costos e impuestos asociados.
- Determinación del origen de las mercancías aplicando las normas al respecto (reglas de origen). Determinar si este es preferencial (permite pagar menos arancel normalmente como consecuencia de una acuerdo comercial o tratamiento arancelario preferencial, como el que se dispensa a los países SPG) o no preferencial, y el tipo de certificado de origen u otra prueba (declaración de exportador autorizado o registrado, sistema REX) requeridos para optimizar la operación (reducir los impuestos a pagar, si es posible).
- Conocer las barreras comerciales que se imponen a la exportación o la importación de una mercancía y la forma óptima de hacer posible, en su caso, el desarrollo de la operación a pesar de ellas (obtención de certificados, licencias, etc.).
- Otros aspectos relativos al despacho aduanero como el valor en aduana (base imponible del arancel que coincide, en la mayor parte de los países, con el valor de la mercancía en las condiciones CIF o CIP), los regímenes aduaneros, la declaración de aduana (DUA o documento único administrativo en el caso europeo, declaración aduanera o pedimento en México), etc.

En primer lugar, resulta fundamental disponer de una amplia información sobre los despachos aduaneros de exportación e importación para conocer los requisitos documentales y el impacto fiscal que los mismos suponen para la operación que se planifica, pues puede darse el caso de que existan restricciones que impidan su desarrollo o impuestos a la importación tan altos que no la hagan rentable.

Por todo ello, resulta imprescindible que la empresa consulte fuentes de información fiables respecto de los procedimientos aduaneros. En la actualidad internet se ha convertida en la principal fuente de información por lo que, además de consultarse expresamente a la contraparte en la operación (proveedor o cliente), a la agencia transitaria, al representante aduanero (agente de aduanas) y a organismos aduaneros. En este sentido, puede resultar de interés visitar las siguientes webs:

- **Consultas TARIC**[6]

  Permite conocer las barreras comerciales que la UE impone a los productos de terceros países que se van a importar. Introduciendo el código TARIC del producto (ofrece una posibilidad de búsqueda avanzada) y su país de origen (que puede ser distinto del de procedencia), se obtiene información de las barreras comerciales que impone la Unión Europea a su importación (aranceles, restricciones, certificaciones, etc.). También se ofrece información de las posibles restricciones a la exportación de productos desde la Unión Europea a terceros países, por ejemplo, certificaciones exigibles.

- **Trade Helpdesk**[7]

  Es un portal gratuito de la Comisión Europea que facilita información sobre cómo importar productos a la Unión Europea, por lo que resulta especialmente útil para importadores europeos y exportadores de terceros países cuyo destino sea la UE. Introduciendo el país de origen de la importación (solo aparecen aquellos con los que la UE tiene acuerdo comercial o países SPG), el país de destino (de los que conforman la UE ya que ofrece, en una pestaña, información del IVA nacional que es distinto en cada país) y el código TARIC del producto, se ofrece la siguiente información:

  - Requisitos del producto: requerimientos específicos aplicables a las mercancías indicando su legislación, normas técnicas, etiquetado, controles fitosanitarios, etc.

---

[6] TARIC puede consultarse en: http://ec.europa.eu/taxation_customs/dds2/taric/taric_consultation.jsp?Lang=es.
[7] Trade Helpdesk puede consultarse en esta web: https://trade.ec.europa.eu/tradehelp/es.

- Derechos de importación a la UE: aranceles aplicables a la importación, especialmente los reducidos para las mercancías originarias del país indicado en los criterios de búsqueda como consecuencia de los acuerdos comerciales en vigor
- Gravámenes interiores: IVA y, en su caso, otros impuestos aplicables al producto (impuestos especiales, etc.)
- Reglas de origen: regla que debe cumplirse para considerar originario el producto del país indicado en el criterio de búsqueda (esta regla aparece en el protocolo del acuerdo comercial entre UE y dicho país)
- Estadísticas: relativas al comercio de dicho producto entre el país de referencia y la UE.

- **Market Access Database**[8]

  Informa de las barreras comerciales que los productos de la UE se encuentran para importarse en terceros países. Para buscar la información relativa a la operación, se debe entrar en la pestaña *Procedures and Formalities* e introducir la clasificación arancelaria de la mercancía (de seis dígitos que es la clasificación arancelaria común a nivel mundial en aplicación del Sistema Armonizado) y el país de destino, y se obtiene información sobre la fiscalidad (arancel y otros impuestos) y las barreras (trámites, certificaciones, etc.) que se aplicarán a dicho producto europeo cuando se despache de importación en el país de destino.

Por lo que se refiere a la documentación a presentar en los despachos aduaneros, lo normal es que la empresa exportadora presente al menos la factura, la lista de bultos y el certificado de origen (que se van a exigir en el despacho de importación), pero debe averiguarse si, en función de la mercancía o país de origen o destino, se requiere o conviene (para reducir los impuestos a la importación) presentar algún tipo de documento específico, como un certificado de origen preferencial (por ejemplo, un EUR 1), un certificado derivado de una barrera técnica, una licencia, la factura consular, el contrato de transporte, etc.

La normativa y los procedimientos aduaneros son tan amplios y diversos como países o uniones aduaneras existen y varían continuamente reflejando las rela-

---

[8] Market Access Database puede consultarse en esta web: http://madb.europa.eu/mkaccdb2/datasetPreviewFormIFpubli.htm?datacat_id=IF&from=publi.

ciones comerciales entre países (acuerdos y conflictos), lo que supone una fuerte inseguridad jurídica para las empresas.

La compañía importadora (que conoce mejor los requisitos de su aduana) debe consultar los documentos específicos que se necesitan y comunicarlos a la exportadora para que esta, en la medida de lo posible, gestione su tramitación y repercuta el costo de esta en el precio que se acuerde. De forma análoga, la importadora debe comunicar a la vendedora cualquier dato que esta necesite para despachar de exportación.

6   Las reglas Incoterms y el crédito documentario

Los medios de pago pueden dividirse en simples y documentarios. Estos últimos exigen la presentación de determinada documentación como condición para que la empresa vendedora cobre la operación. El más empleado es el crédito documentario o carta de crédito *(letter of credit)*.

El pago mediante crédito documentario consiste en un convenio por medio del cual un banco (emisor del crédito), a petición y de acuerdo con las instrucciones dadas por su cliente (la empresa ordenante, compradora o importadora), se compromete a efectuar el pago de la mercancía a un tercero (la compañía beneficiaria, vendedora o exportadora) siempre que este cumpla con las cláusulas y condiciones estipuladas y haga entrega de los documentos requeridos en la forma y el plazo acordados. Al tratarse habitualmente de operaciones internacionales, el banco emisor requiere que otra entidad (banco intermediario) realice determinadas funciones en el país exportador (comprobación de la documentación, notificaciones, etc.).

Así pues, una operación de crédito documentario suele requerir cuatro intervinientes: ordenante (empresa compradora), banco emisor (banco de la compradora), empresa beneficiaria (vendedora) y, si procede, banco intermediario (banco de la vendedora).

El objetivo del crédito documentario es ofrecer garantía documental de que la empresa vendedora cumple con sus obligaciones derivadas de un contrato de compraventa (lo que se evidencia exclusivamente a partir de la documentación que presenta) y que cobrará la operación, y de que la empresa compradora, a cambio del pago, obtendrá la documentación que prueba que la vendedora ha cumplido con sus obligaciones y que le permite hacerse con la mercancía en destino. Por ello, es un medio de pago empleado cuando no existe confianza suficiente entre ambas organizaciones (primeras operaciones, empresas nuevas, mercados que ofrecen inseguridad, etc.).

Una vez que las partes tienen más confianza, el crédito documentario puede sustituirse por otros medios más flexibles y menos costosos, como la remesa documentaria o formas de pago basadas en evidencias documentales gestionadas por ellas mismas *(cash against documents* o CAD) y, lo que es cada día más habitual (sobre todo con proveedores asiáticos), por pagos en varias fases, normalmente tres: anticipo, a la presentación de los documentos que evidencian la entrega y a la recepción de la mercancía en destino.

De igual manera que las reglas Incoterms, el crédito documentario tiene naturaleza de nueva *lex mercatoria* y es un convenio o contrato (en este caso, bancario) no recogido en los ordenamientos jurídicos. Se regula por las Reglas y Usos Uniformes relativos a los Créditos Documentarios (publicados por la CCI desde 1933), cuya versión más reciente, de 2013, es la conocida como UCP 600, en vigor desde 2007. En dicha norma se expresa la independencia del crédito documentario respecto a la compraventa, por lo que los bancos intervinientes no están afectados ni vinculados por tal contrato (a pesar de que en el crédito se haga referencia a este). Por ello, quienes suscriben el contrato de compraventa, mediante la documentación que se acuerde, han de sincronizar las obligaciones de entrega de la empresa vendedora en la compraventa con su evidencia documental en el crédito documentario.

Es fundamental el cumplimiento de las reglas UCP 600 respecto de los requisitos (formales y de contenido) de los documentos de transporte (lugares o puertos de origen y destino, firma de la empresa transportista, etc.), las facturas, los certificados de origen, los importes, el endoso, etc.

Las fases que conforman el crédito documentario y su relación con las reglas Incoterms son las siguientes:

- **Acuerdo de la compraventa y del pago mediante crédito documentario**
  Esta primera fase está estrechamente relacionada con la regla Incoterms convenida, pues la documentación presentada por la parte vendedora debe coincidir con aquella que prueba el cumplimento de sus obligaciones (normalmente, la entrega de la mercancía, a la que se pueden añadir otras como la contratación del transporte, la documentación para las aduanas, la documentación referida a la calidad, etc.). De esta forma tratan de igualarse las obligaciones de la parte vendedora en el contrato de compraventa con las obligaciones documentales del crédito documentario, de modo que esta pueda acceder al cobro como contrapartida al cumplimento de sus obligaciones en la compraventa (la entrega de la mercancía).

  En la práctica, donde más conviene recurrir al crédito documentario es en las reglas Incoterms del grupo C (e incluso F), pero no es habitual ni aconsejable utilizar este medio de pago en condiciones EXW (a menos que la documentación que se pida en el crédito sea la que puede obtener la empresa vendedora al poner la mercancía simplemente a disposición de la compradora) o cuando son de aplicación las reglas D (en cuyo caso se debería exigir una documentación de entrega en destino que en la práctica desvirtuaría la mecánica habitual del crédito documentario).

En los capítulos 4 y 5 se especifican los documentos requeridos en el crédito documentario para probar la entrega o el transporte, en el marco de aplicación de cada una de las reglas Incoterms.

Puede requerirse, además, determinada documentación que la empresa compradora precise o exija, fundamentalmente por dos razones:

- **Despachos aduaneros.** Además de los documentos imprescindibles (factura y lista de bultos), es posible que la empresa compradora solicite otra documentación destinada a cumplir las exigencias de la normativa aduanera o para obtener una rebaja arancelaria: certificados de origen, de fumigación de palés, relativos a cualquier requisito técnico, etc. En este sentido, son determinantes los requisitos que imponga la aduana de importación, cuyos trámites asume normalmente la parte compradora.
- **Seguridad en la transacción.** Para reforzar la seguridad de la parte compradora de que la mercancía recibida en destino es la acordada en el contrato de compraventa, es habitual solicitar un certificado de calidad o inspección técnica, que puede contratarse con una compañía certificadora o bien ser emitido por un tercero o incluso por un agente de la propia empresa compradora en origen.

- **Apertura del crédito**

  La empresa compradora solicita la apertura del crédito documentario al banco emisor y le comunica las condiciones acordadas con la vendedora. El banco emisor, por medio del banco intermediario (que también puede confirmar la operación y obligarse al pago en igualdad de condiciones al banco emisor), comunica a esta última las condiciones del contrato (vía SWIFT)[9] para su

---

[9] Emitido conforme a los estándares de la Sociedad de Telecomunicaciones Financieras Interbancarias Mundiales (SWIFT, por sus siglas en inglés *Society for Worldwide Interbank Financial Telecommunications)* y basado en un código de identificación bancaria para realizar transferencias internacionales de dinero.

confirmación. Además de asegurarse de que está en condiciones de cumplir los requisitos documentales, la empresa vendedora debe revisar especialmente:

– Que la regla Incoterms, como determinante de las condiciones de entrega, está correctamente redactada y es la acordada.
– Que no tendrá problemas para cumplir con las fechas de vencimiento, el plazo de embarque y la presentación de los documentos.
– Los lugares de carga y descarga, envíos parciales y trasbordos (si procede), etc.
– Otros aspectos, como descripción de la mercancía, importes, requisitos del seguro (si procede), etc.

- **Preparación de la mercancía, entrega o transporte, presentación de la documentación y cobro o pago contra entrega de los documentos a la empresa compradora**
  La parte vendedora prepara la mercancía y la entrega a la empresa transportista (asumiendo o no el transporte en función de la regla acordada). Debe disponer entonces de la documentación completa y conforme (en forma y plazo) que requiere el crédito documentario y asegurarse de que cumple los requisitos exigidos por las reglas UCP 600.

  En este sentido, es fundamental cuidar los aspectos formales para evitar discrepancias y problemas en el crédito. Por ejemplo, es muy habitual y recomendable, en el caso de tener que presentar un conocimiento de embarque (BL), exigir una copia o proforma de dicho documento a la naviera o transitaria (quien lo vaya a emitir) y comprobar que todos los datos encajan con los requisitos del crédito (emitido a la orden o nominativo, indicación de flete pagado o debido, etc.) antes de aprobar la emisión de los originales.

  Una vez obtenida dicha documentación, la empresa vendedora la presenta al banco intermediario. Allí, en función del tipo de crédito, se revisan los documentos y se remiten al banco emisor. En esta fase discurren dos procesos paralelos: el que sigue la mercancía, probado mediante la documentación de entrega, y el financiero, en el que, tras revisar ambos bancos la documentación y comprobar su validez, la empresa vendedora genera un derecho al cobro contra el cargo en cuenta de la compradora y la entrega de la documentación a esta por parte del banco emisor.

  El crédito documentario concluye con el acceso a la mercancía por parte de la empresa compradora, que ha podido recepcionarla mediante la documentación obtenida por el banco emisor.

Hasta aquí se ha descrito el proceso más general del crédito documentario, que puede concretarse en crédito confirmado, con cobro a la vista o aplazado, etc. De ello se desprende la estrecha relación entre la regla Incoterms acordada y el uso del crédito documentario sobre la base de unas condiciones que se adapten a dicha regla y permitan cumplir los objetivos recogidos en el contrato de compraventa.

Capítulo 4
Cómo utilizar las reglas Incoterms 2020 multimodales

Las reglas Incoterms multimodales, esto es, adecuadas para cualquier modo o modos de transporte excepto el marítimo de puerto a puerto, son las siguientes:

- EXW *(ex works):* en fábrica.
- FCA *(free carrier):* franco porteador.
- CPT *(carriage paid to):* transporte pagado hasta.
- CIP *(carriage and insurance paid to):* transporte y seguro pagados hasta.
- DAP *(delivered at place):* entregada en lugar.
- DPU *(delivered at place unloaded):* entregada en lugar descargada.
- DDP *(delivered duty paid):* entregada derechos pagados.

Estas reglas pueden aplicarse asimismo a cualquier combinación de modos de transporte, entre las cuales se incluyen:

- Transporte en contenedor con fase marítima y sus acarreos previos por carretera o en ferrocarril.
- Transporte por carretera en camión completo o grupaje.
- Transporte ferroviario y sus acarreos previos y posteriores por carretera.
- Transporte aéreo y sus acarreos previos y posteriores por carretera.

En virtud de la clasificación propuesta en la versión de las reglas Incoterms publicadas en el año 2000, las multimodales se engloban en cuatro grupos con las siguientes características básicas:

- **Grupo E: EXW.** La entrega se produce cuando la empresa vendedora pone la mercancía a disposición de la compradora en sus propias instalaciones sin tener que cargarlas en el vehículo enviado por esta. La vendedora no contrata el transporte.

- **Grupo F: FCA.** La empresa vendedora debe entregar la mercancía sobre vehículo a la transportista contratada por la compradora. Si el lugar de entrega es distinto de sus propias instalaciones, debe hacerse cargo del transporte hasta el punto de entrega convenido.

- **Grupo C: CPT y CIP.** La empresa vendedora contrata el transporte principal hasta el lugar estipulado por la regla Incoterms, pero entrega y transmite los riesgos a la compradora en origen al entregar la mercancía a la transportista por ella misma contratada (en caso de que haya varias, al entregarla a la primera de ellas).

- **Grupo D: DAP, DPU y DDP.** La empresa vendedora contrata el transporte principal hasta el lugar estipulado por la regla Incoterms y entrega y transmite los riesgos a la compradora en destino. En condiciones DAP, la mercancía se entrega en el lugar designado sin descargar del vehículo de llegada; en DPU la mercancía se entrega igual que DAP, pero con la obligación y costo añadidos para la vendedora de descargarla en dicho lugar, y se considera entregada una vez hecho esto. La regla DDP es igual a DAP (se entrega sin descarga) pero, además, la vendedora despacha de importación.

Respecto a los trámites aduaneros, cuando la operación los requiera, el despacho de exportación corresponde siempre a la empresa vendedora (excepto en condiciones EXW), y el de importación debe asumirlo la compradora (excepto en condiciones DDP).

En este capítulo se ofrece un análisis detallado de las reglas Incoterms multimodales haciendo una descripción general de ellas, en la que se incluyen ejemplos de redacción y se exponen las principales obligaciones, el reparto de costos y ciertas consideraciones para un uso eficaz que varían en función de las peculiaridades de cada regla y de las características específicas de la operación. Estas últimas tratan, entre otros, los siguientes aspectos:

- Relación con la contratación del transporte y su seguro.
- Carga y descarga de la mercancía.

- Despachos de aduanas.
- Control de la cadena logística y nivel de servicio ofrecido por la empresa vendedora.
- Documentación y prueba de entrega.
- Documentación del transporte y su relación con el medio de pago documentario.

1 EXW *(ex works)*, en fábrica

1.1 Descripción general y entrega

La empresa vendedora entrega la mercancía al ponerla a disposición de la compradora en sus propias instalaciones o en otro lugar designado (por ejemplo, en los almacenes de su operador logístico), sin cargarla sobre el vehículo ni despachar (si procede) de exportación. Esta parte debe avisar a la compradora de tal puesta a disposición, y con ese aviso se considera entregada la mercancía.

Mediante la entrega se transmiten los riesgos sobre la mercancía a la empresa compradora, por lo que en condiciones EXW resulta especialmente importante especificar con claridad el lugar en el que esta debe producirse y el plazo y, dentro del mismo, dar aviso a la compradora.

Esta regla es la que implica menos obligaciones para la empresa vendedora, pues su responsabilidad se limita a disponer la mercancía en sus propias instalaciones correctamente embalada, acondicionada y marcada para el transporte. Junto con la mercancía, la empresa vendedora debe facilitar la documentación mínima requerida por la compradora y que pueda ser exigible para la aduana, de la que ya debe haber sido informada por la compradora, encargada de los despachos aduaneros que procedan.

La empresa compradora debe contratar o gestionar con medios propios[1] un transporte que incluya las operaciones de carga en origen, pues la vendedora no está obligada por esta regla a cargar la mercancía en el vehículo de transporte que presente la operadora de transporte contratada por la compradora. Este primer transporte, así como el resto de las operaciones que conformen la cadena logística hasta destino, son gestionados y asumidos por la empresa compradora, la cual, además, soporta los riesgos de toda la cadena logística.

---

[1] La empresa compradora puede disponer de una flota de vehículos con los que realizar el transporte privado complementario desde el almacén de la vendedora.

Redacción genérica

EXW (lugar de entrega designado). Incoterms 2020.

Ejemplos de redacción

- EXW parcela 10, pol. industrial Alcobendas, Madrid. España. Incoterms 2020.
- EXW nave 3, parque industrial Finsa, Cuautlancingo, Puebla. México. Incoterms 2020.
- EXW nave 6, parque industrial Los Libertadores, Colina, Santiago de Chile. Chile. Incoterms 2020.

Por todo ello es muy conveniente que la empresa vendedora especifique un plazo de entrega de la mercancía (preparada y documentada), en el que la compradora, ya avisada por aquella, procederá a recogerla mediante la operadora de transporte que haya contratado o con sus propios medios.

1.2   Principales obligaciones y costos

- **Obligaciones de la empresa vendedora**
    1. Suministrar la mercancía acordada en el contrato de compraventa (una vez verificada y comprobada su calidad) en el plazo acordado, embalarla apropiadamente para su transporte y marcar el embalaje de forma adecuada (resulta muy conveniente que estos dos aspectos se hayan especificado en el contrato de compraventa).
    2. Suministrar la factura comercial y el resto de la documentación acordada en el contrato de compraventa (como una prueba de conformidad), y ayudar a obtener, a cargo y riesgo de la compradora, cualquier otra documentación necesaria para los despachos de aduana (de exportación, tránsito e importación) como licencias, certificaciones o inspecciones.
    3. Avisar a la compradora de la entrega para que pueda proceder a recibir la mercancía.

- **Obligaciones de la empresa compradora**
    1. Pagar el precio de la mercancía conforme se haya pactado en el contrato de compraventa, ya que el medio de pago no lo concreta o regula la regla Incoterms.

EXW

La empresa vendedora entrega la mercancía al ponerla a disposición de la compradora en sus propias instalaciones sin cargarla en el vehículo que envía la empresa compradora. Esta última asume todos los costos desde ese momento.

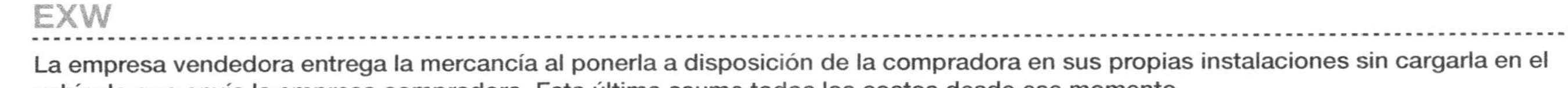

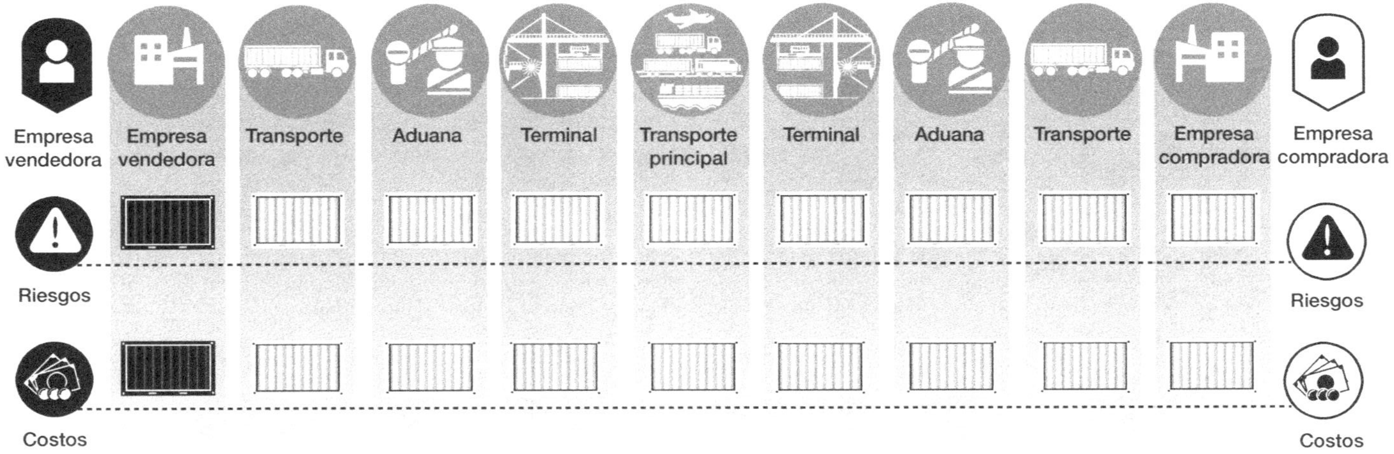

En caso de combinarse con envíos de cargas y camiones completos, debe ser la empresa transportista contratada por la compradora la que efectúe la carga de la mercancía.

La empresa vendedora entrega la mercancía al ponerla a disposición de la compradora en sus propias instalaciones sin cargarla en el vehículo que envía la empresa compradora. Esta última asume todos los costos desde ese momento.

2. Avisar a la vendedora del momento de recepción (dentro del plazo acordado) y del punto exacto de recogida (en caso que no esté acordado, por defecto, esta puede elegir el punto exacto), cuando así se haya pactado en el contrato de compraventa.

3. Proceder a la recepción de la mercancía entregada por la vendedora.

4. Organizar, gestionar y costear el resto de las operaciones de la cadena logística: carga de la mercancía a bordo del primer vehículo, transporte hasta destino (contratando un porteador o realizándolo con sus propios medios), reembolso a la vendedora por el costo de obtención de documentos que se requieran para los despachos de aduana, gestiones y procedimientos de los despachos aduaneros de exportación (que puede presentar problemas), de importación (incluidos los impuestos) y, en su caso, de los países de tránsito, y descarga en destino. En el despacho aduanero se incluye el costo y la obtención de licencias, la acreditación de seguridad (por ejemplo, el peso bruto verificado del contenedor o VGM, siglas de *verified gross mass,* etc.) e inspecciones (circuito rojo tras la presentación de la declaración aduanera e inspecciones específicas por razón de la mercancía, como las fitosanitarias, sanitarias, la farmacológicas, de seguridad, etc.).

5. Si la parte compradora se retrasa en la recepción de la mercancía que ha sido entregada por la vendedora dentro del plazo acordado, los costos y riesgos derivados de tal situación son también asumidos por aquella desde la finalización de dicho plazo.

1.3 Consideraciones para un uso eficaz

EXW es una de las reglas Incoterms más utilizadas, aunque en numerosas ocasiones se emplea de manera incorrecta. Como se indica en la nota introductoria, su aplicación debe limitarse a las operaciones nacionales o las que se producen dentro de una misma región económico-fiscal que no requieran despachos de aduanas. En la mayoría de los casos solo es adecuada para aplicar al transporte de paquetería y envíos pequeños en los que la carga de la mercancía la realiza el porteador en las instalaciones de la empresa vendedora. A continuación se exponen algunas consideraciones para un uso eficaz de la regla EXW.

1.3.1   Despacho de exportación y documentación relacionada

La aplicación de esta regla a operaciones distintas a las expuestas puede plantear los siguientes problemas:

- ***A la empresa compradora.*** Debe asegurarse de que puede efectuar directa o indirectamente (por medio de un representante aduanero) el despacho de exportación, pues este, en función de las normas que lo regulen, puede exigir algún requisito que la empresa no pueda cumplir (recordemos que las reglas Incoterms no pueden contravenir normas legales o leyes) y que impida aplicar dicha regla.

- ***A la empresa vendedora.*** En el caso de una empresa domiciliada en la Unión Europea (aunque este riesgo se sufre a nivel global), la exportadora pierde control sobre la salida efectiva de la mercancía del TAU (Territorio Aduanero de la Unión), que se prueba con el DUA con el que se ha despachado la exportación. Este DUA permitiría a la vendedora justificar la factura de dicha exportación sin IVA ante una posible inspección fiscal que se puede producir hasta cuatro años después de la exportación (tres años por arancel y el cuarto por el IVA). Además de confirmar con el DUA que la mercancía se exportó (salió del TAU), se trata de que los datos recogidos en él sean correctos (importe, moneda, destinatario, etc.) y que sean coincidentes con los documentos en poder de la vendedora ante una posible inspección de la Hacienda pública. Ciertamente, esta empresa puede obtener el DUA, aunque no lo haya gestionado, en los registros del Departamento de Aduanas e Impuestos Especiales pero eso no significa necesariamente que los datos de dicha declaración sean correctos (si ella no gestionó el despacho de exportación y, por tanto, no pudo verificar que el DUA estaba correctamente formalizado). Esto puede incluso facilitar actuaciones fraudulentas como que la empresa compradora no exporte la mercancía y haga la competencia a la vendedora en su propio mercado (en condiciones desleales pues no soportó el IVA que los clientes «nacionales» de la vendedora soportan), ya que esta pierde el control de la mercancía una vez que ha salido de sus instalaciones. Estos problemas se eliminan cuando la exportadora asume la gestión del despacho de exportación pues controla su documentación (DUA y documentos relacionados).

1.3.2 Carga de la mercancía por la empresa transportista

Esta regla no debe aplicarse en los casos de cargas completas, ya se transporten por carretera o de otros modos, sino solo para la paquetería o envíos similares, ámbito en el que es habitual que la empresa porteadora por carretera realice la carga de la mercancía en el vehículo y que, además, acostumbra a estar regulado en cada país.

En ocasiones, pese a haber pactado la regla EXW, la empresa vendedora carga la mercancía en el vehículo para efectuar un primer transporte por carretera en camión caja o contenedor. Esta situación se produce cuando esta compañía dispone de los recursos adecuados para efectuar la carga. Sin embargo, todo incidente ocurrido en el desarrollo de estas operaciones plantea una disputa de la que ella puede acabar siendo responsable por haber realizado una operación que corresponde a la compradora a través de la porteadora por ella contratada.

El primer operador que recoge la mercancía en las instalaciones de la empresa vendedora acostumbra a ser un transportista de carretera al que la compradora no suele especificar que debe realizar la carga en origen. Esto puede suponer numerosos problemas o incertidumbres desde el punto de vista de la empresa vendedora y de la transportista, en relación con la normativa reguladora del contrato de transporte por carretera u otra legislación vigente.

Respecto a dicha normativa, si se trata de un transporte internacional por carretera, los convenios reguladores en el ámbito europeo (el Convenio CMR) y en América Latina y el Caribe (la Convención Interamericana sobre Contrato de Transporte Internacional de Mercadería por Carretera u otros) no especifican nada sobre la parte obligada a cargar la mercancía. Así pues, tanto la empresa remitente como la transportista pueden llevar a cabo esta operación.

En condiciones EXW, la carga se realiza a cargo y riesgo de la empresa compradora, pero si el proceso de carga lo realiza la vendedora y la mercancía resulta dañada, hay que determinar a quién corresponde asumir las consecuencias. La regla EXW estipula que la responsabilidad debe ser asumida por la compradora; sin embargo, si el daño ha sido causado por el personal de la vendedora, esta puede verse razonablemente obligada a reponer la mercancía dañada.

Del mismo modo, pueden producirse discrepancias si la mercancía, una vez llegada a su destino, presenta daños que puedan atribuirse a la carga y estiba realizada por la vendedora. En este sentido, la operadora de transporte está obligada a revisar la mercancía y, si procede, a especificar en la carta de porte todo daño o falta detectado. Por lo tanto, no debe admitir que se le cargue mercancía dañada, por su seguridad (jurídica y física, en relación con las condiciones mínimas para el transporte) y porque se le hará responsable en destino si carece de reserva en la carta de porte. Aun así, si dispone de ella, supone que la mercancía fue cargada en mal estado por la empresa vendedora, lo que generará un conflicto entre esta y su cliente. Además, un documento de transporte con reservas no es aceptado en un crédito documentario.

Por consiguiente, en condiciones EXW la empresa compradora debe, en primer lugar, pactar con la porteadora (en la orden de carga o en el contrato de servicio continuado) que esta llevará a cabo las labores de carga en origen, lo que tampoco descarta otros inconvenientes que es necesario valorar:

- Deben facilitarse a la empresa transportista medios con los que efectuar estas labores con seguridad, pues esta no suele disponer de medios propios para ello (muelles, transpalés, equipos de protección individual, etc.).
- Supone una conducta de riesgo para la operadora de transporte. Sobre el resultado de dichas operaciones, debe valorarse la conveniencia de contratar un seguro que cubra eventuales daños a la mercancía durante su realización.
- Tanto la empresa vendedora como la transportista están sometidas a la normativa de riesgos laborales (obligaciones de información, formación y equipamiento para trabajar en condiciones de seguridad en las instalaciones de la vendedora, etc.).

Ante estos problemas de uso inadecuado de EXW en operaciones de carga completa (no paquetería) y en los casos en que se requieren despachos de exportación, se recomienda a las empresas sustituirlo por FCA almacén del vendedor (como indicamos a continuación). De hecho, en muchas ocasiones, aunque se ha pactado formalmente EXW (en los documentos de la operación) se acaban gestionando las operaciones en FCA, al menos, en lo referido al desarrollo de la carga en origen que suele realizarse por personal y medios de la empresa vendedora. Con este cambio se consigue que lo pactado en el contrato de compraventa tenga su reflejo lo más exacto posible en la operativa que efectúan vendedora y compradora (y, por ende, la transportista).

Ante a este complejo panorama, podemos concluir que para cargas completas se plantean tres opciones:

a) Tomar todas las precauciones expuestas: incluir las operaciones de carga en origen en la contratación del servicio de transporte, poner a disposición de la empresa transportista los medios necesarios, asegurar los riesgos por parte de esta, cumplir con la normativa de riesgos laborales, etc.

b) Sustituir las condiciones EXW por FCA instalaciones del vendedor, lo cual implica que este realiza la carga del vehículo (lo que, de hecho, ya ocurre en muchas ocasiones) y, si procede, gestiona el despacho de exportación, con lo que se eliminan simultáneamente los inconvenientes señalados.

c) Aunque no es aconsejable, pues se trata de variantes no reguladas de las reglas Incoterms, pueden pactarse reglas como EXW *loaded* o, para entregas en bodega, *ex cellar*, que dejan la carga de la mercancía por cuenta de la empresa vendedora, cuyas obligaciones, costos y riesgos deben quedar claramente expresados en el contrato de compraventa.

1.3.3 Otras consideraciones para el uso de EXW

- **Mínimo control de la cadena logística y riesgos en envase y embalaje**
  Aunque la empresa vendedora conoce los requisitos de la cadena logística de su mercancía y podría seleccionar a la porteadora idónea, en condiciones EXW pierde el control de ella desde su propio almacén y no puede aprovechar su conocimiento del producto para optimizarla. Además, desconoce las fases del transporte y, a menos que la empresa compradora le informe en detalle, es posible que incluso no proporcione el envase y el embalaje adecuados, que la mercancía llegue con daños a su destino y que de ello se deriven disputas.

- **La empresa vendedora ofrece el nivel mínimo de servicio y pierde competitividad**
  En condiciones EXW es la empresa compradora la que debe desarrollar todas las operaciones de la cadena logística, lo que puede suponer que la oferta de la vendedora pierda competitividad frente a otras alternativas (de otros proveedores) capaces de entregar sus productos aplicando una regla Incoterms de mayor alcance en relación con la empresa compradora.

- **Seguro de transporte**
  Esta regla Incoterms no implica obligación alguna respecto a la contratación del seguro de transporte. No obstante, dado que la empresa compradora asume los riesgos desde el momento en que recibe la mercancía en origen, debe valorar la conveniencia de contratar un seguro que cubra dichos riesgos, incluidos los relativos a las operaciones de carga en origen.

En este sentido, la empresa vendedora queda obligada a suministrar a la compradora, cuando la solicite, la información que esta precise para asegurar la mercancía.

Otra segunda lectura del inadecuado uso de esta regla es que, en el caso de que la vendedora haya procedido a la entrega de la mercancía avisando a la compradora, pero esta se demore en la recepción y entre tanto ocurra un siniestro que provoque la pérdida o daño de la mercancía, surgirá la duda razonable de si un seguro contratado por la compradora (pues sería esta quien tiene interés en su aseguramiento, ya que la vendedora ya entregó) lo hubiera cubierto, dado que se produciría en unas instalaciones ajenas a ella y, además, previamente a que la empresa transportista de la compradora se haya hecho cargo de forma efectiva de la mercancía.

- **Documentación y prueba de entrega**
  Las condiciones EXW no imponen obligación documental a la empresa vendedora, sino que estipulan que es la compradora la que debe proporcionarle una prueba conforme ha recogido la mercancía. Lo habitual es que esto ocurra en las instalaciones de la vendedora en un primer transporte por carretera. En caso de que este sea internacional puerta a puerta, suele formalizarse una carta de porte que aglutina las funciones de prueba del contrato y de recepción de la mercancía por la porteadora. En el caso de otros transportes multimodales, la primera empresa transportista suele realizar un transporte nacional hasta la terminal correspondiente (puerto, aeropuerto o estación ferroviaria). Este se formaliza en una carta de porte nacional o un albarán que, pese a carecer de formato específico, desempeña las mismas funciones que la carta de porte internacional.

- **Documentación del transporte y medio de pago documentario**
  En condiciones EXW, el documento que debería exigirse a la empresa vendedora, en consonancia con su obligación de entrega, sería una notificación de la puesta a disposición de la mercancía para su recogida por la operadora de transporte contratada por la compradora. Este documento debería ser emitido por la propia vendedora y, por lo tanto, ofrecería una mínima seguridad a la compradora. Así pues, esta regla Incoterms es difícilmente compatible con el crédito documentario.

  En la práctica, es habitual exigir el ejemplar de la parte remitente o expedidora de la carta de porte correspondiente, que se formaliza cuando se entrega la mercancía a la empresa porteadora enviada por la compradora. Este documento puede utilizarse, por ejemplo, con créditos documentarios, como se indica en las reglas UCP 600. No obstante, si la porteadora no se presenta a recoger la mercancía, la vendedora habrá cumplido con su obligación de entrega, pero no habrá obtenido el documento que le permita cobrar mediante el crédito documentario.

Por consiguiente, en general no es aconsejable aplicar la regla EXW con este medio de pago, ni que en él se pacte un contrato de transporte, por ejemplo, un conocimiento de embarque (originales del BL), pues la empresa vendedora no ha contratado el transporte y no tiene la seguridad de que se le vayan a proporcionar los originales necesarios para solicitar el cobro de la operación. Para obtener con seguridad un BL embarcado, documento que suele exigirse en el crédito documentario, es preferible convenir reglas Incoterms de mayor alcance, como las de los grupos C, en virtud de las cuales la empresa vendedora contrata el transporte, y la naviera o transitaria le entregará con total seguridad los originales del BL.

1.4   Conclusiones

La aplicación de la regla EXW debe limitarse a operaciones de compraventa nacionales o de una misma región económico-fiscal y al ámbito de la paquetería. En el resto de las operaciones, es habitual acordar esta regla cuando las empresas inician sus operaciones internacionales, pues de este modo la parte vendedora asume una menor implicación y riesgo. Posteriormente, siempre que la operación sea sencilla o se adquiera experiencia, es recomendable que aplique reglas Incoterms de mayor alcance.

Las condiciones EXW también son adecuadas cuando la empresa compradora tiene la capacidad de gestionar la cadena logística en mejores condiciones que la vendedora (ya que consigue fletes de transporte más económicos, aunque esto también es aplicable a FCA sin que presente los aspectos negativos expuestos) y en operaciones entre compañías de un mismo grupo empresarial, que resuelve y coordina internamente la totalidad de las disputas comentadas. En el resto de los casos, conviene valorar la sustitución de la regla EXW por FCA instalaciones del vendedor.

2 FCA *(free carrier),* franco porteador

2.1 *Descripción general y entrega*

En condiciones FCA, la empresa vendedora debe entregar la mercancía despachada de exportación (es decir, asumirá este despacho cuando deba producirse) a la empresa transportista (transportista por carretera, agencia transitaria, operador logístico internacional, etc.) que va a realizar el transporte principal y que ha sido contratada por la compradora.

Al utilizar esta regla es fundamental determinar con exactitud el lugar de entrega, que puede convenirse de dos maneras:

- **FCA instalaciones del vendedor**

  La entrega se produce cuando la empresa vendedora carga la mercancía a bordo del vehículo de la transportista contratada por la compradora (normalmente transportista de carretera), momento en el que transmite asimismo los riesgos a esta última.

> *Redacción genérica*
>
> FCA (lugar de entrega designado). Incoterms 2020.
>
> *Ejemplos de redacción*
>
> - FCA parcela 10, pol. industrial Alcobendas, Madrid. España. Incoterms 2020.
> - FCA nave 3, parque industrial Finsa, Cuautlancingo, Puebla. México. Incoterms 2020.
> - FCA nave 6, parque industrial Los Libertadores, Colina, Santiago de Chile. Chile. Incoterms 2020.

- **FCA otro lugar**

  La entrega se produce cuando la empresa vendedora pone la mercancía a disposición de la transportista, sobre vehículo y preparada para su descarga, en el lugar indicado. Esto implica que la vendedora debe asumir, contratándolo o por medios propios, un primer transporte hasta dicho lugar.

Redacción genérica

FCA (lugar de entrega designado). Incoterms 2020.

Ejemplos de redacción

- FCA Terminal Marítima Valenciana, Valencia. España. Incoterms 2020.
- FCA almacén transitario Transur, Paterna, Valencia. España. Incoterms 2020.
- FCA almacén agente de carga, San Rafael Poniente, Puebla. México. Incoterms 2020.
- FCA almacén operador logístico, avda. Américo Vespucio, s/n, Renca, Santiago de Chile. Chile. Incoterms 2020.

2.2 Principales obligaciones y costos

- **Obligaciones de la empresa vendedora**
  1. Suministrar la mercancía acordada en el contrato de compraventa (una vez verificada y comprobada su calidad) en el plazo acordado, embalarla apropiadamente para su transporte y marcar el embalaje de forma adecuada (resulta muy conveniente especificar estos dos aspectos en el contrato de compraventa).
  2. Suministrar la factura comercial y el resto de la documentación acordada en el contrato de compraventa (como una prueba de conformidad).
  3. Avisar a la compradora de que se ha realizado la entrega o, en su caso, de que la porteadora designada por esta no se ha hecho cargo de ella.
  4. Realizar la carga de la mercancía en el vehículo contratado por la parte compradora.
  5. En caso de pactarse FCA otro lugar (distinto de almacenes del vendedor), contratar y pagar (o gestionar con medios propios) el transporte de la mercancía hasta dicho lugar sin incluir la descarga allí.
  6. Despachar de aduana de exportación (si lo requiere la operación) y realizar sus gestiones y costos asociados: licencias, acreditación de seguridad e inspecciones (circuitos naranja o rojo tras la presentación del DUA, inspecciones específicas por razón de la mercancía como las fitosanitarias, sanitarias, farmacológicas, de seguridad, etc.). Asimismo, debe prestar a la compradora ayuda e información para obtener los documentos (a cargo de esta) que pueda necesitar para gestionar el despacho de importación (y, en su caso en los países de tránsito) como licencias, certificaciones o inspecciones.

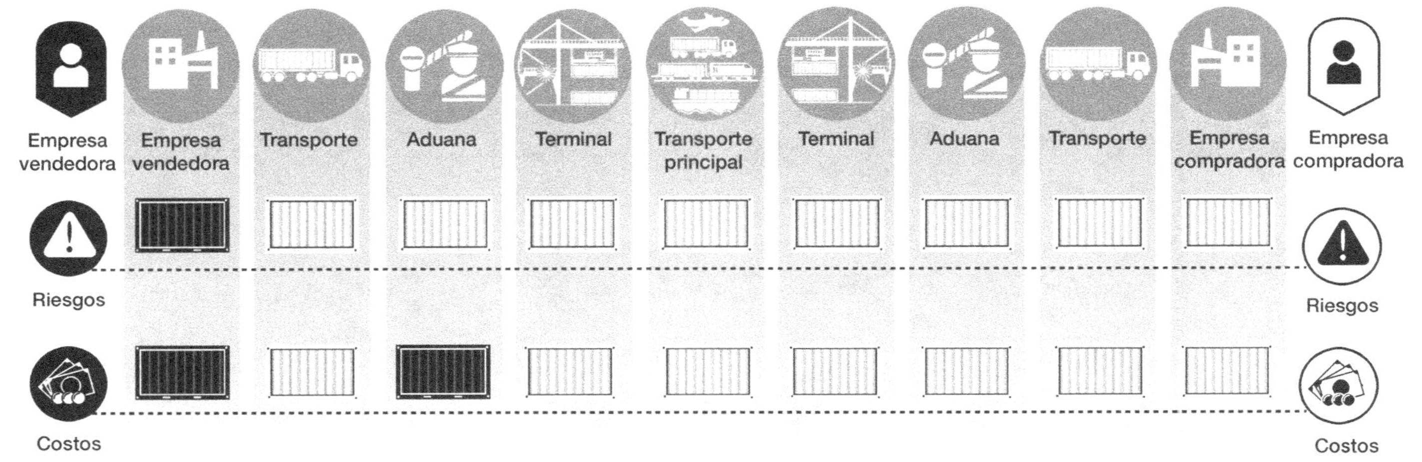

La empresa vendedora entrega la mercancía, despachada de exportación, una vez cargada sobre el vehículo que la empresa compradora envía a sus instalaciones. El resto de los costos y riesgos corresponden a la empresa compradora.

FCA otro lugar

La empresa vendedora asume los costos hasta situar la mercancía en el lugar designado (terminal u otro lugar), sin descargarla del vehículo de llegada. La empresa compradora asume los costos y riesgos a partir de dicho punto.

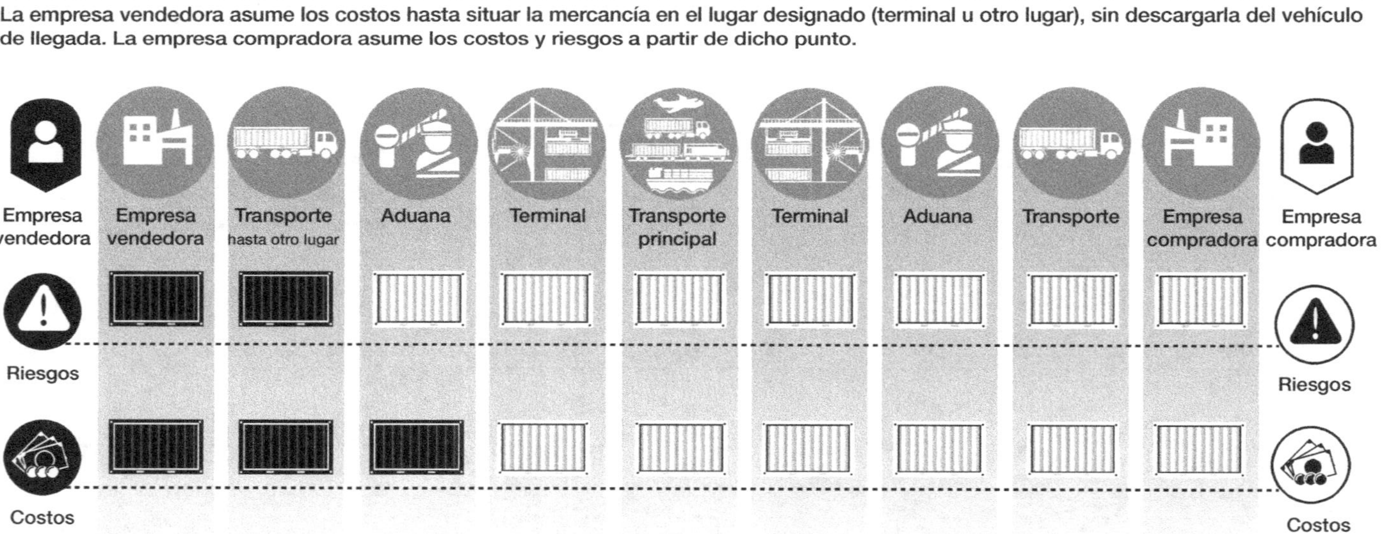

La empresa vendedora asume los costos hasta situar la mercancía en el lugar designado (terminal u otro lugar), sin descargarla del vehículo de llegada y despachada de exportación. La empresa compradora asume los costos y riegos a partir de dicho punto.

La empresa vendedora debe entregar la mercancía en el lugar acordado (sin descargarla del vehículo de llegada) y despacharla de exportación. El resto de los costos y riesgos corresponden a la empresa compradora.

- **Obligaciones de la empresa compradora**
  1. Pagar el precio de la mercancía conforme se haya pactado en el contrato de compraventa (hay que recordar que el medio de pago no lo concreta la regla Incoterms).
  2. Proceder a la recepción de la mercancía cargada sobre el vehículo en las instalaciones de la vendedora o en otro lugar (en este segundo caso, la descarga ya corre por su cuenta y riesgo).
  3. Organizar, gestionar y costear el resto de las operaciones de la cadena logística posteriores a la entrega de la mercancía (excepto el despacho de exportación si es necesario): transporte desde las instalaciones de la empresa vendedora (en su caso), descarga, otros transportes iniciales y operaciones (almacenaje, consolidación, etc.) hasta la terminal, costos en la terminal de origen (THC, ISPS, otros), transporte principal, costos en la terminal de destino, despacho de importación en el país de destino (y, en su caso, en países de tránsito), transporte final y descarga.
  4. Notificar a la empresa vendedora a qué porteadora se entregará la mercancía, el momento de su recepción dentro del plazo acordado en el contrato de compraventa, el modo de transporte que se va a utilizar y el punto concreto donde se va a recibir (en caso de haber varios posibles, por ejemplo, varios almacenes en una misma ciudad).
  5. Si la empresa compradora no cumple con este punto 4 o su transportista no procede a la recepción de la mercancía, la primera corre con todos los riesgos de pérdida o daño de las mercancías desde la fecha o plazo acordados en el contrato de compraventa para la entrega.

2.3   Consideraciones para un uso eficaz

El uso de la regla FCA es cada vez más frecuente, por un lado, porque, al reflejar mucho mejor las prácticas y obligaciones respecto a la carga de la mercancía, sustituye a menudo a la regla EXW, y, por otro, debido a la recomendación de uso de FCA en sustitución de FOB en el transporte multimodal contenerizado.

2.3.1   Uso de FCA respecto a EXW en la carga de la mercancía

En condiciones FCA, la carga de la mercancía en el primer vehículo se lleva a cabo por cuenta y riesgo de la empresa vendedora, lo que evita muchos de los problemas que pueden derivarse de la carga de la mercancía por parte de la transportista contratada por la compradora cuando se utiliza EXW.

Habida cuenta de estas apreciaciones, la mayor parte de las operaciones de compraventa internacional en las que no son necesarios despachos de aduanas y que se pactan en condiciones EXW se efectúan en realidad (teniendo en cuenta que la carga la realiza personal de la empresa vendedora) según los criterios de FCA instalaciones del vendedor, por lo que es recomendable sustituir una regla por otra.

2.3.2   Uso de FCA respecto a EXW en el transporte de la mercancía

Se pueden considerar diferentes situaciones:

- **Transporte por carretera de carga completa puerta a puerta**
  No existe distinción entre las fases del transporte, y la empresa compradora debe contratar a la transportista que recoja la mercancía en el almacén de la vendedora. En este caso, el uso de FCA encaja perfectamente con la fórmula de «porte debido» incluida en muchas cartas de porte por carretera, cuyo ejemplar conservado por la empresa vendedora prueba la entrega de la mercancía. De hecho, consideramos que las dos reglas que mejor encajan con los transportes de este tipo son FCA almacén del vendedor y DAP almacén del comprador (en este caso se indicaría «porte pagado»), pues en ambos casos se asigna la totalidad de los costos y riesgos del transporte a la vendedora (DAP) o a la compradora (FCA), facilitando de esa forma la asignación del riesgo y la parte legitimada a reclamar posteriormente, en su caso, al porteador o a un posible seguro (en ninguno de los dos casos es obligatoria su contratación).

- **Transporte multimodal con fase inicial de carretera hasta terminal (puerto, aeropuerto o estación ferroviaria)**
  En estos casos pueden diferenciarse un primer transporte y un transporte principal.

  - *Primer transporte.* En función del lugar especificado en la regla FCA, puede gestionarlo la empresa vendedora (FCA otro lugar) o la compradora (FCA instalaciones del vendedor). En el primer caso, la vendedora puede contratar el transporte (normalmente, nacional por carretera) o llevarlo a cabo con sus propios medios si dispone de flota propia. En el caso de contratarlo, lo habitual es que, en carga completa, la operación de carga se desarrolle con personal y medios de la vendedora y que, en el punto de entrega, la descarga se efectúe por cuenta y riesgo de la compradora. Los ejemplares de la carta de porte con la firma de la parte destinataria (que actúa para la compradora) y el de la operadora de transporte (que suele solicitar la vendedora como condición para el pago del servicio) funcionan como prueba de entrega y recepción. Si se trata de paquetería o de una modalidad similar, la carga y descarga las realiza, por defecto (en aplicación de la normativa reguladora del contrato de transporte), la empresa porteadora.

La opción FCA otro lugar es adecuada cuando la compradora desea recibir la mercancía en las instalaciones de la porteadora por ella contratada (agencia transitaria u operador logístico encargado del transporte principal), en un almacén donde se dispone a consolidar el envío para su posterior transporte internacional (para cargas de grupaje o contenedor con carga parcial LCL) o en un punto determinado del inicio de la cadena logística, por ejemplo, en una terminal (puerto, aeropuerto o estación ferroviaria) si se trata de contenedores completos (FCL) cargados en el almacén de la empresa vendedora.

Para este último caso y en transporte multimodal contenerizado, la regla implica que la vendedora debe asumir los costos y soportar los riesgos del primer trayecto por carretera hasta la terminal portuaria, estación ferroviaria o en la terminal o el centro de carga de un aeropuerto.[2] Una vez allí, y sin necesidad de realizar la descarga del camión, se entrega la mercancía y la empresa vendedora transmite los riesgos a la compradora, por lo que todos los costos posteriores corresponden ya a esta última.

Cuando se realiza un transporte multimodal en contenedor puerta a puerta o puerta a puerto (es decir, en el que el contenedor completo se carga y precinta en las instalaciones de la empresa vendedora y no se

---

[2] En un transporte multimodal carretera-aéreo, la diferencia estriba en que, en el primer trayecto, la mercancía no se transporta contenerizada, sino en un camión o furgoneta (bultos sueltos o mercancía paletizada), y en la terminal o el centro de carga aérea se consolida y prepara para su transporte en dispositivos unitarios de carga (contenedores aéreos de distinto tipo: cerrados, palés con red, etc.).

abre hasta el destino, sea este almacén de la compradora o el puerto de destino), debe tenerse en cuenta que este primer transporte suele tener un costo relativamente alto en comparación con un transporte general. En consecuencia, se puede optar por transportar la mercancía, por ejemplo, en un camión lona hasta el almacén de la agencia transitaria cercana al puerto y descargar y cargar allí la mercancía en el contenedor, lo que puede suponer un ahorro significativo (aunque quizá se pierda en seguridad al incluirse una operación de manipulación).

Esto implica que en el caso de que la empresa vendedora desee acogerse a la opción de cargar el contenedor en sus instalaciones, pero la regla convenida sea FCA otro lugar, debe solicitar a la compradora los datos de la agencia transitaria que interviene en el puerto de origen para contactar con ella y que esta le pueda calcular el acarreo previo entre sus instalaciones y el puerto, pues este debe tenerse en cuenta como costo a cargo de la vendedora para calcular el precio de venta.

— *Transporte principal.* Aunque debe contratarlo la empresa compradora, las reglas Incoterms, en condiciones FCA (al igual que en FAS y FOB para transporte marítimo), ofrecen la posibilidad de que pueda contratarlo la vendedora a cargo y riesgo de la primera, si lo solicita esta y es práctica habitual (en cualquier caso, la vendedora puede rechazar esta posibilidad). Sin embargo, no es aconsejable acogerse a esta opción, pues si la empresa vendedora, no estando obligada por la regla Incoterms, contrata el transporte, asume la posición de cargadora en el contrato de transporte con las obligaciones que se deriven del mismo. Esto puede llegar a afectarla, pues es posible que se le reclame el pago de un transporte que no está obligada a contratar y que no ha incluido en el precio de venta, ya que se contrató a porte debido para que lo abonara la empresa compradora.

- **Transporte ferroviario en tren completo o tren cliente (régimen facultativo)**[3]
  La regla FCA instalaciones del vendedor se adapta perfectamente al transporte ferroviario de graneles o cargas completas contratado en régimen fa-

---

[3] Servicio de transporte ferroviario de grandes volúmenes de mercancía, en general mediante el arrendamiento de vehículos completos, sin que estos tengan que servir una determinada zona geográfica ni estén sujetos a frecuencias ni tarifas fijas, ya que los precios quedan supeditados a las oscilaciones del mercado.

cultativo o tren cliente, pues en muchas ocasiones las empresas disponen de apartaderos ferroviarios particulares hasta los que accede el tren contratado por la compradora y donde la vendedora lo carga con sus medios.

2.3.3   Uso de FCA respecto a EXW en el despacho de exportación

La gestión por parte de la empresa vendedora de este trámite, que no suele resultar excesivamente oneroso, ofrece ventajas frente a los inconvenientes que supone en condiciones EXW (donde corresponde a la compradora). Entre ellas, destacan las siguientes:

- El despacho de exportación es un trámite que la compañía exportadora, por sus conocimientos legislativos, administrativos, lingüísticos, etc. del país de origen, está en mejores condiciones de efectuar satisfactoriamente.
- La compañía exportadora se asegura la obtención del documento aduanero de exportación a afectos fiscales, que constituye una prueba de la salida efectiva de la mercancía del territorio aduanero de exportación (lo que respalda la facturación sin IVA de la exportación).

2.3.4   Implicaciones del uso de FCA respecto a FOB

- **Uso de FCA en sustitución de FOB con contenedores**
  Las reglas Incoterms desaconsejan expresamente el transporte contenerizado en condiciones FOB, CFR y CIF. Se trata de una de las indicaciones más llamativas de las últimas versiones (2000, 2010 y 2020), dado que dichas reglas se utilizan frecuentemente con este tipo de transporte. En concreto, se recomienda sustituir la regla FOB por FCA por las razones de costo y de riesgo que se resumen a continuación y que se exponen en detalle en el análisis de las reglas Incoterms para el transporte marítimo (véase el capítulo 5).

  - *Razones de costo.* En condiciones FOB, la empresa vendedora debe asumir los costos hasta que el contenedor se encuentra cargado a bordo del buque portacontenedores en el puerto de embarque. En este sentido, conviene tener en cuenta que los costos portuarios, que suponen un porcentaje cada vez mayor de los costos totales de un transporte multimodal en contenedor, dependen en gran medida del transporte principal contratado por la empresa compradora.

Así pues, en función de la naviera y la agencia transitaria (todas ellas contratadas por la compradora), la empresa vendedora debe asumir unos costos respecto de los cuales no tiene poder de negociación (aunque desde luego ha debido de consultar primero para poder ofertar precio). Además, si se producen demoras en la carga a bordo del buque por una deficiente contratación del transporte realizada por la empresa compradora, la vendedora está obligada a asumir dichos costos (demoras y estancias en puerto, etc.), pues los soporta en su totalidad hasta que el contenedor se carga a bordo del buque.

Aunque estos costos adicionales pueden reclamarse a la empresa compradora (pues se deben a un incumplimiento de la misma), en la práctica la agencia transitaria los cobra habitualmente a la vendedora, de modo que la posterior reclamación de esta a la compradora no resulta fácil ya que no se contemplaron en el precio inicial y suelen generar una controversia comercial.

— *Razones de riesgo.* En condiciones FOB, la empresa vendedora no entrega ni transmite los riesgos a la compradora hasta que el contenedor se ha cargado a bordo del buque en el puerto de exportación. Sin embargo, en el momento en que se produce este hecho (y, por tanto, se trasmite el riesgo) no se comprueba el estado de la mercancía.

Supongamos que se ha producido un daño a la mercancía en un punto no localizado de la cadena logística (una defectuosa manipulación del contenedor cargado por maquinaria en el puerto de origen o destino). En el caso de haber pactado FCA almacén del vendedor, este controla y puede comprobar el estado de la mercancía en el momento en que entrega (cuando carga la mercancía en el contenedor), pero si se pacta FOB y se comprueba un daño cuando la mercancía llega al almacén del comprador en destino, surgirá seguramente una disputa, ya que el primero argumentará (en su beneficio) que el origen de dicho daño ha sido previo al punto FOB y el segundo lo contrario. En cambio, FCA clarifica la asignación de riesgo pues el transporte en contenedor debe visualizarse como una fase global de origen a destino para la que no resultan relevantes, a la hora de determinar el riesgo ante un siniestro, hechos como la carga en el puerto de embarque.

Así pues, para eliminar estos factores de incertidumbre, las reglas Incoterms recomiendan sustituir FOB por FCA. De este modo, la empresa vendedora controla la entrega, pues esta, se lleve a cabo en sus instalaciones o en otro lugar, no depende del momento en que la mercancía se carga a bordo del buque, sino de aquel en que la mercancía se entrega a la operadora de transporte contratada por la compradora (normalmente, una agencia transitaria).

2.3.5 Otras consideraciones para el uso de FCA

- **Bajo control de la cadena logística por parte de la empresa vendedora y riesgos en envase y embalaje**

  En condiciones FCA, la parte vendedora pierde el control de la cadena logística cuando entrega la mercancía (en sus instalaciones o en otro lugar) a la empresa porteadora contratada por la compradora, por lo que no puede aprovechar su conocimiento del producto para elegir los medios de transporte ni puede beneficiarse de los efectos positivos que implica la contratación del transporte principal (mejores precios al contratar grandes volúmenes, negociación de condiciones, elección de transportistas y rutas, etc.). Asimismo, al desconocer las principales fases de la cadena logística, puede no utilizar el envase y el embalaje adecuados, lo que se traduce en posibles daños a la mercancía.

  Desde el punto de vista de la empresa compradora, la regla FCA le permite controlar la cadena logística desde el país de la vendedora (sus instalaciones o una terminal) por medio de la agencia transitaria que opera allí y que es contratada por ella, lo que supone importantes ventajas:

  - Obtiene condiciones y costos de transporte competitivos conforme su volumen de contratación es mayor.
  - Elige la operadora de transporte en función de parámetros como la calidad del servicio, la regularidad, el precio, etc., así como el resto de los elementos de la cadena logística.
  - Aumenta su seguridad respecto a los plazos y condiciones de suministro de las empresas proveedoras, que no se ven afectados por las gestiones ineficientes que estas puedan llevar a cabo.

  La alternativa siguiente a la regla FCA consiste en convenir CPT puerto de destino, práctica que puede conllevar altos costos (si no se han pactado previamente) para que la empresa compradora pueda disponer de la mercancía y esta se libere de la naviera (sobre todo en los casos de grupaje, LCL) contratada por la empresa vendedora (estos mismos costos en el puerto de destino se reducen significativamente cuando el transporte principal lo ha contratado la compradora).

- **La empresa vendedora ofrece un bajo nivel de servicio y pierde competitividad**
  El hecho de que la compradora asuma la práctica totalidad de la cadena logística (excepto el despacho de exportación y, si procede, un primer transporte) puede suponer una pérdida de competitividad de la oferta de la empresa vendedora frente a alternativas de otras compañías que sean capaces de entregar sus productos en condiciones de mayor alcance, esto es, más cercanas a la compradora; por ejemplo, en condiciones CPT o en DAP almacén del comprador.

- **Seguro de transporte**
  Esta regla no obliga a contratar seguro, si bien ambas compañías, sobre todo la compradora, deben valorar la conveniencia de suscribir una póliza que cubra los riesgos (la vendedora, hasta el momento de la entrega, y la compradora, a partir de entonces).

- **Documentación y prueba de entrega**
  La empresa vendedora puede cumplir con su obligación de probar la entrega de tres maneras diferentes, la tercera de las cuales es una novedad de las reglas Incoterms 2020 que no creemos conveniente y que explicamos en el punto posterior:

  – La prueba habitual de que la mercancía se ha entregado. En este caso son válidos tanto los ejemplares que las operadoras de transporte entregan a la parte remitente/embarcadora a modo de recibo y prueba del contrato, como el ejemplar correspondiente de la carta de porte[4] o el albarán de entrega con la firma de la transportista, entre otros. En un transporte multimodal contenerizado puede recurrirse a otras opciones, como un certificado de recepción del transitario *(FIATA forwarding agents certificate of receipt* o FIATA FCR) emitido por una agencia transitaria. Este documento, pese a no constituir un contrato de transporte, prueba la recepción de la mercancía por la transitaria para su posterior transporte en virtud de las condiciones incluidas en el propio documento.
  – Prestando ayuda a la compradora para obtener un documento de transporte (entendemos que sin la mención «a bordo»). Esto se corresponde con lo que

---

[4] Proporcionar a la empresa compradora la prueba usual no implica que la vendedora deba enviar físicamente dicho documento (el ejemplar original conservado por ella), sino que puede remitírselo, por ejemplo, escaneado, de manera que se pruebe su existencia. La empresa vendedora debe conservarlo, pues para ella desempeña la función de recibí de la transportista, por lo tanto, prueba que ha cumplido la entrega en el contrato de compraventa y que existe un contrato de transporte (aunque esta contratación la haya efectuado la parte compradora).

ocurre en el transporte multimodal contenerizado, para el que se emite un BL multimodal o un conocimiento FIATA negociable para el transporte multimodal (FBL), que la empresa vendedora debe tratar de obtener de la porteadora aunque esta haya sido contratada por la compradora (por ejemplo, porque el FBL ampara el transporte desde las instalaciones de la empresa vendedora y, al pactar FCA terminal, este primer transporte debe asumirlo esta, que condiciona el pago de dicho servicio a la obtención de los originales de este documento).

– Cuando la empresa compradora haya dado instrucciones a la transportista de entregar a la vendedora un documento de transporte con la mención «a bordo», esta entregará dicho documento a la compradora. Esta última opción merece la pena una explicación más detallada en el siguiente punto.

- **FCA y su combinación con *BL embarcado* en las reglas Incoterms 2020**
Dicho lo anterior respecto a FCA, resulta sorprendente que en la versión 2020 de las reglas Incoterms se trate de conciliar el uso de FCA con créditos documentarios en los que se exija como prueba de entrega un BL a bordo. La Cámara de Comercio Internacional, en la nota explicativa 6 de FCA, viene a indicar que es habitual que en operaciones con crédito documentario se exija un BL embarcado (conocimiento de embarque emitido por una naviera indicando que el contenedor se ha cargado a bordo; solo es emitido por esta cuando la mercancía se ha embarcado) y que, por lo tanto, para conciliar esa situación en las compraventas pactadas FCA, las partes pueden especificar en su contrato que la parte compradora (que contrata el transporte marítimo) dé instrucciones a la naviera para que facilite los originales del BL embarcado a la vendedora, de manera que pueda presentarlos en el crédito documentario y por esa vía llegar posteriormente a la compradora (que los necesitará en el puerto de destino para solicitar la entrega a la naviera).

Parece un procedimiento farragoso y arriesgado que implica a terceros (porteador marítimo, ajeno al contrato de compraventa y que opera según las normas y costumbres de los contratos de transporte marítimo) y que se deriva de una irregularidad inicial como es requerir como prueba de entrega un BL embarcado cuando la entrega en FCA es previa. Esta irregularidad parece derivarse de la costumbre de algunos bancos de «sugerir» que entre los documentos del crédito se pida un BL embarcado, lo que quizás se explica porque el banco, mientras tenga el BL, «ostenta el control» sobre la disposición de la mercancía hasta la entrega final a la compradora (una vez cargado el importe del crédito que a su vez garantiza el pago a la parte vendedora).

Otra explicación puede ser la fuerza de la costumbre de pactar siempre la exigencia de este documento en un crédito documentario, al hacerlo en operaciones pactadas en FCA llevaría como consecuencia (para que funcionara el crédito) el irregular procedimiento que se indica.

Todo eso se resolvería si se solicitara en el crédito documentario (este principio es general para todas las reglas Incoterms) el documento o prueba de entrega/transporte que la parte vendedora obtiene cuando entrega la mercancía. En FCA es normalmente el ejemplar 1 de la carta de porte inicial, un certificado de recepción del transitario, de entrega en terminal, etc. Bajo esa sincronización, la parte vendedora presenta ese documento (una vez entregada la mercancía) y, al haber cumplido su obligación principal en el contrato de compraventa, tiene derecho al cobro en el crédito documentario (emitido bajo un contrato independiente al de compraventa pero que conviene sincronizar todo lo posible).

Sin embargo, si se combina FCA instalaciones del vendedor con una operación en la que el crédito documentario exija a la parte vendedora presentar un BL embarcado, es posible que esta, aun habiendo entregado las mercancías no lo pueda probar al no poder presentar dicho documento y no tenga derecho al cobro. Esta situación se generaría si se produce un siniestro entre el almacén de la parte vendedora y el momento del embarque a bordo en el puerto de exportación (por ejemplo, en el trayecto de carretera o durante la estancia y manipulación del contenedor en el puerto). En esos casos, al no llegar a embarcar la mercancía, jamás se emitirá el BL embarcado, por lo que la parte vendedora no podrá cobrar el crédito documentario.

Además de la existencia o no del documento, debe tenerse en cuenta que el BL, de existir, debe cumplir una serie de requisitos como su forma de emisión (nominativo o a la orden, indicaciones de que el flete está pagado o debido, etc.), que generan una segunda incertidumbre, pues en FCA, al ser la parte vendedora un almacén donde el porteador tiene que recoger una mercancía, no parece claro que tenga capacidad para controlar que el BL se emita de la forma adecuada en el crédito documentario.

- **Documentación del transporte y medio de pago documentario**
  En caso de convenir medios de pago documentarios, su combinación con FCA debe implicar una serie de aspectos prácticos relativos a la documentación exigida cuando se trata de transporte multimodal en contenedor con fase marítima (algunos ya los hemos comentado más arriba). Como ya se dijo, la

regla FCA es la alternativa propuesta en las reglas Incoterms al uso de FOB con transporte multimodal en contenedor. Sin embargo, muchas empresas siguen usando FOB por distintos motivos (véase el capítulo 5). Por ejemplo, en estas condiciones, la vendedora se asegura, como requisito para el pago a la agencia transitaria de todos los costos hasta el embarque del contenedor, la obtención del juego completo de originales del BL (normalmente, con la condición de embarcado *on board,* que suele exigirse en los créditos documentarios para permitir a la empresa compradora acceder a la mercancía en destino). En la medida en que la vendedora pierde participación en las gestiones y los costos en el país de embarque al aplicar la regla FCA, también pierde lógicamente seguridad respecto a la obtención del juego completo de originales del BL (pese a la «fórmula» propuesta por la CCI y comentada antes).

Así pues, en el caso de usar medios de pago documentarios, conviene exigir una documentación distinta al BL embarcado que coincida con el documento que se obtiene en el momento en que la empresa vendedora lleva a cabo la entrega, pues tiene control sobre la mercancía hasta este punto. Si las condiciones pactadas son FCA instalaciones del vendedor, el documento adecuado es el ejemplar para la parte remitente de la carta de porte que ampara el transporte por carretera del contenedor desde las instalaciones de la empresa vendedora hasta la terminal portuaria, o bien el albarán de recogida o un certificado de recepción del transitario (FCR). Todo BL requerido, en su caso, debe ser multimodal (que ampare el transporte desde las instalaciones de la vendedora) y recibido para embarque (no prueba la carga a bordo del buque, es decir, no *on board).*

En caso de acordarse la regla FCA terminal de contenedores, es correcto exigir en el crédito documentario que la empresa vendedora presente el ejemplar de la misma carta de porte, pero con la firma que prueba la entrega del contenedor en la terminal a la porteadora correspondiente (naviera o agencia transitaria de la parte compradora), un FIATA FCR o un BL recibido para embarque. Así, la vendedora puede condicionar el pago del transporte inicial a la obtención de dicho documento para su presentación al banco.

Por otra parte, no es recomendable combinar la regla FCA con un BL embarcado, pues de este modo se exige a la empresa vendedora obtener un documento que se emite posteriormente a la entrega y sobre el que no tiene control. Si, pese a lo desaconsejable de esta decisión, se desea forzar la situación, conviene pactar al menos la regla FCA terminal de contenedores y condicionar el pago del primer transporte por carretera a la obtención por la empresa vendedora de dicho BL, si bien esto no evita la disfunción de que dicho documento sea obtenido, en su caso, por la vendedora bastante después de que esta haya cumplido con la entrega según estipula la regla (a la llegada a la terminal) y con los riesgos comentados anteriormente.

En aquellos casos en que se solicite en el crédito documentario una carta de porte terrestre o un albarán de recogida en lugar de un BL, la empresa compradora parece perder evidencia documental y seguridad respecto a la práctica habitual de exigir un BL embarcado (que prueba que la mercancía se transporta por mar hacia ella como destinataria, con el correspondiente endoso del BL, en su caso). Sin embargo, esto no es así, pues debe tenerse en cuenta que la agencia transitaria del país de origen ya está contratada por la empresa compradora y que la documentación aquí recomendada supone la misma garantía, ya que prueba la entrega a dicha agencia, la cual debe hacerle llegar la mercancía en destino, en base a las instrucciones y el contrato de transporte convenido con ella.

En otro escenario, con mayor confianza entre las partes (donde seguramente no se utiliza un crédito documentario), podría negociarse la sustitución de un BL embarcado para cobrar por su versión en los casos en que, pese a pactar FCA, se exija *a priori* un BL embarcado para cobrar, podría negociarse su sustitución por su versión *sea waybill* multimodal o carta de porte marítimo (BL sin la fusión de título valor) y además emitirse en formato electrónico (denominado *express release* o *telex release)* con las ventajas de rapidez, seguridad y economía que esta opción representa ya que emitiendo la carta de porte marítima de esta manera el destinatario, con su mera identificación en destino, puede reclamar la mercancía (si partimos de que ya está bajo su control desde el almacén de la empresa vendedora, parece lógico apreciar que esta opción solo allana el camino y facilita la gestión logística de la operación sin que esta pierda seguridad en el cobro, siempre que se garantice la obtención de la carta de porte marítimo.

Esta opción es muy recomendable pues abarata (se ahorra el costo de la emisión del BL) y agiliza la cadena logística marítima porque ya no se requiere la emisión en el puerto de origen del BL en papel y la presentación de sus originales en el puerto de destino para reclamar a la naviera la entrega de la mercancía. Esta otra forma de gestión resulta ideal para operaciones entre compañías del mismo grupo (en torno a un 20-25 % del total) o en casos donde la confianza entre las partes es alta o incluso ya se ha pagado por adelantado la mercancía. En todos estos casos, el BL supone un costo añadido y una complejidad en la gestión de la operación que puede superarse sustituyendo dicho documento.

En los demás medios de transporte, se proporciona a la empresa vendedora, en el momento de entregar la mercancía a la porteadora, el ejemplar correspondiente de la parte remitente o expedidora, que es la documentación que conviene exigir en el crédito documentario y que puede utilizarse, aunque no sea habitual, con este medio de pago tal como se recoge en las reglas UCP 600.

2.4 Conclusiones

La gran versatilidad de la regla FCA la hace adecuada para multitud de tráficos y modos de transporte, por lo que es recomendable aplicarla a:

- Cargas completas por carretera (nacional o internacional) puerta a puerta en sustitución de EXW, pues con FCA la empresa vendedora carga la mercancía.
- Cargas en grupaje destinadas a consolidarse en contenedor con carga parcial (LCL) por medio de una agencia transitaria o en el camión de una operadora de transporte internacional, hasta cuyas instalaciones debe hacer llegar la mercancía la vendedora.
- Transporte multimodal en contenedor completo con fase marítima (en sustitución de FOB) o ferroviaria, cargándose este en las instalaciones de la empresa vendedora o en las de la agencia transitaria cerca de la terminal correspondiente en el país exportador.
- Transporte multimodal por carretera y aéreo en el que la mercancía se transporta por carretera hasta los muelles de la terminal o centro de carga en el aeropuerto del país de la empresa vendedora.

Desde ópticas distintas a la del transporte, esta regla Incoterms también es adecuada para operaciones en que:

- La empresa compradora puede obtener mejores condiciones y costos de transporte, así como controlar la cadena logística completa y asegurar las entregas desde las instalaciones de sus compañías proveedoras.
- Se requiere despachar de exportación, y la empresa vendedora gestiona, paga y controla dicho trámite para mayor seguridad fiscal en cuanto a la exención del IVA
- La vendedora tiene poca experiencia en las compraventas internacionales y quiere limitar sus riesgos.

3 CPT *(carriage paid to)*, transporte pagado hasta

3.1 Descripción general y entrega

La regla CPT, al igual que CIP, estipula la entrega de la mercancía en origen, con la singularidad de que la empresa vendedora, pese a contratar y asumir el costo del transporte hasta el lugar de destino convenido, entrega y transmite los riesgos a la empresa compradora en origen,[5] al poner la mercancía a disposición de la porteadora por ella misma contratada. Esta dicotomía se relaciona con el ampliamente extendido uso del conocimiento de embarque (BL) con función de título valor, razón por la que CPT es conveniente, sobre todo, en el transporte multimodal en contenedor con fase marítima, aunque también puede aplicarse a otros modos de transporte.

Por todo ello, tanto el lugar de entrega como el de destino deben estar claramente determinados en el contrato de compraventa, pues, ante la falta de lugar específico de entrega, se entiende que esta y la transmisión de riesgos se producen, en los casos de intervención de varias transportistas, cuando la empresa vendedora entrega la mercancía a la primera de ellas (similar a una entrega en condiciones FCA instalaciones del vendedor). En consecuencia, toda pérdida o daño durante el transporte debe ser asumido por la empresa compradora, por lo que, si no existen otros pactos en el contrato de compraventa, esta debe abonarla a la vendedora y reclamar, si procede, a la porteadora o a un seguro que hubiese contratado.

Si no se desea determinar la entrega de esta manera, debe especificarse claramente en el contrato de compraventa el lugar convenido para ella, que puede ser la terminal del puerto de embarque o incluso el puerto de destino.

Por otra parte, en las notas introductorias de CFR y CIF, las reglas Incoterms desaconsejan su uso con contenedores y su sustitución por CPT y CIP, que hacen coincidir el momento de entrega con aquel en el que la empresa vendedora pone la mercancía a disposición de la porteadora (mientras que en CFR y CIF no se entrega hasta que el contenedor se carga a bordo del buque en el puerto de embarque). Aunque los costos son similares en ambos casos (por ejemplo, entre CPT y CFR), debe tenerse en cuenta la diferencia de entrega y transmisión de riesgos ya que con

---

[5] Este modo de identificar el punto de entrega se corresponde con lo estipulado en el artículo 31 de la Convención de las Naciones Unidas sobre los Contratos de Compraventa Internacional de Mercancías o Convenio de Viena de 1980.

CPT y CIP se clarifica totalmente la parte que los asume en su totalidad (la compradora) mientras que con CFR y CIF la entrega se produce al embarcar a bordo, lo que puede llevar a una disputa comercial ante un siniestro no localizado (no se comprueba el estado de la mercancía cuando se embarca a bordo el contenedor)[6].

En cuanto a los despachos de aduanas (en caso de ser necesarios), se sigue el criterio general: la empresa vendedora despacha de exportación y la compradora, de importación.

Redacción genérica

CPT (lugar de destino designado). Incoterms 2020.

Ejemplos de redacción

- CPT terminal Pasir Panjang, puerto de Shanghái, Shanghái. China. Incoterms 2020.
- CPT terminal Tecon, puerto de Santos, São Paulo. Brasil. Incoterms 2020.
- CPT terminal SPRBUN, puerto de Buenaventura. Colombia. Incoterms 2020.

3.2 Principales obligaciones y costos

- **Obligaciones de la empresa vendedora**
  1. Suministrar la mercancía acordada en el contrato de compraventa (una vez verificada y comprobada su calidad) en el plazo acordado, embalarla apropiadamente para su transporte y marcar el embalaje de forma adecuada (resulta muy conveniente que estos dos aspectos se especifiquen en el contrato de compraventa).
  2. Suministrar la factura comercial y el resto de la documentación acordada en el contrato de compraventa (como una prueba de conformidad).
  3. Avisar a la compradora de que se ha realizado la entrega y de cualquier otro requerimiento que le permita proceder a la recepción de la mercancía.

---

[6] Los motivos por los que resultan preferibles los CPT y CIP frente a CFR y CIF en operaciones de transporte en contenedor son los mimos por lo que resulta preferible el uso de FCA en comparación con FOB para este mismo tipo de operaciones. Para un mayor detalle, puede consultarse en el análisis del Incoterms FCA del apartado anterior.

CPT/CIP

La empresa vendedora transmite los riesgos a la compradora al poner la mercancía a disposición de la empresa transportista contratada por la vendedora. En caso de que el transporte sea llevado a cabo por varias empresas transportistas (transporte multimodal), los riesgos se transmiten al entregar la mercancía a la primera de ellas. En condiciones CIP, los riesgos a partir de este punto deben estar cubiertos por el seguro contratado por la empresa vendedora, en los términos estipulados por la regla Incoterms.

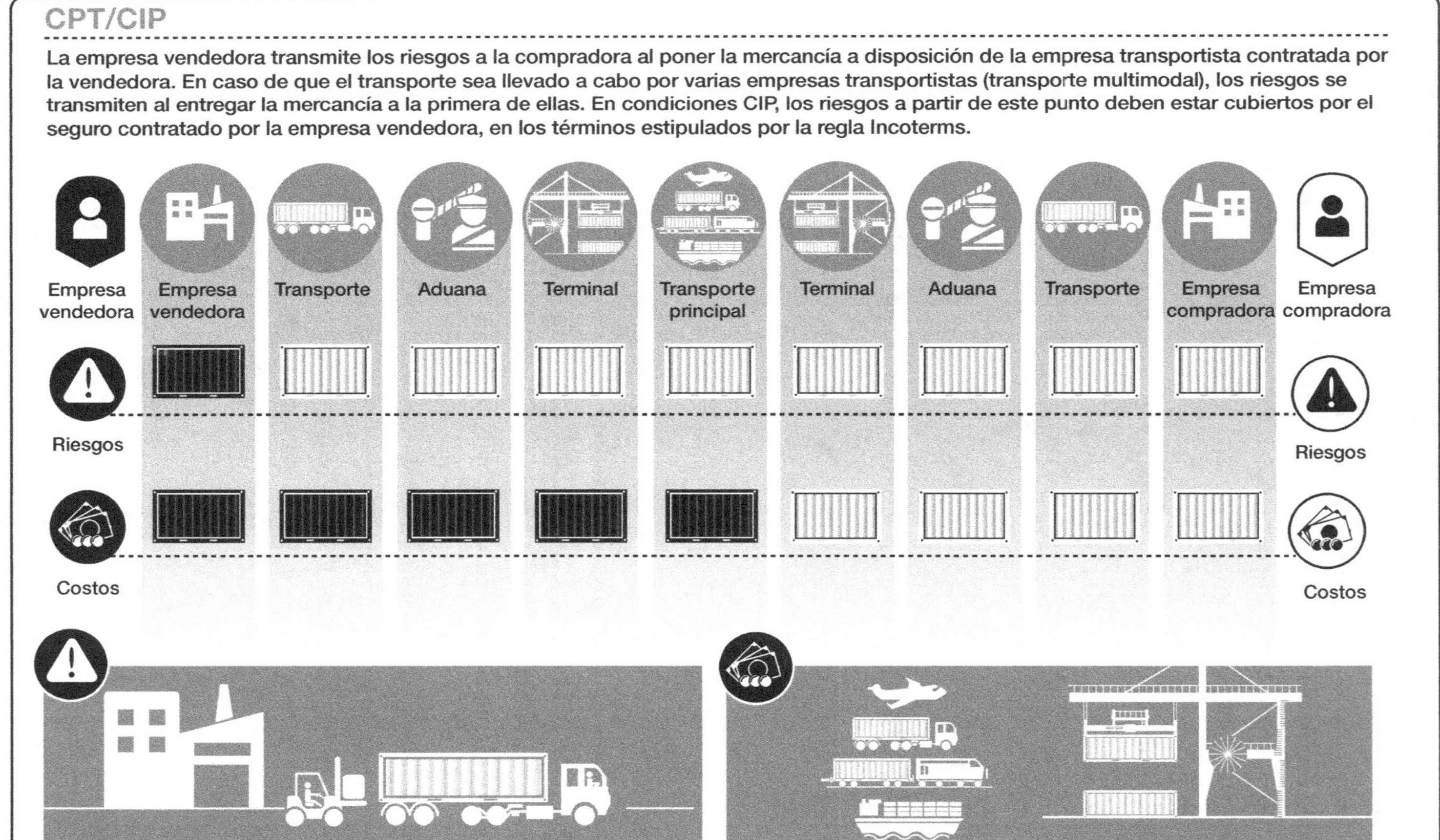

La empresa vendedora debe asumir los costos del transporte hasta el lugar designado (puerto, terminal, plataforma, etc.), si bien la entrega y la transmisión de riesgos a la compradora tienen lugar al poner la mercancía a disposición de la primera empresa transportista en sus instalaciones.

La empresa vendedora asume el costo del transporte hasta situar la mercancía en el lugar de destino designado. Los costos de descarga corresponden a la empresa compradora, a menos que el contrato de transporte de la vendedora los incluya.

4. Contratar y pagar el transporte hasta el lugar de destino designado y cumplir con cualquier requisito de seguridad relacionado con dicho transporte, por ejemplo, el peso bruto verificado del contenedor o VGM, etc.

5. Despachar de aduana de exportación (si lo requiere la operación) y sus gestiones y costos asociados: licencias, acreditación de seguridad e inspecciones (circuito rojo tras la presentación de la declaración aduanera, inspecciones específicas por razón de la mercancía, como las fitosanitarias, sanitarias, farmacológicas, de seguridad, etc.). Asimismo, debe prestar a la compradora ayuda para obtener información y documentos (a cargo de esta) que pueda necesitar para gestionar el despacho de importación (y, en su caso, en los países de tránsito), como licencias, certificaciones o inspecciones.

6. Si la parte vendedora soporta costos de descarga en el lugar de destino convenido, no puede reclamarlos a la compradora (es el caso de transporte marítimo de contenedor en el que el flete contratado incluye la descarga del contenedor en la terminal de destino).

- **Obligaciones de la empresa compradora**
  1. Pagar el precio de la mercancía, conforme se haya pactado en el contrato de compraventa (hay que recordar que el medio de pago no lo regula la regla Incoterms).
  2. Proceder con la recepción de la mercancía y, por lo tanto, recibirla de la porteadora contratada por la vendedora en el lugar de destino designado en la regla Incoterms.
  3. Organizar, gestionar y costear el resto de las operaciones de la cadena logística posteriores a la entrega de la mercancía: costos en terminal o lugar de destino designado (incluyendo la descarga del vehículo, camión, buque, etc., si no se incluye en el contrato de transporte), despacho de importación en el país de destino (y, en su caso, en países de tránsito), transporte final y descarga.

3.3 Consideraciones para un uso eficaz

3.3.1 Razón de la diferencia entre lugar de entrega y pago del transporte y combinación con BL marítimo

El hecho de que las reglas del grupo C presenten una dicotomía entre el lugar hasta el que la empresa vendedora debe asumir el transporte y el momento de entrega (en origen) se basa en el adecuado y extendido uso combinado con operaciones con transporte marítimo, en las que se utiliza el BL como contrato de transporte.

Este documento desempeña, además de las funciones propias de toda carta de porte (recibo de la mercancía por la empresa porteadora y prueba de la existencia del contrato y sus condiciones), la función de título valor, que implica la posibilidad de transmitir la posesión de la mercancía mediante la entrega de dicho documento a su legítimo tenedor (en su caso, puede implicar un endoso). Además, la naviera en destino solo puede entregar el contenedor a quien le presente un original del BL y sea su legítimo tenedor.

El BL se puede emitir de distintas formas en función de cómo se cumplimente la casilla referida a la parte destinataria *(consignee):*

- *BL nominativo.* Es aquel en cuya casilla referida a la parte destinataria figuran los datos de la empresa compradora, la única que, mediante la presentación de uno de los originales, puede reclamar la entrega del contenedor a la naviera o a la agencia transitaria en destino.
- *BL al porteador.* El tenedor de un original puede reclamar en destino a la empresa porteadora la entrega de la mercancía (no se utiliza por los riesgos y la inseguridad asociados a su uso).
- *BL a la orden.* Es aquel BL en cuya casilla *consignee* se indica la expresión «a la orden» *(to the order of)* u otra equivalente. Esta última opción es la que permite transferir la posesión de la mercancía mediante el correcto endoso del BL en virtud de las condiciones de la ley cambiaria y del cheque, una práctica muy extendida, combinada o no con medios de pago como el crédito documentario, que implica que la mercancía se vende en origen con transporte pagado hasta destino y que el destinatario original puede endosarla a otro siendo el endosatario último el que se convierte en el legítimo tenedor que puede reclamar la mercancía en destino.

El original u originales del BL son remitidos por la empresa vendedora –que actúa en el contrato de transporte como embarcadora o *shipper* (a quien la porteadora entrega en origen el juego completo de BL)– a la compradora en coordinación con la forma de cobro mediante crédito documentario, envío directo, agencia transitaria o valija en el buque.

En cualquier caso, la entrega del BL en origen de la empresa vendedora a la compradora (a la que, como legítimo tenedor, permite acceder a la mercancía en destino) produce en la práctica la entrega y transmisión de la posesión de la mercancía. Por ello resulta lógico que sea esta última la que asuma los riesgos desde el origen, pues al recibir el BL se convierte en ese momento en poseedora («virtual propietaria») de la mercancía.

Finalmente, existe otro tipo de conocimiento de embarque que no aglutina la función de título valor; se trata de la denominada «carta de porte marítimo» *(sea waybill)*. Dicho documento constituye un contrato de transporte con mandato a la naviera de entrega directa a la empresa destinataria tras su identificación en destino, sin necesidad de presentar el documento original de la carta de porte. De hecho, en ocasiones se emite únicamente un ejemplar para la empresa vendedora a modo de recibo, mientras que el resto de la documentación se sustituye por mensajes electrónicos *(express release* o *telex release)* entre las agencias transitarias y la naviera en origen y destino. La carta de porte marítimo suele utilizarse en operaciones de confianza y en transportes de corta extensión que exigen de una agilidad administrativa para que no se produzcan costos extraordinarios en el puerto de destino derivados de una demora en la presentación del BL.

3.3.2 Uso con otros medios de transporte distintos al marítimo y cartas de porte sin la propiedad de título valor

Las reglas Incoterms no limitan el uso de CPT al transporte marítimo en contenedor, sino que permiten aplicarla a cualquier modo o combinación de ellos. Así pues, el transporte en condiciones CPT es posible con dichos modos, aunque el documento en el que se formaliza el contrato de transporte no desempeñe la función de título valor. No obstante, esta combinación debe hacerse tras valorar previamente algunos aspectos relevantes:

- **En el transporte por carretera**
  El transporte por carretera es el modo de transporte en el que se produce una mayor negociación de las condiciones de contratación entre la parte cargadora (en condiciones CPT, la empresa vendedora) y la porteadora. En el transporte marítimo, aéreo y ferroviario, la cargadora suele adherirse a unas condiciones generales de contratación dictadas por la operadora de transporte o por una asociación de transportistas, por lo que, en la práctica, se acepta un contrato de adhesión.[7]

---

[7] Contrato en el que alguna de las partes solo puede aceptar o rechazar el pacto o convenio, sin disponer de capacidad para discutir o negociar su contenido.

Esta importante posibilidad de negociación se debe a las circunstancias del mercado, en el que la empresa cargadora suele tener un tamaño, si no mayor, al menos similar al de la porteadora, lo que permite negociar los términos del contrato sin imposiciones. En todo caso, es habitual que la cargadora los imponga mediante un proceso de selección de proveedores de transporte *(tender)* o por medio de una bolsa de cargas en internet. Además, la carta de porte se formaliza en el momento de la carga de la mercancía en el vehículo en distintos formatos y procedimientos (formularios autocopiativos, impresión desde un programa de gestión, etc.).

En este caso, la empresa cargadora (la parte vendedora) y la porteadora pueden acordar en el contrato de transporte algunos aspectos clave susceptibles de afectar negativamente a la compradora en caso de reclamación a la porteadora, dado que la entrega y la transmisión de riesgos se producen en origen, cuando se carga el camión. Algunos de ellos pueden ser:

- *Jurisdicción competente.* La normativa aplicable al contrato permite a las empresas cargadora y porteadora pactar la competencia de determinados tribunales o, como vía alternativa, de juntas arbitrales de transporte u órganos similares para resolver las reclamaciones derivadas del contrato.
- *Otros aspectos que pueden afectar a la empresa compradora:* conveniencia de acordar una declaración de valor, seguro, etc.

Supongamos el caso de una compañía española compradora en un contrato de compraventa con su proveedora alemana pactado en condiciones CPT Madrid y gestionado mediante transporte por carretera. La vendedora alemana en cumplimiento de sus obligaciones derivadas de esta regla contrata con una compañía rusa, y en la carta de porte CMR se incluye una cláusula de sometimiento a los tribunales de justicia de Moscú. Durante el transporte se pierde la mercancía, pero la operadora de transporte no atiende la reclamación de la compradora (como parte que soporta el riesgo) por lo que esta se verá obligada, en aplicación de lo pactado en el contrato de transporte, a reclamar en los juzgados moscovitas (esta vía de resolución seguramente no era conocida por la compradora, pero es la aplicable).

- **En otros modos de transporte**

En los modos ferroviario y aéreo, los contratos de transporte están predefinidos, esto es, regulados por la normativa correspondiente y formalizados en cartas de porte que emite la propia empresa porteadora (aerolínea o agente de carga IATA, operador ferroviario, etc.). Por consiguiente, no existe un gran margen de negociación (en todo caso, respecto al precio en función del volumen de contratación).

3.3.3   Coordinación de la descarga en destino con el contrato de transporte

En condiciones CPT, la descarga en el lugar de destino acordado es un costo que corresponde asumir a la empresa compradora, salvo que en el contrato de transporte se incluya como costo de la vendedora (en cuyo caso esta no puede reclamarlo a la primera). Esto suele ocurrir en el transporte multimodal contenerizado con fase marítima, pues las navieras acostumbran a trabajar en condiciones de línea regular *(liner terms),* lo que implica que el flete incluye la carga y descarga del contenedor mediante grúas portacontenedores en los puertos de embarque y destino. En el transporte aéreo suele procederse de manera similar, dado que el flete incluye la carga y descarga de la mercancía. En el resto de los modos pueden darse distintas situaciones:

- En el transporte por carretera para camión completo puerta a puerta, la regla CPT se cumple puesto que la empresa compradora lleva a cabo la descarga por defecto.
- El transporte ferroviario presenta un amplio abanico de posibilidades. Por ejemplo, en el transporte contenerizado, la tarifa que ofrece la operadora ferroviaria suele especificar las condiciones en que se recoge el contenedor en cada una de las estaciones. Así, son habituales fórmulas como:

  - Entrega sobre vagón *(delivery on wagon):* el costo del transporte no incluye la descarga en destino.
  - Entrega sobre terminal *(delivery on ground):* el costo del transporte incluye la descarga del contenedor desde el vagón portacontenedores hasta la terminal.
  - Entrega sobre camión *(delivery on road truck):* el costo del transporte incluye la descarga en la terminal y la carga en el camión que vaya a realizar el transporte posterior o acarreo en destino.

3.3.4   Otras consideraciones para el uso de CPT

- **Control de la cadena logística por la empresa vendedora**
Esta compañía controla el transporte y la cadena logística hasta destino, por lo que puede seleccionar la transportista más adecuada en función de la calidad del servicio y de su costo. En la medida en que aumenta su volumen de contratación, la vendedora puede asimismo beneficiarse de mejores condiciones comerciales.

   Esta regla es muy adecuada para la parte vendedora cuando se quiere acordar que las responsabilidades (obligaciones y costos) de esta acaben en la frontera (terminal) del país de la compradora. Esto es especialmente recomendable en todos aquellos casos en los que el país de destino o la operación presentan determinados riesgos y dificultades: primeras operaciones con un cliente o en un mercado (país), procedimientos aduaneros inseguros, infraestructuras de transporte deficientes, riesgos sociales o políticos, etc. En todos estos casos, mediante la regla CPT, la parte vendedora limita sus obligaciones hasta la terminal de llegada al país de destino y desde allí, la compradora podrá seguramente gestionar en mejores condiciones las especiales características de su mercado. En consecuencia, la gestión global de la operación se optimiza.

- **Costos de la empresa compradora en destino**
La regla CPT puerto de importación puede suponer a la empresa compradora, en el transporte marítimo contenerizado en régimen de grupaje (LCL), elevados costos en el puerto de destino para obtener el acceso a la mercancía. Esto sucede porque las agencias transitarias y las navieras, a fin de no liberar el contenedor hasta que sean totalmente satisfechos los créditos pendientes sobre él por costos en puerto, etc., se acogen al derecho de retención que se estipula en el clausulado del BL. En numerosas ocasiones esos costos resultan muy onerosos en proporción a la fase o fases de la cadena logística que representan. Estas situaciones se atribuyen al carácter abusivo de ciertas tasas, conceptos y componentes de costos no normalizados que aplican algunas agencias transitarias y operadoras como condición de acceso a la mercancía.

   La mejor forma de evitar estos problemas es pedir, antes de cerrar la operación, una cotización absolutamente detallada (en la que no solo se indican los importes asociados a determinados componentes sino el importe de todos aquellos que pudiesen existir, por ejemplo, el costo de una posible revisión de escáner, etc.), de forma que se impida una aplicación posterior de tarifas abusiva.

Las empresas compradoras pueden optar por aplicar la regla FCA (o FOB) puerto de exportación para conocer con seguridad, antes de contratar el transporte desde origen hasta sus instalaciones, los costos que deben soportar, alternativa que permite reducirlos notablemente.

Otra posibilidad es que cada parte solicite cotizaciones puerta a puerta totalmente desglosadas y que intercambie esta información para seleccionar el mejor servicio al menor costo. A continuación, debe determinarse la regla Incoterms convenida y comunicar a la agencia transitaria los costos que asume cada parte. En todo caso, esta renegociará el precio en función de su conveniencia (gestión de cobro y aplazamiento de pago, riesgo de impago, confianza en el cobro en destino, gastos de representación ante la aduana, etc.), pero las empresas vendedora y compradora habrán evitado en gran medida que se eleven excesivamente los importes de algunos conceptos porque la parte que debe asumirlos no tiene posibilidad de elección (como ocurre habitualmente con la compradora en condiciones CPT puerto de destino o CFR puerto de destino en los casos de grupaje, LCL).

- **La empresa vendedora ofrece un alto nivel de servicio**
  Al colocar la mercancía en el país de la empresa compradora, la vendedora facilita en gran medida la gestión de la fase final de la cadena logística internacional.

- **Seguro de transporte**
  Como ya se dijo, una de las singularidades de las reglas Incoterms del grupo C es que la entrega se produce en origen, por lo que, salvo que se exprese otro acuerdo, la empresa compradora asume los riesgos del transporte desde que la vendedora pone la mercancía a disposición de la primera empresa transportista en sus propias instalaciones (cuando se carga en el primer vehículo, similar a FCA).

  Por lo tanto, es aconsejable que la compradora valore la conveniencia de contratar un seguro que cubra estos riesgos. En este caso, la empresa vendedora está obligada (a solicitud, riesgo y cargo de la compradora) a facilitar la información necesaria para que la compradora pueda contratar el seguro: número de bultos, embalaje, modos de transporte y transportistas hasta destino, ruta, datos de los vehículos, etc.

Como alternativa a la contratación del seguro por la compradora, se puede acordar la regla CIP mismo lugar, en virtud de la cual la vendedora debe contratar un seguro que cubra los riesgos de la compradora.

- **Documentación y prueba de entrega**
  Si así se acuerda o es costumbre, la empresa vendedora debe probar la entrega proporcionando a la compradora el documento o documentos de transporte referidos al contrato, que han de estar fechados en el plazo de carga o embarque convenido y en los que debe indicarse la mercancía. El documento debe permitir a la empresa compradora reclamar la mercancía a la porteadora. Cuando dicho documento es negociable (en el caso del BL emitido a la orden), debe presentarse el juego completo de originales. Además, la vendedora ha de notificar a la compradora que ha entregado la mercancía al ponerla a disposición de la empresa transportista contratada. Esta regulación del documento de entrega es diferente en los modos de transporte contratados:

  - *Contratación de transporte marítimo en contenedor con BL.* La empresa vendedora debe remitir a la compradora (si procede, mediante la intervención de los bancos en un crédito documentario) el juego completo de originales correctamente emitidos (nominativos, a la orden, etc.) que le permitan reclamar la entrega del contenedor en destino. Las indicaciones para el BL son asimismo válidas para el conocimiento FIATA negociable para el transporte multimodal (FBL).
  - *Contratación de otro modo de transporte distinto al marítimo con BL.* Las cartas de porte emitidas no funcionan como título valor, por lo que no permiten el endoso, es decir, no son documentos negociables. La empresa porteadora acostumbra a entregar un primer ejemplar (el que sirve de recibo y prueba del contrato) a la vendedora, y suelen presentarse otros dos ejemplares a la destinataria para su firma, uno de los cuales queda en poder de la porteadora como prueba de la entrega en destino.

- **Documentación del transporte y medio de pago documentario**
  Pueden distinguirse dos situaciones: transporte en contenedor con fase marítima y transporte en los demás modos. En el primer caso, en condiciones CPT la empresa vendedora entrega en origen, pero debe contratar el transporte hasta el puerto de destino, por lo que la documentación debe probar el cumplimiento de ambas obligaciones. De esta manera, esta regla se adapta a

la práctica habitual de los créditos documentarios, que consiste en exigir, en virtud de las reglas UCP 600, el juego completo de originales del contrato de transporte. Normalmente, se requiere un BL embarcado emitido en determinadas condiciones que incluyen estipulaciones concretas: fecha de embarque (que no supere la fecha máxima del crédito documentario), indicación de flete prepagado *(prepaid),* emitido por determinada empresa porteadora, puertos de origen y destino, descripción de la mercancía y regla Incoterms convenida. A veces se exige que en el BL aparezca el número de factura o el número de crédito documentario u otros datos específicos de la operación.

Las condiciones formales que ha de cumplir el BL han de haber sido pactadas en el condicionado del crédito documentario y deben equilibrar dos aspectos: por un lado, que la empresa compradora tenga la seguridad de que, con la presentación de esa documentación, podrá acceder a la mercancía comprada (juego completo de originales nominativo o a la orden, convenientemente endosado, con frecuencia al banco de la importadora); y, por otro lado, que a la empresa vendedora le sea posible obtenerla, pues, en caso contrario, no podrá presentarla al banco para cobrar. Esta última, dado que contrata el transporte marítimo, ha de comunicar a la agencia transitaria los requisitos formales que debe cumplir el BL según las exigencias del crédito.

Al unificar ambas obligaciones (la entrega en origen y la contratación y el pago del transporte hasta el puerto de destino), se dilata el proceso de obtención de la documentación respecto al momento de la entrega (desde las instalaciones de la vendedora hasta el embarque sobre el buque). Esto se debe a que la empresa vendedora ha de cumplir con la segunda obligación de la regla CPT, que consiste en contratar y asumir el transporte y permitir que la compradora acceda a la mercancía en destino.

Sin embargo, como ya se ha dicho, lo ideal es que el crédito documentario exija los documentos que prueben el cumplimiento de las obligaciones de la empresa vendedora para que se genere así su derecho al cobro mediante su presentación. Se trata de solicitar, en el crédito documentario, un documento que pruebe la entrega en origen y el contrato de transporte por parte de esta, por lo que sería perfectamente válido (y seguramente más adaptado a la correspondencia entre entrega y documento exigido en el crédito documentario) el requerimiento de un BL multimodal (desde el almacén de origen al puerto de destino), que se emita previamente al embarque de la mercancía, cuando la empresa porteadora se hace cargo de ella en el almacén de la vendedora.

3.4 Conclusiones

CPT es una regla de extendido uso (aunque menor que CFR) que, según las recomendaciones de las reglas Incoterms, debe aplicarse todavía con más frecuencia en las operaciones de transporte en contenedor en sustitución de CFR. De hecho, la diferencia fundamental entre ambas radica en que, en condiciones CPT, la empresa vendedora lleva a cabo la entrega y la transmisión de riesgos en sus instalaciones, mientras que la regla CFR estipula que esto tiene lugar cuando el contenedor se carga a bordo del buque portacontenedores en el puerto de embarque.

Por lo tanto, la regla CPT resulta muy adecuada para operaciones de transporte multimodal en contenedor con fase marítima, tanto de cargas completas (FCL) como de cargas fraccionadas o grupaje (LCL), en las que se desee utilizar el BL para transferir la posesión de la mercancía o gestionar el cobro de la operación mediante pago documentario (crédito documentario, remesa documentaria o similar).

También se puede utilizar esta regla con los demás modos de transporte (por ejemplo, en transporte en camión completo puerta a puerta). Sin embargo, en estos casos la carta de porte no desempeña la función de título valor, y la empresa compradora se ve obligada a soportar los riesgos del transporte sin haber intervenido en su contratación, por lo que las reclamaciones que le corresponda realizar pueden estar influenciadas por los términos de dicha contratación.

Así pues, con la excepción de las operaciones de transporte multimodal en contenedor con fase marítima, parece más lógico hacer coincidir el punto hasta el que las empresas vendedora y compradora contratan y asumen el transporte con el punto de entrega, como estipulan tanto FCA como DAP, DPU y DDP. Otra alternativa es pactar la regla CIP, similar a CPT, en la entrega y la transmisión de riesgos, pues la primera, a diferencia de la segunda, incluye un seguro que debe contratar la empresa vendedora para cubrir precisamente los riesgos del transporte que soporta la compradora.

4 CIP *(carriage and insurance paid to),* transporte y seguro pagados hasta

4.1 Descripción general y entrega

La regla CIP difiere únicamente de CPT en que la empresa vendedora está obligada a contratar un seguro que cubra los riesgos de la mercancía en su transporte que soportará la compradora desde la entrega. A esta regla le es, pues, aplicable el análisis realizado sobre CPT, por lo que su descripción se centrará en esta particularidad.

El valor CIP/CIF coincide con la base de cálculo del valor en aduana (base imponible para la aplicación del arancel de tipo porcentaje o *ad valorem)* más extendida a escala internacional[8] (siguiendo la propuesta de la Organización Mundial de Aduanas).

Redacción genérica

CIP (lugar de destino designado). Incoterms 2020.

Ejemplos de redacción

- CIP terminal Pasir Panjang, puerto de Shanghái, Shanghái. China. Incoterms 2020.
- CIP terminal Tecon, puerto de Santos, São Paulo. Brasil. Incoterms 2020.
- CIP terminal SPRBUN, puerto de Buenaventura. Colombia. Incoterms 2020.

4.2 Principales obligaciones y costos

- **Obligaciones de la empresa vendedora**
  1. Suministrar la mercancía acordada en el contrato de compraventa (una vez verificada y comprobada su calidad) en el plazo acordado, embalarla apropiadamente para su transporte y marcar el embalaje de forma adecuada (resulta muy conveniente que estos dos aspectos se hayan especificado en el contrato de compraventa).

---

[8] Aún así, hay países como Estados Unidos o Australia que usan la base FOB para determinar el valor en aduana y aplicar los aranceles en formato *ad valorem.*

CPT/CIP por carretera

La empresa vendedora transmite los riesgos a la compradora al poner la mercancía a disposición de la empresa transportista contratada por la vendedora. En caso de que el transporte sea llevado a cabo por varias empresas transportistas (transporte multimodal), los riesgos se transmiten al entregar la mercancía a la primera de ellas. En condiciones CIP, los riesgos a partir de este punto deben estar cubiertos por el seguro contratado por la empresa vendedora, en los términos estipulados por la regla Incoterms.

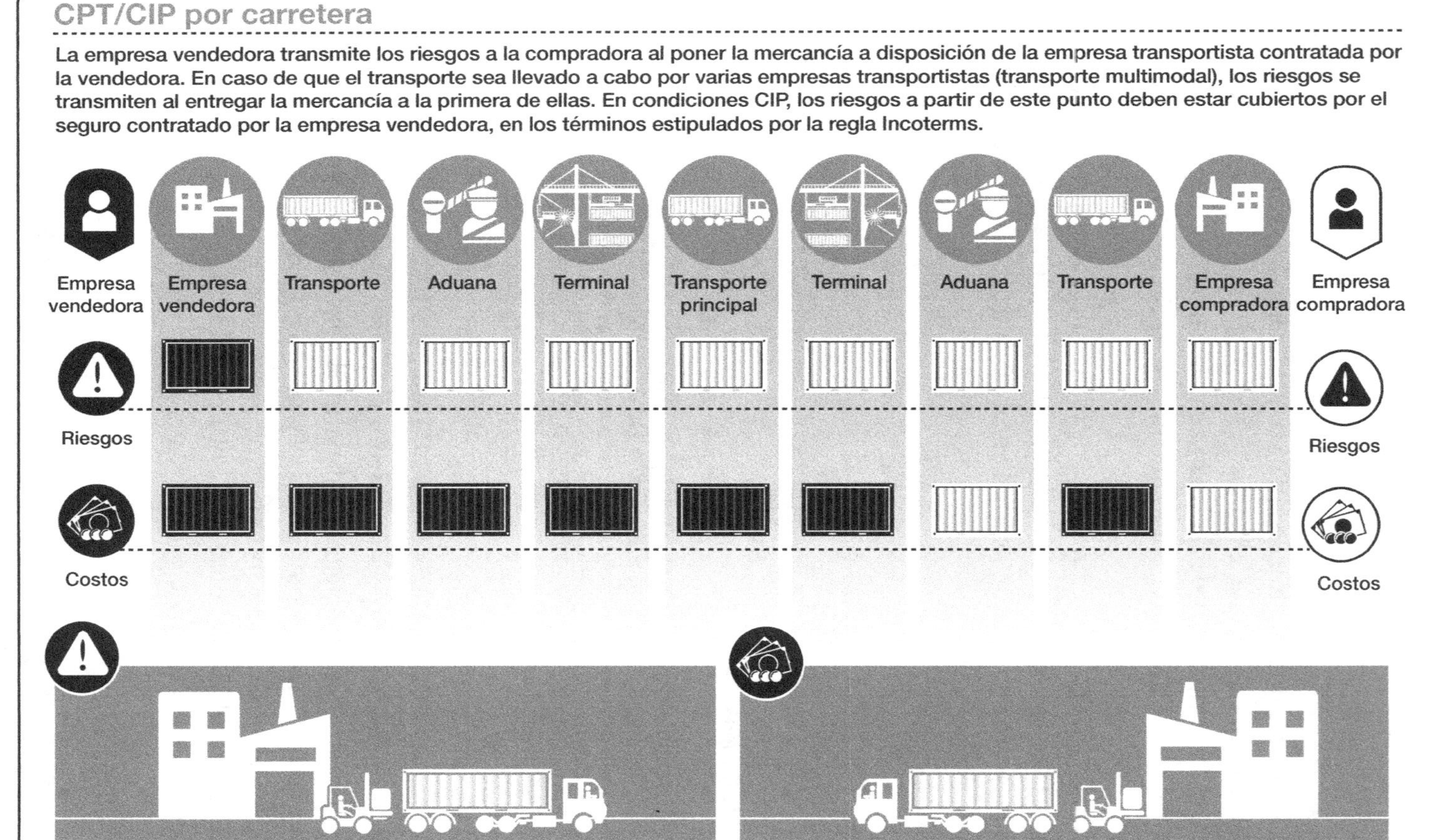

La empresa vendedora debe asumir los costos del transporte por carretera hasta el lugar designado (normalmente, el almacén de la empresa compradora), si bien la entrega y la transmisión de riesgos a la compradora tienen lugar al cargar la mercancía sobre el vehículo de la empresa transportista en sus instalaciones.

La empresa vendedora asume el costo del transporte hasta situar la mercancía en el lugar de destino designado. Los costos de descarga corresponden a la empresa compradora, a menos que el contrato de transporte de la vendedora los incluya.

2. Suministrar la factura comercial y el resto de la documentación acordada en el contrato de compraventa (como una prueba de conformidad).

3. Avisar a la compradora de que se ha realizado la entrega y de cualquier otro requerimiento que le permita proceder a la recepción de la mercancía.

4. Contratar y pagar el transporte hasta el lugar de destino designado y cumplir con cualquier requisito de seguridad relacionado con dicho transporte (por ejemplo, el peso bruto verificado del contenedor o VGM).

5. Despachar de aduana de exportación (si lo requiere la operación) y sus gestiones y costos asociados: licencias, acreditación de seguridad e inspecciones (circuito rojo tras la presentación de la declaración aduanera, inspecciones específicas por razón de la mercancía, como las fitosanitarias, sanitarias, farmacológicas, de seguridad, etc.). Asimismo, debe prestar a la compradora la ayuda necesaria para obtener la información y los documentos (a cargo de esta) que pueda requerir para gestionar el despacho de importación (y, en su caso, en los países de tránsito), como licencias, certificaciones o inspecciones.

6. Si la parte vendedora soporta costos de descarga en el lugar de destino convenido, no puede reclamarlos a la compradora (es el caso del transporte marítimo de contenedor en el que la contratación del flete incluye la descarga del contenedor en la terminal de destino).

7. Contratar y pagar, en las condiciones estipuladas por la regla Incoterms, un seguro que cubra los riesgos de la mercancía respecto al transporte que son soportados por la compradora desde el momento de la entrega en origen (por lo tanto, asume la función de tomadora en dicho contrato pues ella es quien contrata y paga el contrato de seguro). Esta es la nueva obligación de la parte vendedora en CIP que no tenía en CPT y que se comentará con detalle más adelante.

- **Obligaciones de la empresa compradora**
  1. Pagar el precio de la mercancía, conforme se haya pactado en el contrato de compraventa (hay que recordar que el medio de pago no lo regula la regla Incoterms).

  2. Proceder a la recepción de la mercancía; por lo tanto, recibirla de la empresa transportista contratado por la vendedora en el lugar de destino designado en la regla Incoterms.

  3. Organizar, gestionar y costear el resto de las operaciones de la cadena logística posteriores a la entrega de la mercancía: en la terminal o lugar

de destino designado (incluyendo la descarga del vehículo de llegada, sea camión, buque, o cualquier otro), despacho de importación en el país de destino (y, en su caso, en países de tránsito), transporte final y descarga.

4.3 Consideraciones para un uso eficaz

La empresa vendedora debe contratar un seguro de cobertura de los riesgos de la mercancía durante su transporte que cumpla las siguientes condiciones:

- **Cobertura mínima**
  Debe corresponderse con la modalidad A de las cláusulas ICC *(Institute Cargo Clauses)* del Instituto de Aseguradores de Londres u otras similares. Esta es una de las novedades de las reglas Incoterms 2020, pues hasta la versión 2010 la cobertura obligatoria para CIP era la modalidad C. Las cláusulas ICC, que son las de mayor aceptación e implantación a escala internacional, adoptan tres modalidades (A, B y C) que cubren los siguientes riesgos:

  - **Modalidad C.** Es la de menor cobertura. Incluye incendio, explosión, varada, embarrancada, hundimiento, naufragio, abordaje o colisión, descarga en puerto, refugio y vuelco, echazón, descarrilamiento y sacrificio en avería gruesa.
  - **Modalidad B.** Se trata de una cobertura intermedia que, a los riesgos indicados en la modalidad C, añade arrastre por las olas, entrada de agua de mar, pérdida de bultos durante la carga o descarga, daños causados por rayo, terremotos y erupciones volcánicas.
  - **Modalidad A.** Cubre cualquier riesgo de pérdida o daño, salvo ciertos riegos excluidos expresamente como dolo del asegurado, pérdida de peso o volumen normales, desgaste, embalaje y acondicionamiento inadecuados, vicio propio, demoras, insolvencias, radiactividad, guerra y huelgas e innavegabilidad.

- **Coberturas adicionales mediante acuerdo**
  A pesar de que la cobertura A es la más alta de las tres modalidades, es habitual (y recomendable) que las empresas pacten aumentarla incluyendo otros

riesgos como guerra y huelgas, además de algunos específicos de cada tipo de mercancía y operativa. En este caso, el costo de las coberturas adicionales, que supondrá una mayor prima a pagar por la vendedora, se traslada a la compradora mediante un mayor precio.

- **Calidad y servicio de la compañía aseguradora**
A fin de cumplir los requisitos estipulados en la regla Incoterms acordada, conviene contratar el seguro con una compañía ampliamente implantada y experimentada en el mercado, especializada en el seguro de transportes y con presencia en los países de origen o destino. Téngase en cuenta que la normativa reguladora del contrato de seguro no está normalizada con un convenio internacional, sino que difiere de un país a otro. En algunos países, para poder reclamar un seguro, este debe haber sido contratado con una empresa local (establecida en el país de la reclamante).

  La contratación con una aseguradora determinada puede pactarse y concretarse en el contrato de compraventa y tener su reflejo en las condiciones del crédito documentario, si se ha usado este medio de pago (exigiendo una póliza o certificado emitido por la misma). El seguro debe permitir, tanto a la empresa compradora como a otras partes interesadas, reclamar directamente a la compañía aseguradora. Entre las otras partes interesadas puede estar, por ejemplo, la vendedora hasta el momento de la entrega de la mercancía (entonces se le puede endosar la póliza de seguro a la compradora configurándola como asegurada desde ese momento) o también una tercera compañía a la que se haya vendido la mercancía mediante endoso del conocimiento de embarque e igualmente se le endose el seguro cuando se le transfiera el riesgo.

- **Cobertura del valor asegurado**
El valor asegurado, definido como el límite máximo de la indemnización que debe pagar la compañía aseguradora en caso de siniestro, debe cubrir al menos el 110 % del precio de compraventa y contratarse en la misma moneda del contrato que la fije. Este concepto se corresponde con el valor del interés que se asegura (por ejemplo, el de la mercancía transportada).

  Dado que la empresa vendedora debe incluir en el propio precio el costo del seguro, se puede calcular con una sencilla operación matemática:

$$\text{Valor asegurado} = 1{,}1 \times [(1 + c) \times \text{CPT}].$$

Donde:

- CPT: valor de la mercancía en condiciones CPT.
- *c:* tanto por uno del coeficiente de la prima de seguro aplicable a la operación.

> **Ejemplo de cálculo del costo del seguro**
>
> Si el precio de venta de la mercancía en condiciones CPT es de 200.000 € y la compañía aseguradora ha cotizado la prima en el 0,75 % del valor asegurado, puede obtenerse como sigue el valor asegurado que incluya el valor CPT más el seguro y el 110 % que estipula la regla Incoterms (110 % CIP):
>
> $$VA = 1,1 \times [(1 + 0,0075) \times 200.000] = 221.650 \ €.$$
>
> De este modo, el importe de valor asegurado 221.650 € incluye el valor de la mercancía, el seguro y el 110 % del importe acumulado anterior, es decir, el 110 % del valor CIP.

- **Fases del transporte cubiertas por el seguro**

  El seguro debe cubrir los riesgos de la mercancía durante su transporte desde el punto geográfico en que se produce la entrega (en transporte multimodal con varias empresas porteadoras, en el momento en que la vendedora pone la mercía a disposición de la primera, es decir, desde la carga del contenedor en sus instalaciones, similar a la entrega en condiciones FCA) hasta, como mínimo, el lugar de destino designado, es decir, aquel lugar hasta el que la empresa vendedora contrata y asume el transporte (por ejemplo, el puerto de destino).

  En el momento de edición de este libro (2020), las reglas Incoterms más habituales en combinación con el tráfico de contenedores son FOB y CIF. El paso de CIF a CIP es relativamente sencillo (teniendo en cuenta que se debe elevar la cobertura mínima, establecida en la modalidad C en CIF) y ajusta mejor la operación por cuanto sincroniza la entrega por parte de la empresa vendedora con el momento hasta el que controla la mercancía. Por todo ello, se espera que la regla CIP sustituya progresivamente a CIF en operaciones de transporte en contenedor.

  En virtud de ambas reglas (CIP y CIF), la cobertura se inicia en el momento de la entrega, pero mientras que en condiciones CIP el seguro debe cubrir el transporte desde las instalaciones de la vendedora, en condiciones CIF ha de hacerlo desde que la mercancía se carga a bordo del buque. Por lo tanto, si se opta por pasar de CIF a CIP, la vendedora debe adaptar su cobertura para que incluya las fases del transporte a partir del momento de entrega a la primera transportista, tal como estipula la segunda regla.

- **Prueba del contrato de seguro y reclamación directa de la compradora**
La formalización del contrato de seguro debe hacerse por escrito y se concreta en la correspondiente póliza, que comprende condiciones generales y particulares. Las primeras son comunes para todas las pólizas del mismo ramo o sector (transporte, vida, automóvil, etc.) e incluyen los aspectos del seguro relativos a definiciones, objeto y extensión del mismo, coberturas generales, etc. Un ejemplo de ello en el sector del transporte son las cláusulas generales de cobertura ICC.

  Completan la póliza las condiciones particulares, en las que se indican las partes del contrato de seguro (tomadora, asegurada y beneficiaria) y el valor asegurado, y se amplían y concretan las coberturas de riesgo de las condiciones generales en función de las características específicas de la operación (por ejemplo, un transporte de productos congelados debe incluir la cobertura de riesgo de rotura del equipo productor de frío del vehículo, camión o contenedor en que se vaya a transportar la mercancía).

  Junto con la póliza completa suele solicitarse a la compañía aseguradora la emisión de un certificado de seguro que pruebe su existencia y en el que deben figurar el número de póliza y la cobertura contratada (cláusulas de cobertura, riesgos y valor asegurado). Es indispensable que la empresa compradora pueda reclamar directamente a la aseguradora. Al respecto debe tenerse en cuenta que la póliza de seguro puede ser nominativa (a nombre de la compradora), a la orden (de la vendedora que se la cede por endoso o directamente de la compradora) o al portador (cediéndole el derecho a reclamar a la aseguradora al entregar el certificado de seguro).

- **Documentación probatoria del seguro y medio de pago documentario**
A las indicaciones relativas a la regla CPT, en condiciones CIP suele añadirse, en los medios de pago documentarios, la presentación del certificado de seguro que prueba su contratación en las condiciones pactadas:

  - Parte y valor asegurados.
  - Coberturas contratadas.
  - Fases del transporte cubiertas.
  - Fecha de emisión que prueba la vigencia del seguro desde el lugar de entrega, etc.

Todas ellas deben ser conformes a los requisitos del artículo 28 de las reglas UCP 600 respecto de los documentos de seguro y sus coberturas. Estos requisitos exigen, entre otros aspectos, que dicho documento (póliza o certificado, según se haya concretado en el condicionado del crédito): debe estar emitido y firmado por una compañía aseguradora o sus agentes (la firma de un agente debe indicar que es por cuenta de la aseguradora); si se ha emitido en varios originales, deben presentarse todos; ha de indicar el importe asegurado (110 % del valor CIP o CIF) y estar expresado en la misma moneda del crédito; su fecha de emisión no debe ser posterior a la fecha de embarque, etc.

- **Información a la empresa compradora para seguro adicional**
  La vendedora debe proporcionar a la compradora, a solicitud de esta y a su cargo, toda la información necesaria para contratar seguros adicionales que cubran, por ejemplo, trayectos posteriores al lugar de destino acordado (como los realizados desde el puerto de destino) o que permitan a la empresa compradora, en el caso de que la vendedora se limite a contratar la cobertura obligatoria ICC modalidad A, suscribir coberturas de riesgos adicionales (guerra, huelgas, etc.).

4.4 Conclusiones

CIP se configura como una regla idónea para todas las operaciones en las que también se pueda o se recomiende usar CPT, con el añadido de que se entrega la mercancía con un seguro de transporte, lo que puede ser un aspecto a valorar por la parte compradora. Dicho esto, debe también tenerse en cuenta que la contratación de un seguro está sujeta a múltiples factores que pueden suscitar controversias en ámbitos en los que se espera seguridad, como indeterminación de la cobertura, incertidumbre respecto de los términos del contrato, leyes nacionales que puedan interferir en el proceso de reclamación a la compañía aseguradora, manera en que se determina la indemnización y se materializa su pago, etc.

Por todo ello, en el caso de que no se confíe plenamente en el cumplimiento de la función objeto del seguro, existe la opción de aplicar la regla CPT y que sea la empresa compradora la que suscriba una póliza en las condiciones que considere más convenientes, de modo que asuma las funciones de tomadora, asegurada y beneficiaria de dicho seguro.

5   DAP (delivered at place), entregada en lugar

5.1   Descripción general y entrega

La regla DAP fue (junto con la eliminada DAT) una de las novedades introducidas en la versión de 2010 de las reglas Incoterms en sustitución de la desaparecida DDU *(delivery duty unpaid* o entregada derechos no pagados). En estas condiciones, la entrega y la transmisión de riesgos por parte de la empresa vendedora se produce cuando la mercancía se pone a disposición de la compradora sobre el medio de transporte sin descargar en el lugar de destino designado, de modo que la primera asume todos los costos y riesgos del transporte hasta dicho punto.

Así pues, resulta crucial determinar de forma muy exacta el lugar designado *(place)*, pues solo en función del mismo se puede determinar el alcance de esta regla Incoterms, que puede ofrecer una gran polivalencia. Por ejemplo, si se trata de una operación de transporte en contenedor marítimo, en caso de pactarse DAP puerto de destino, la vendedora paga el transporte y soporta costos hasta que el contenedor llega al puerto de destino (sin ni siquiera descargarse del buque de llegada). Para esta misma operación, si se pacta DAP almacén del cliente, a los riesgos y los costos indicados antes se añadirían los costos de paso por la terminal portuaria (manipulación, tasas, etc.) y los de transporte hasta el almacén de destino. La entrega se produce allí sin descargarse del vehículo de llegada.

En todo caso DAP se utiliza más habitualmente en operaciones en las que el lugar designado está situado más allá de la terminal de entrada al país de destino (más típico de combinaciones con CPT y CIP o sus variantes CFR y CIF) y suele concretarse con el almacén de la compradora en destino u otro lugar.

Por lo tanto, esta regla suele acordarse cuando la empresa vendedora asuma los costos, el transporte y los riesgos ya en el país de la compradora (en el caso de una operación internacional). De ello se derivan importantes implicaciones a efectos fiscales y de control, especialmente cuando se requieren despachos de aduanas.

Dado que la empresa vendedora asume los costos y los riesgos del transporte hasta destino, conviene especificar claramente este punto, ya que puede corresponder a las instalaciones de la compradora, el almacén de un operador logístico contratado por esta, las instalaciones de una compañía cliente de la compradora, etc. En el caso de que la vendedora contrate el transporte u operaciones accesorias que excedan de lo indicado por la regla Incoterms convenida (por ejemplo, la descarga de la mercancía en el lugar de destino), no puede reclamar los costos adicionales a la compradora, por lo que conviene que la primera formalice contratos de transporte que se adecuen exactamente a sus obligaciones.

Suponiendo que el lugar designado es un punto interior en el país de la compradora, la vendedora debe asumir como costo y riesgo tanto el transporte hasta el país de destino, la estancia y la manipulación de la mercancía en la terminal de destino (puerto, estación ferroviaria o aeropuerto) como los costos posteriores, que suelen consistir en otra fase de transporte (por carretera o en combinación con otros modos) hasta el lugar de destino designado. Al asumir dichos riesgos, la empresa vendedora:

- Es la parte que debe reclamar a la transportista (si procede) en caso de pérdida o daño de la mercancía durante el transporte.
- Debe plantearse, pese a no estar obligada a ello, la conveniencia de contratar un seguro que cubra los riesgos de la mercancía durante su transporte.

En cuanto a los despachos de aduanas (en caso de ser necesarios), se sigue el criterio general: la empresa vendedora despacha de exportación y la compradora, de importación. En este sentido, la gestión del despacho de importación por la compradora en condiciones DAP es esencial para el cumplimiento de la regla Incoterms por parte de la vendedora.

Redacción genérica

DAP (lugar de destino designado). Incoterms 2020.

Ejemplos de redacción

- DAP 140, Gloucester Road, Wanchai, Hong Kong. China. Incoterms 2020.
- DAP Rua Hungría, s/n, Andar, Jardim Europa, São Paulo. Brasil. Incoterms 2020.
- DAP nave A1, parque industrial del Cauca, Cali. Colombia. Incoterms 2020.

5.2   Principales obligaciones y costos

- **Obligaciones de la empresa vendedora**
  1. Suministrar la mercancía acordada en el contrato de compraventa (una vez verificada y comprobada su calidad) en el plazo acordado, embalarla

DAP

La empresa vendedora asume los costos y riesgos hasta situar la mercancía en el lugar de destino designado sin descargarla del vehículo de llegada. El costo del despacho de importación corresponde a la empresa compradora.

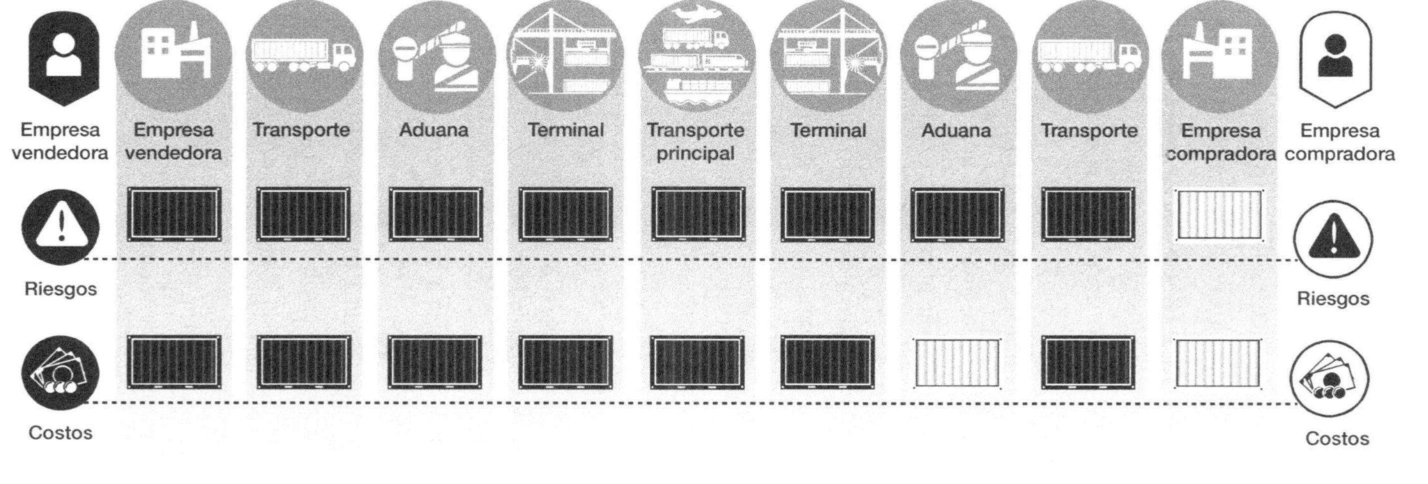

La empresa vendedora debe asumir los costos y riesgos hasta entregar la mercancía en el lugar de destino designado (almacén, terminal, plataforma, etc.), sin descargarla del vehículo de llegada. A partir de este punto, los costos y riesgos corresponden a la empresa compradora.

apropiadamente para su transporte y marcar el embalaje de forma adecuada (resulta muy conveniente que estos dos aspectos se hayan especificado en el contrato de compraventa).

2. Suministrar la factura comercial y el resto de la documentación acordada en el contrato de compraventa (como una prueba de conformidad).

3. Avisar a la compradora de que puede recibir la mercancía.

4. Contratar y pagar el transporte (o gestionarlo con sus propios medios) hasta el lugar de destino designado y cumplir con cualquier requisito de seguridad relacionado con dicho transporte (por ejemplo, el peso bruto verificado del contenedor o VGM, etc.).

5. Despachar de aduana de exportación (si lo requiere la operación) asumiendo sus gestiones y costos asociados: licencias, acreditación de seguridad e inspecciones (circuito rojo tras la presentación de la declaración aduanera, inspecciones específicas por razón de la mercancía, como las fitosanitarias, sanitarias, farmacológicas, de seguridad, etc.). Asimismo, debe prestar a la compradora ayuda para obtener la información y los documentos (a cargo de aquel) que pueda necesitar para gestionar el despacho de importación (y, en su caso, en los países de tránsito) como licencias, certificaciones o inspecciones.

6. Si la vendedora soporta costos de descarga en el lugar de destino convenido, no puede reclamarlos a la compradora.

- **Obligaciones de la empresa compradora**
    1. Pagar el precio de la mercancía, conforme se haya pactado en el contrato de compraventa (hay que recordar que el medio de pago no lo regula la regla Incoterms).

    2. Proceder a la recepción de la mercancía; por lo tanto, recibirla de la transportista contratada por la vendedora (también puede haberse realizado con sus medios propios) en el lugar de destino designado en la regla Incoterms.

    3. Despachar de importación (gestiones e impuestos) así como ofrecer ayuda sobre cualquier información o documento que la vendedora le solicite para realizar los despachos de aduana de exportación (y, en su caso, en los países de tránsito).

    4. Descargar la mercancía del vehículo de llegada en el lugar de destino designado en la regla Incoterms.

5.3   Consideraciones para un uso eficaz

5.3.1   Aplicación al transporte por carretera sin despacho aduanero

Las condiciones DAP son muy adecuadas para el transporte en camión completo puerta a puerta y el grupaje (por ejemplo, mercancía paletizada), pues la empresa vendedora efectúa la carga en origen con sus medios y la compradora descarga la mercancía en destino con los suyos propios, lo que coincide con lo estipulado expresamente o por defecto por las normas que regulan estos contratos a escala nacional e internacional.

En las áreas que no requieren despacho aduanero, la aplicación de la regla DAP coincide con la fórmula de porte pagado, en virtud de la cual la empresa vendedora contrata y asume el transporte y sus riesgos hasta destino. De esta manera, puede negociar las condiciones del contrato de transporte relativas, por ejemplo, a la jurisdicción (tribunales o instancias arbitrales competentes, declaración de valor, etc.) para ajustar el contrato a las necesidades de la operación y ganar así seguridad jurídica en caso de tener que reclamar a la operadora de transporte.

5.3.2   Aplicación a operaciones internacionales y a transportes multimodales

La aplicación de DAP en estas circunstancias presenta algunos inconvenientes para la empresa vendedora:

- **Dependencia de la empresa compradora en el despacho de importación**
  En las operaciones con despacho aduanero, para que la vendedora pueda gestionar y cumplir con sus obligaciones en el país de destino (transporte hasta el lugar de destino), se requiere que esta gestione el despacho de importación al entrar en el territorio aduanero de dicho país porque, si surge algún problema aquí, la mercancía puede quedar retenida en la aduana de la terminal de destino (puerto, aeropuerto, etc.) generando costos.

  Entre los costos más típicos que pueden aplicarse en estos casos para operaciones de transporte en contenedor, destacan las ocupaciones y las demoras. Las ocupaciones son el recargo que se aplicará a la empresa cargadora que suscribe el contrato de transporte cuando se sobrepasa el tiempo que la terminal del puerto (en este caso de importación) ofrece por defecto (por ejemplo, siete días), mientras que las demoras son el recargo que se le aplicará cuando se sobrepasa el tiempo que la naviera le ofrece para disponer del contenedor. Una vez sobrepasados los plazos ofrecidos, se generan recargos por demoras y ocupaciones que, según el contrato de transporte, se atribuirán a la cargadora (en este caso la vendedora). Las cotizaciones marítimas debieran (y normalmente así lo hacen) incluir información al respecto de los plazos concedidos y cómo se aplicarán los recargos; por ejemplo, siete días libres de estancia en terminal y sobrepasado ese plazo se aplicarán 20 €/$ por día de ocupación por contenedor de 20 pies.

Además de cargarse estos costos extraordinarios, también se incrementa el riesgo, pues obviamente cualquier retraso o estancia más larga del contenedor en la terminal puede tener efectos adversos sobre el estado de la mercancía.

Así pues, estos costos tienen dos implicaciones diferentes:

a) En base a los contratos de transporte, estos costos seguramente deberán ser asumidos (en un primer momento) por la empresa vendedora, aunque su origen sea un incumplimiento de la compradora. Habría que analizar las condiciones del contrato de transporte para determinar con exactitud su alcance (el detalle al respecto en la cotización marítima).

b) Considerando la regla Incoterms, DAP indica que los costos (véase B9, e) y los riesgos (véase B3, a) por esta circunstancia serán asumidos por la parte compradora.

En la práctica esto supone que los costos extraordinarios los pague en primera instancia la parte vendedora que luego puede repercutirlos (lo que puede no ser fácil) a la compradora.

Por otro lado, algunas compañías importadoras aprovechan estas circunstancias para forzar una rebaja en el precio que las exportadoras acaban aceptando como solución «negociada» con un mal menor.

- **Asunción de costos adicionales en destino**
  En las operaciones de transporte multimodal (generalmente contenerizado) en condiciones DAP, lo habitual es que el lugar de destino no se corresponda con la terminal (puerto, estación ferroviaria o aeropuerto) a través de la cual la mercancía accede al país importador, por lo que la compañía exportadora debe contratar y asumir unos servicios en destino sometidos a impuestos que

difícilmente está en condiciones de deducirse, así como a regulaciones desconocidas. Por todo ello, la gestión de dichos servicios resulta más compleja para la vendedora que para la compradora, que se encuentra en mejores condiciones para realizarlos por su situación geográfica y mayor conocimiento de los trámites en su propio país. De ahí que estas operaciones requieran una minuciosa valoración tanto del mercado de destino como del servicio y la experiencia que puedan ofrecer en él las agencias transitarias.

- **Inseguridad en las operaciones efectuadas en destino**
  Esta regla solo debe acordarse cuando la empresa vendedora tenga la certeza de que los medios y servicios logísticos en destino (infraestructuras, carreteras, vehículos, etc.) se encuentran en condiciones de garantizar el éxito de las operaciones de las que esta es responsable, que deben poder efectuarse con relativa facilidad y sin asumir especiales riesgos.

5.3.3   Otras consideraciones para el uso de DAP

- **Control y contratación de la cadena logística por la empresa vendedora**
  Al controlar y asumir el transporte y la cadena logística hasta destino, la vendedora está en condiciones de seleccionar las empresas porteadoras adecuadas y negociar su contratación de manera que favorezca su posición jurídica en caso de tener que reclamar por un siniestro durante el transporte. Esta contratación le permite asimismo acceder a tarifas y condiciones favorables que mejoran la competitividad de sus ofertas o le ofrecen la oportunidad de beneficiarse de mayores márgenes comerciales.

- **La empresa vendedora ofrece un nivel de servicio óptimo**
  La vendedora lleva a cabo la entrega en el lugar designado en el mercado de la compradora, por lo que esta solo tiene que gestionar el despacho de importación y descargar la mercancía.

- **Seguro de transporte**
  La empresa vendedora asume los riesgos hasta que la mercancía se posiciona sobre el vehículo, en el lugar de destino acordado, preparada para su descarga. Por consiguiente, debe plantearse la conveniencia de contratar un seguro que cubra los riesgos que soporta hasta dicho punto.

- **Documentación y prueba de entrega**

  Respecto a la documentación de entrega, la empresa vendedora debe proporcionar a la compradora el documento que permita a esta proceder a la recepción de la mercancía en el lugar de destino acordado. En cuanto a la prueba de entrega para la vendedora, en el transporte por carretera es habitual que esta, que contrata a la porteadora, le exija, como condición para el pago del servicio, un ejemplar de la carta de porte con la firma de la parte destinataria como prueba de entrega. En cambio, en las operaciones de transporte multimodal, al tratarse de entregas en destino realizadas por empresas porteadoras subcontratadas en el país importador, la obtención de este documento es más difícil (aunque se trataría igualmente de un ejemplar de la carta de porte con firma probatoria a modo de recibí de la entrega de la mercancía).

- **Documentación del transporte y medio de pago documentario**

  La combinación de las reglas Incoterms del grupo D con créditos documentarios genera algunas incertidumbres que deben estudiarse pues conducen a veces a situaciones en que se cobra antes de entregar (riesgo para la empresa compradora) o en que se cobra muy tardíamente respecto a la entrega (riesgo para la vendedora), sobre todo cuando se trata de operaciones multimodales con transporte en contenedor. En función de los documentos requeridos por el medio de pago, se pueden diferenciar dos situaciones:

  - *El medio de pago exige un documento de entrega en destino* (que sería lo lógico, pues se entrega la mercancía en dicho punto). Para coordinar la obligación de entrega y el nacimiento del derecho a cobro de la empresa vendedora, esta debe esperar a obtener un documento que pruebe la entrega en destino (ejemplar de la carta de porte con la firma de la parte destinataria, certificación de la naviera de la entrega en el puerto o terminal de destino a la compradora, etc.). Sin embargo, la vendedora puede tener dificultades para obtener dicho documento, exigido por el medio de pago documentario para proceder al cobro, lo que retrasa considerablemente su ejecución respecto al momento en que dicha parte ha puesto la mercancía a disposición de la operadora de transporte por ella contratada para su entrega en la terminal o lugar de destino. En este supuesto, la vendedora dispone, además, de poca capacidad de actuación, por cuanto la mercancía ya ha sido entregada a la compradora en el país de destino que, si incluye en la carta de porte que se use como recibo de la mercancía una reserva (observación sobre falta o daño en la mercancía), la invalida absolutamente para ser aceptada en el crédito documentario lo que impediría, *a priori*, el cobro de la exportación por la vendedora (como mínimo se generaría una discrepancia que supondrá un costo y un retraso en la operación).

Otra consecuencia es que se deberán concretar adecuadamente los términos del crédito documentario, pues, por defecto, las reglas UCP 600 estipulan un plazo máximo de 21 días desde la fecha de embarque para que la empresa vendedora presente los documentos a su banco, y los plazos estimados de entrega en determinadas rutas marítimas superan con creces ese tiempo. De esta situación se infiere que queda algo desvirtuado el medio de pago documentario, uno de cuyos principales objetivos consiste en condicionar la transacción comercial al cumplimiento de las obligaciones, que debe reflejarse en la documentación convenida.

— *El medio de pago exige un documento de entrega en origen.* En este caso se requiere habitualmente un documento de que se ha puesto a disposición de la empresa porteadora la mercancía en origen para su transporte hasta destino (por ejemplo, un BL embarcado o el ejemplar correspondiente de la carta de porte internacional o aéreo). Sin embargo, esta documentación no prueba la entrega en destino, que es la obligación que otorga a la empresa vendedora el derecho a cobro. Por consiguiente, en esta situación se adelanta el derecho a cobro respecto del cumplimento de las obligaciones convenidas en el contrato de compraventa y estipuladas por la regla Incoterms acordada. De este modo, en el supuesto de que la mercancía no se entregue en destino, la vendedora habrá cobrado al presentar dicha documentación en el banco intermediario, mientras que la compradora, al no haberse producido la entrega, no debería haber pagado, como consecuencia de lo cual podrá reclamar la cantidad cobrada de forma indebida. Por otra parte, estas circunstancias pueden favorecer ciertas prácticas fraudulentas por la parte la vendedora, que, por ejemplo, puede dar instrucciones a la operadora de transporte contratada por ella para que entregue la mercancía a una compañía distinta y cobrar así dos veces por ella; o que, en caso de haber contratado un seguro de transporte, puede tratar de percibir la indemnización correspondiente a un siniestro de manera fraudulenta después de haber cobrado la compraventa al presentar el banco la documentación de entrega de la mercancía a la empresa porteadora en origen.

5.4   Conclusiones

La aplicación de las condiciones DAP es adecuada en operaciones de transporte por carretera nacional o internacional en régimen de camión completo o grupaje y porte pagado que no requieran despacho de aduanas, en cuyo mercado de destino la empresa vendedora no encuentre dificultades para cumplir con sus obligaciones de entrega en el lugar acordado y en las que pueda tener la certeza de que la compradora gestionará eficazmente el despacho de importación. El uso de esta regla Incoterms resulta igualmente adecuado en combinación con cualquier transporte multimodal (contenerizado o no) en aquellos casos en que la vendedora puede gestionar sin dificultad todas las operaciones hasta que se produce la entrega en el almacén de la empresa cliente.

En cambio, la aplicación de DAP debe evitarse en destinos con gestiones aduaneras y logísticas complejas, donde no se disponga de experiencia o no se garantice que la vendedora pueda cumplir con su entrega en el lugar designado (clientes o países con los que se inicia la relación comercial, países que no ofrecen seguridad jurídica o con infraestructuras de transporte deficientes, etc.).

Finalmente, como ocurre con DPU y DDP, esta no es una regla que se ajuste adecuadamente a las exigencias de los medios de pago documentarios, pues, pese a que la empresa vendedora pone la mercancía a disposición de la porteadora en origen, la entrega se produce en destino, situación que genera inconvenientes en función de la documentación requerida por el crédito documentario.

6 DPU *(delivered at place unloaded),* entregada en lugar descargada

6.1 Descripción general y entrega

Es la única regla Incoterms nueva incluida en la versión de 2020 y se introduce como una reformulación (casi un cambio de nombre) del DAT, que apareció en la versión 2010. Esta reformulación ha consistido básicamente en darle una mayor polivalencia, pasando de denominarse terminal (aunque la versión 2010 decía que debía entenderse como un término amplio, que no solo englobaba a terminales en frontera, sino que podía ser un punto interior) a lugar *(place),* lo que la sitúa además como una regla posterior a DAP, dado que con DPU la parte vendedora asume un costo y un riesgo más, consistente en la descarga de la mercancía en el lugar de destino designado.

En todo lo demás DPU es igual que DAP por lo que nos ceñiremos a comentar esta diferencia (como ya hicimos en el paso de CPT a CIP, donde la diferencia era la contratación de un seguro por la parte vendedora). Con DPU, la vendedora entrega cuando la mercancía se pone a disposición de la compradora descargada desde los medios de transporte de llegada al lugar de destino. Hasta este punto los costos son de la vendedora. Por lo tanto, esta ha de pagar todos los costos y soportar los riesgos del transporte hasta situar la mercancía en dicho lugar descargada desde el vehículo de transporte (en ese momento, normalmente el almacén de la compradora, se transfieren los riesgos a esta). También cabe la posibilidad de que la empresa vendedora gestione el transporte hasta destino con sus propios medios (flota propia de camiones) y descargue allí la mercancía.

En las operaciones con despacho aduanero, el uso de DPU presenta los mismos posibles problemas (costos y riesgos) comentados en DAP. Con DPU la empresa compradora gestiona el despacho de importación, pero cuando no lo hace correctamente genera costos extra (demoras, ocupaciones, etc.) los cuales pueden cargarse a la vendedora (según las condiciones de su contrato de transporte) a pesar de que la regla Incoterms indica que los costos y los riesgos por incumplimiento de la obligación de despacho de importación por la parte compradora serán asumidos finalmente por esta.

Consúltese lo comentado al respecto en la regla DAP, pues se aplica también aquí. A diferencia de DAP, en DPU la vendedora debe entregar la mercancía descargada en el lugar de destino, lo que conlleva algunas implicaciones a tener en cuenta que pueden tener que ver con el medio de transporte usado para la entrega final.

> *Redacción genérica*
>
> DPU (lugar de destino designado). Incoterms 2020.
>
> ---
>
> *Ejemplos de redacción*
>
> - DPU 140, Gloucester Road, Wanchai, Hong Kong. China. Incoterms 2020.
> - DPU Rua Hungría, s/n, Andar, Jardim Europa, São Paulo. Brasil. Incoterms 2020.
> - DPU nave A1, parque industrial del Cauca, Cali. Colombia. Incoterms 2020.

6.2 Principales obligaciones y costos

- **Obligaciones de la empresa vendedora**
  1. Suministrar la mercancía acordada en el contrato de compraventa (una vez verificada y comprobada su calidad) en el plazo acordado, embalarla apropiadamente para su transporte y marcar el embalaje de forma adecuada (resulta muy conveniente especificar estos dos aspectos en el contrato de compraventa).
  2. Suministrar la factura comercial y el resto de la documentación acordada en el contrato de compraventa (como una prueba de conformidad).
  3. Avisar a la parte compradora de que puede recibir la mercancía.
  4. Contratar y pagar el transporte (o gestionarlo con sus propios medios) hasta el lugar de destino designado, incluyendo la descarga allí y cumplir con cualquier requisito de seguridad relacionado con el mismo (por ejemplo, el peso bruto verificado del contenedor o VGM, etc.).
  5. Despachar de aduana de exportación (si lo requiere la operación) y, en su caso, en los países de tránsito, asumiendo sus gestiones y costos asociados: licencias, acreditación de seguridad e inspecciones (circuito rojo tras la presentación de la declaración aduanera, inspecciones específicas por razón de la mercancía, como las fitosanitarias, sanitarias, farmacológicas, de seguridad, etc.). Asimismo, debe prestar a la compradora ayuda para obtener la información y los documentos (a cargo de esta) que pueda necesitar para gestionar el despacho de importación.
  6. Descargar la mercancía en el lugar de destino designado.

- **Obligaciones de la empresa compradora**
  1. Pagar el precio de la mercancía conforme se haya pactado en el contrato de compraventa (hay que recordar que el medio de pago no lo concreta la regla Incoterms).

DPU

La empresa vendedora asume los costos y riesgos hasta situar la mercancía en el lugar de destino designado, descargada del vehículo de llegada. El costo del despacho de importación corresponde a la empresa compradora.

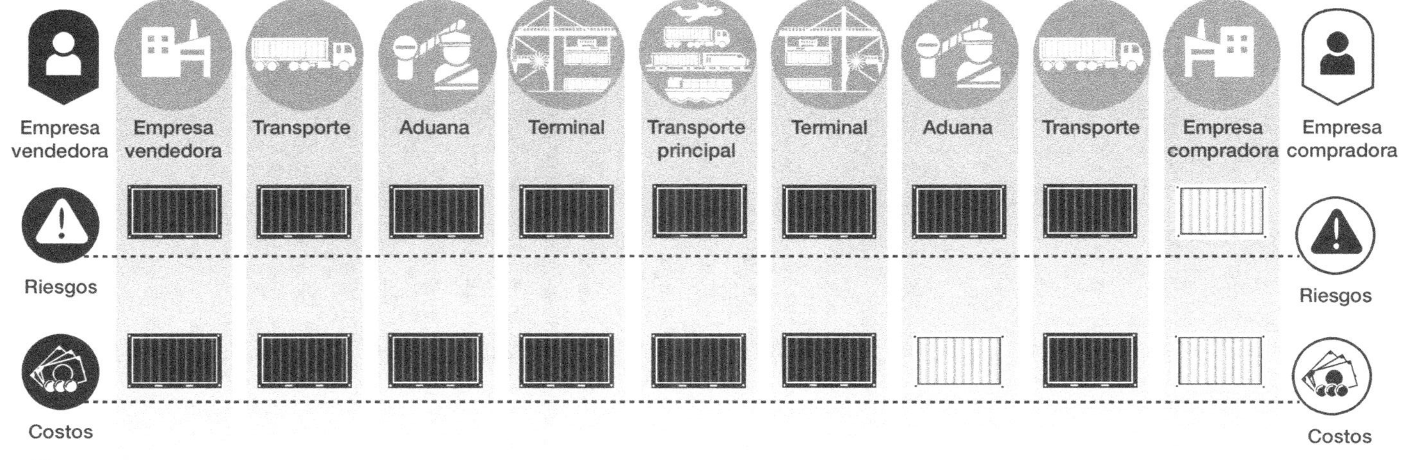

La empresa vendedora debe asumir los costos y riesgos hasta entregar la mercancía en el lugar de destino designado (como una terminal: puerto, aeropuerto, etc.), descargada del vehículo de llegada. A partir de este punto, los costos y riesgos corresponden a la empresa compradora.

La empresa vendedora asume los costos y riesgos hasta situar la mercancía, descargada del vehículo de llegada, en el lugar de destino (almacén) designado. A partir de ese momento, los costos y riesgos corresponden a la empresa compradora.

2. Proceder a la recepción de la mercancía descargada; por lo tanto, recibirla de la operadora de transporte contratada por la vendedora (también puede haberse realizado con medios propios de esta) en el lugar de destino designado en la regla Incoterms.

3. Despachar de importación (gestiones e impuestos), así como ofrecer ayuda sobre cualquier información o documento que la vendedora le solicite para realizar los despachos de aduana de exportación (y, en su caso, en países de tránsito).

6.3 Consideraciones para un uso eficaz

6.3.1 Aplicación al transporte por carretera de carga completa (camión completo)

El uso de esta regla está desaconsejado con operaciones de transporte por carretera en carga completa, pues implicaría que el conductor debe realizar la descarga de la mercancía en destino. Este caso suscita la misma controversia que se produce al comparar EXW con FCA, al parecer más lógico utilizar esta última regla, pues determina que el personal de la empresa de origen (almacén de la vendedora u otro lugar) es el que lleva a cabo las operaciones de carga por diferentes motivos (seguridad, recursos, etc.). De la misma manera, el uso de DPU en estas operaciones implicaría que la descarga la haría la transportista contratada por la vendedora, cuando lo aconsejable (por restricciones de seguridad, etc.) es que la realice el personal del almacén de destino. Además, la normativa reguladora del contrato de transporte indica que tanto la carga como la descarga las llevarán a cabo el remitente y el destinatario, excepto que se pacte lo contrario expresamente.

Esta asignación cambia en la paquetería donde la norma suele indicar que estas operaciones las lleva a cabo la empresa porteadora. Por lo tanto, al igual que con EXW, se aconseja DPU solo en operaciones de transporte de paquetería por carretera (en las que la porteadora descarga según su contrato). En cambio, en transporte por carretera con cargas completas (camión completo, palés, etc.) será seguramente más aconsejable el uso de DAP.

6.3.2 Aplicación al transporte por carretera de paquetería

DPU es una regla muy compatible con operaciones de transporte por carretera cuando se vende a «portes pagados» y cuando la empresa porteadora vaya a efectuar la descarga en destino, por lo tanto, en operaciones de paquetería o cualesquiera otras en las que normativa reguladora del contrato de transporte asigna a esta la responsabilidad de dicha descarga (esta asignación puede depender de la normativa aplicable en cada país).

6.3.3 Aplicación al transporte de mercancías en contenedor completo (FCL)

Utilizar DPU con este tipo de operaciones tiene estas lecturas en función del lugar de destino convenido:

a) En caso de pactarse DPU puerto de destino, la parte vendedora paga el transporte y soporta costos hasta que el contenedor llega al puerto de destino y se descarga del buque de llegada. Esta situación encaja con la fórmula habitual de contratación del transporte regular en línea (condiciones de línea regular) que implica que se incluye en el flete (costo del transporte que paga la vendedora) la carga del contenedor en origen y su descarga en destino mediante grúas portacontenedores.

b) En caso de pactarse DPU almacén del vendedor, la descarga la realizaría el transportista en destino, lo que no parece lógico pues lo normal (o impuesto por la normativa) es que sea el personal de la parte compradora el que descargue la mercancía.

6.3.4 Aplicación al transporte de mercancías en contenedor de grupaje (LCL)

DPU encajaría perfectamente en esta operativa en la medida en que sería el almacén de la empresa desconsolidadora (normalmente la transitaria) la que descargaría la mercancía del contenedor para enviarla desde sus instalaciones a los distintos destinos finales.

6.3.5 Aplicación en combinación con otros medios de transporte

En otros medios como el aéreo o el ferrocarril, la parte vendedora paga igualmente costos y soporta riesgos hasta el lugar convenido (descargada en el lugar de llegada que sería una terminal aeroportuaria o ferroviaria, o bien un punto interior). En estos casos la polivalencia de *place* pone aún más de relieve que el lugar designado y las posibles combinaciones del transporte multimodal acabarán determinando los costos y riesgos que asume la vendedora, ya que podría, por ejemplo, pactarse DPU terminal ferroviaria en un punto interior posterior al puerto marítimo de llegada al país de destino.

6.3.6   Otras consideraciones para el uso de DPU

- **Dependencia de la empresa compradora en el despacho de importación**
  Todo lo indicado al respecto en DAP se puede aplicar aquí siempre que el lugar de entrega designado se sitúe más allá de la frontera o punto de entrada al país importador donde se efectúa el despacho aduanero. Este riesgo se reduce si el lugar de destino coincide con el del despacho aduanero, aunque no se elimina del todo.

- **Asunción de costos adicionales en destino**
  En las operaciones pactadas DPU, la parte vendedora asume un costo y riesgo añadidos en comparación con DAP, que consiste en la descarga de la mercancía. Además, igual que ocurre con DAP, debe contratar y asumir unos servicios en destino sometidos a impuestos que difícilmente está en condiciones de deducirse, así como a regulaciones desconocidas, lo que supone complejidades añadidas que pueden ser relevantes en países con deficientes infraestructuras, aduanas «inseguras», etc.

- **Inseguridad en las operaciones efectuadas en destino**
  Esta regla, al igual que DAP y DDP, solo debe acordarse cuando la empresa vendedora tenga la certeza de que los medios y servicios logísticos en destino no van a entorpecer el desarrollo de la operación.

- **Control y contratación de la cadena logística por la empresa vendedora**
  Supone, como en DAP y DDP, controlar la cadena logística con las ventajas que ello conlleva.

- **La empresa vendedora ofrece un nivel de servicio óptimo**
  La vendedora lleva a cabo la entrega en el mercado de la compradora, en el lugar designado por ella, y la descarga del vehículo de llegada, por lo que la compradora solo tiene que gestionar el despacho de importación.

- **Seguro de transporte**
La empresa vendedora asume los riesgos hasta que la mercancía se entrega descargada en el lugar de destino. Por lo tanto, le conviene plantearse la conveniencia de contratar un seguro que cubra los riesgos que soporta hasta dicho punto incluyendo en él la descarga.

- **Documentación y prueba de entrega**
Véase al respecto todo lo indicado en la regla DAP.

- **Documentación del transporte y medio de pago documentario**
Véase al respecto todo lo indicado en la regla DAP.

6.4   Conclusiones

En resumen, mediante la regla DPU, la parte vendedora contrata y paga el transporte hasta el lugar de destino acordado, incluyendo la descarga, y una vez se ha descargado la mercancía se transfieren los riesgos a la compradora. Su combinación con carretera debiera limitarse a envíos de paquetería en los que la operadora de transporte asume la descarga.

Constituye una opción muy factible para el transporte en contenedor en régimen de grupaje donde el lugar de destino convenido sea el almacén de la empresa desconsolidadora. No debe utilizarse en países con infraestructuras inseguras para la entrega en el lugar de destino o con dificultades en los despachos de importación que debe efectuar la parte compradora. En general, se debe usar en mercados ya conocidos y con suficiente y satisfactoria experiencia. No es adecuado combinarlo con créditos documentarios y, si se hace, debe ser con precauciones.

7 DDP *(delivered duty paid),* entregada derechos pagados

7.1 Descripción general y entrega

La regla DDP difiere únicamente de DAP en que la empresa vendedora debe gestionar y asumir el despacho de importación y los impuestos que de él se deriven. A esta regla le es, pues, aplicable el análisis realizado de DAP, por lo que su descripción se centra en esta particularidad. DDP impone las máximas obligaciones a la vendedora, por contraposición con EXW, donde soporta las mínimas, aunque incluye una obligación menos que DPU, la descarga.

Con DDP, la parte vendedora entrega cuando la mercancía, despachada de importación, se pone a disposición de la compradora sobre los medios de transporte sin descargar en el lugar de destino designado. La primera ha de soportar todos los costos y riesgos del transporte hasta posicionar la mercancía en dicho lugar y sobre el vehículo de transporte a la llegada (en ese momento se transfieren los riesgos). Por lo tanto, a la compradora solo le queda descargar la mercancía del vehículo de llegada.

Redacción genérica

DDP (lugar de destino designado). Incoterms 2020.

Ejemplos de redacción

- DDP 140, Gloucester Road, Wanchai, Hong Kong. China. Incoterms 2020.
- DDP Rua Hungría, s/n, Andar, Jardim Europa, São Paulo. Brasil. Incoterms 2020.
- DDP nave A1, parque industrial del Cauca, Cali. Colombia. Incoterms 2020.

7.2 Principales obligaciones y costos

- **Obligaciones de la empresa vendedora**
  1. Suministrar la mercancía acordada en el contrato de compraventa (una vez verificada y comprobada su calidad) en el plazo acordado, embalarla apropiadamente para su transporte y marcar el embalaje de forma adecuada (resulta muy conveniente que estos dos aspectos se hayan especificado en el contrato de compraventa).
  2. Suministrar la factura comercial y el resto de la documentación acordada en el contrato de compraventa (como una prueba de conformidad)

DDP

La empresa vendedora asume los costos y riesgos hasta situar la mercancía, despachada de importación, en el lugar de destino designado sin descargarla del vehículo.

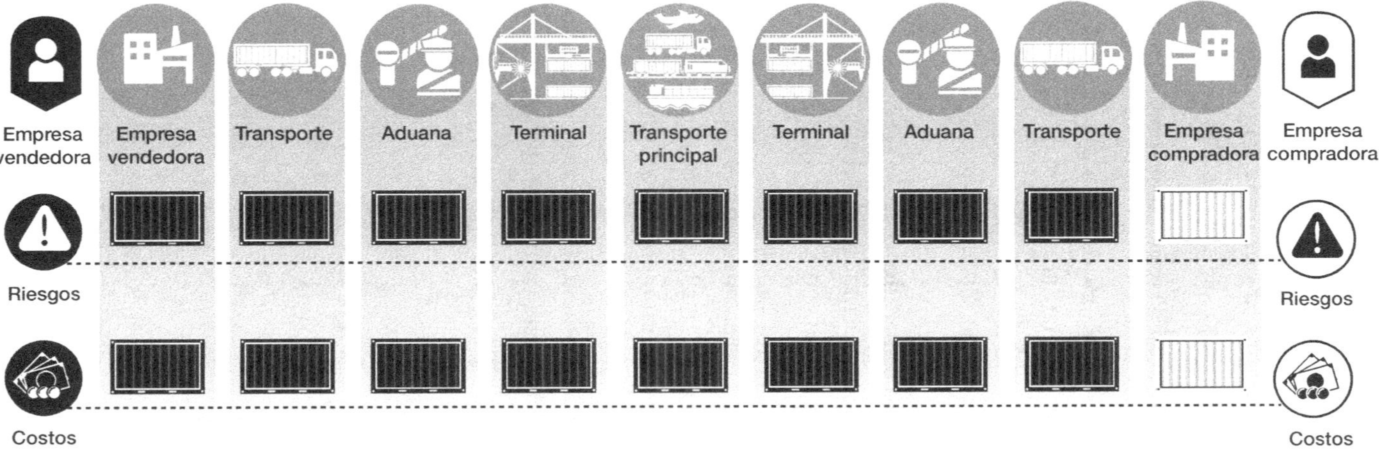

La empresa vendedora debe asumir los costos y riesgos hasta entregar la mercancía, despachada de importación, en el lugar de destino designado (almacén de la empresa compradora u otro), sin descargarla del vehículo de llegada.

3. Avisar la parte compradora de que puede recibir la mercancía.

4. Contratar y pagar el transporte (o gestionarlo con sus propios medios) hasta el lugar de destino designado y cumplir con cualquier requisito de seguridad relacionado con él (por ejemplo, el peso bruto verificado del contenedor o VGM, etc.)

5. Gestionar los despachos aduaneros (si lo requiere la operación) de exportación, importación y, en su caso, en países de tránsito. Por lo tanto, debe asumir las gestiones y costos asociados en cualquier despacho aduanero aplicable: licencias, acreditación de seguridad e inspecciones (circuito rojo tras la presentación de la declaración aduanera, inspecciones específicas por razón de la mercancía, como las fitosanitarias, sanitarias, farmacológicas, de seguridad, etc.).

6. Si la vendedora soporta costos de descarga en el lugar de destino convenido, no puede reclamarlos a la compradora.

- **Obligaciones de la empresa compradora**
  1. Pagar el precio de la mercancía, conforme se haya pactado en el contrato de compraventa (hay que recordar que el medio de pago no lo regula la regla Incoterms).
  2. Proceder a la recepción de la mercancía; por lo tanto, recibirla de la operadora de transporte contratada por la vendedora (también puede haberse realizado con medios propios de esta) en el lugar de destino designado en la regla Incoterms.
  3. Prestar ayuda la vendedora (a solicitud y a cargo de esta) sobre cualquier información o documento que esta le solicite para realizar los despachos de aduana de exportación, importación y, en su caso, en países de tránsito.
  4. Descargar la mercancía del vehículo de llegada en el lugar de destino designado en la regla Incoterms.

7.3 Consideraciones para un uso eficaz

7.3.1 DDP y el despacho de importación

En condiciones DDP, la empresa vendedora está obligada a tramitar el despacho de aduanas de importación, lo que implica tanto la gestión y su documentación como el pago de los impuestos correspondientes.

Los impuestos a la importación suelen ser dos: el arancel y el impuesto interior al consumo (IVA o similar). Aunque existen varios tipos de aranceles, el más común es el denominado *ad valorem,* que corresponde a un porcentaje sobre el valor en aduana. A escala internacional y siguiendo las directrices de la Organización Mundial del Comercio,[9] este último equivale al valor CIP o CIF. Así pues, la normativa reguladora del valor en aduana suele partir del precio en factura y aplicar los ajustes necesarios para determinar dicho valor. Por ejemplo, a una factura FOB se suman los costos de transporte y seguro, y a una factura FCA terminal portuaria de exportación se añaden los costos hasta el embarque, el transporte y el seguro.

A continuación, sobre el valor en aduana se aplica el arancel, que depende de la mercancía y del país de origen (información que suele estar registrada en un certificado de origen o declaración en factura). Finalmente, se aplica el IVA (o impuesto equivalente) sobre el resultado del importe de valor en aduana más el arancel, lo que suele sumar importes significativos (aunque se recuperen mediante los sistemas de liquidación de IVA que se determinen en cada país).

Existen otros tipos de aranceles, como los específicos (cantidad por unidad: tonelada, metro cúbico, etc.), los mixtos *(ad valorem* más específico) o los compuestos (donde existen límites máximos y mínimos entre distintos aranceles). Asimismo, determinados productos (alcohol, tabaco, hidrocarburos, etc.) pueden estar sujetos a impuestos particulares por razón de la mercancía (impuestos especiales, etc.). Además, pueden aplicarse medidas de defensa comercial como los derechos *antidumping* o antisubvención (compensatorios).

El hecho de que el despacho de importación y sus impuestos recaigan sobre la empresa vendedora puede ser perjudicial tanto para esta como para la compradora, lo que se traduce en el limitado uso de la regla DDP.

Entre otros perjuicios destacan los siguientes:

- La normativa reguladora del despacho de importación puede exigir a la empresa vendedora requisitos que esta no se encuentre en condiciones de cumplir (establecimiento fiscal en el país de destino, obtención de una licencia de importación que solo puede solicitar la compradora, etc.) y que, por lo tanto, hagan inviable el uso de esta regla.
- Los impuestos derivados de la importación (normalmente, el arancel y el IVA) son repercutidos por la vendedora en la factura, pero la compradora está en mejor situación para gestionarlos y deducirse algunos de ellos posteriormen-

------

[9] Acuerdo General sobre Aranceles Aduaneros y Comercio de 1994 (Acuerdo de la OMC sobre Valoración en Aduana).

te. El arancel es, habitualmente, un costo que no se recupera, pero el IVA suele resultar neutro para las empresas «nacionales» a través del mecanismo de compensación que se pone de manifiesto en las liquidaciones periódicas (básicamente del IVA repercutido «facturado» se resta el IVA soportado, «pagado»). Dicho esto, en la medida en que la empresa vendedora no se pueda aplicar dicho mecanismo de compensación, pero deba efectuar el despacho de importación, tendrá que contemplar el IVA como un costo e incluirlo en el precio presentado a la compradora que, en caso de gestionar el despacho de importación podría incluirlo en dicho mecanismo de compensación (de ahí que en ese caso ambas compañías pierdan «competitividad» en favor de la autoridad fiscal, representada por la aduana en su vertiente recaudadora).

- La normativa aduanera de importación es mejor conocida por la empresa compradora, que se encuentra en mejores condiciones para cumplirla. Por ello, de manera general, en la medida en que el mercado de destino presente mayor inseguridad comercial, menor grado de apertura económica o menor adaptación a las normas que regulan el comercio internacional, es preferible evitar el uso de DDP.

7.3.2   Variantes de DDP

En la nota introductoria de esta regla para la versión 2010 (no aparece así en la de 2020) se indicaba que el IVA y los impuestos pagaderos a la importación debe asumirlos la empresa vendedora, excepto que se haya pactado de otra manera en el contrato de compraventa. Esta nota refleja la costumbre de aplicar variantes como DDP *VAT unpaid* (IVA no pagado) o DDP *VAT excluded* (IVA excluido), que delegan en la compradora el pago del impuesto interior al consumo, ya que la vendedora no puede recuperarlo, por lo dicho anteriormente, y la normativa reguladora del impuesto suele fijar como sujeto pasivo a la parte importadora.

7.3.3   Otras consideraciones para el uso de DDP

- **Control y contratación de la cadena logística por la empresa vendedora**
  Al controlar y asumir el transporte y la cadena logística hasta destino, la empresa vendedora está en condiciones de seleccionar las operadoras de transporte adecuadas y negociar su contratación de manera favorable para

su posición jurídica (sobre todo en transporte por carretera) en caso de tener que reclamar por un siniestro durante el transporte. Esta contratación le permite asimismo acceder a tarifas y condiciones favorables que mejoran la competitividad de sus ofertas o le ofrecen la oportunidad de beneficiarse de mayores márgenes comerciales.

7.4 Conclusiones

La aplicación de las condiciones DDP es adecuada en operaciones en las que la empresa vendedora, gracias a su experiencia y conocimiento del mercado de destino, puede ofrecer un servicio completo por medio de agencias transitarias capaces de garantizar el correcto desarrollo del despacho de importación, así como en operaciones de paquetería y envíos directos de productos de consumo en los que se requiere prestar un servicio completo hasta la entrega (especialmente, en las operaciones derivadas del comercio electrónico).

Sin embargo, como ocurre con DAP y DPU, esta regla no se ajusta adecuadamente a las exigencias de los medios de pago documentarios, pues, aunque la empresa vendedora pone la mercancía a disposición de la porteadora en origen, la entrega se produce en destino, situación que genera perjuicios en función de los documentos requeridos por el crédito documentario.

Por último, el condicionado de la regla DDP tampoco se ajusta a las operaciones nacionales o en una misma región económico-fiscal, por cuanto contraviene la normativa que regula el IVA y que impone la tributación en destino por la compradora. En la práctica, aunque así se pactara, las empresas deben aplicar las leyes sobre la fiscalidad que le son imperativas.

Capítulo 5
Cómo utilizar las reglas Incoterms 2020 para transporte marítimo

1 Introducción y aplicabilidad de las reglas Incoterms para transporte marítimo

La Cámara de Comercio Internacional (CCI) clasifica las reglas Incoterms 2020 en dos grupos: reglas para cualquier modo o modos de transporte excepto el marítimo de puerto a puerto (véase el capítulo 4) y reglas para transporte marítimo y vías navegables interiores (en adelante, reglas Incoterms marítimas). Este segundo grupo lo componen cuatro reglas:

- FAS *(free alongside ship):* franco al costado del buque.
- FOB *(free on board):* franco a bordo.
- CFR *(cost and freight):* costo y flete.
- CIF *(cost, insurance and freight):* costo, seguro y flete.

Estas últimas reglas son adecuadas en aquellas operaciones en que tanto el punto de entrega de la mercancía como el lugar hasta el que esta se transporta son puertos.

Con las reglas FOB, CFR y CIF, la entrega, es decir, la transmisión de riesgos de la empresa vendedora a la compradora, se produce cuando la mercancía se carga a bordo del buque en el puerto de embarque mientras que con la regla FAS la entrega se produce una vez que la mercancía se ha situado al costado del buque en el puerto de embarque. En cuanto a los despachos de aduanas, las cuatro reglas estipulan que el despacho de exportación corresponde a la empresa vendedora y el de importación, a la compradora.

Por mar se transportan todo tipo de mercancías, desde graneles hasta productos informáticos listos para su venta. En líneas generales, dicha mercancía puede clasificarse en dos grupos:

- **Mercancía unitizada**

  Es aquella que utiliza una unidad de transporte intermodal (UTI), principalmente el contenedor y el semirremolque, cuyo interior suele cargarse antes de su llegada al puerto de embarque (en el almacén de la empresa vendedora, en las instalaciones de la agencia transitaria, etc.). La mercancía unitizada se manipula y se trasborda entre diversos modos de transporte en combinación con el marítimo. Este es el caso del tráfico de contenedores que se manipulan en las terminales especializadas y se cargan a bordo del buque mediante grúas portacontenedores. También concierne a los tráficos de carga rodada, en los que la mercancía se introduce sobre ruedas en el buque, principalmente, en tráficos de combinación carretera y buque, en los que el camión completo o bien el semirremolque se usan como UTI. Para el transporte de este grupo de mercancías son adecuadas las reglas Incoterms multimodales (véase el capítulo 4).

- **Mercancías no unitizadas**

  Este grupo comprende los tráficos no incluidos en el primero, en los que conviene aplicar las reglas Incoterms para transporte marítimo y vías navegables interiores: FAS, FOB, CFR y CIF. El grupo puede segmentarse en:

  - *Graneles.* Pueden ser sólidos (cemento, carbón, trigo, etc.) o líquidos (gas licuado, hidrocarburos, etc.). Se manipulan en terminales de graneles adaptadas a cada tipo de mercancía mediante grúas pato, tubería, etc.
  - *Carga general, convencional o fraccionada* (excluidos los contenedores). Este tráfico se ha visto reducido a medida que se ha generalizado el uso del contenedor. Engloba los envíos de mercancía no unitizada que no se incluye en los graneles, como sacos, cajas, fardos, bidones, bultos, barriles, piezas industriales, maquinaria, elementos indivisibles de gran volumen o peso, etc. Esta mercancía se manipula con medios específicos en las terminales de carga general, fraccionada o multipropósito, donde operan principalmente las grúas pato, que se adaptan a los requisitos de carga de cada mercancía colocando en sus extremos eslingas, ganchos, redes, etc.

Mercancías unitizadas	Mercancías no unitizadas	
	Graneles	Carga general
– Contenedor – Semirremolque	– 35.000 t de grano – 50.000 t de petróleo – 15.000 t de aceite de soja	– 2.500 palés[1] de cítricos para transportar en buque refrigerado – 180 bobinas de metal – 600 vigas para la construcción – 4.500 fardos de algodón – 450 planchas de hierro – 10 excavadoras

Tabla 5.1. Ejemplos de mercancías unitizadas y no unitizadas.

Por otra parte, la contratación del transporte de mercancía no unitizada suele ocupar toda la capacidad de carga de un buque, por lo que, aunque existe un tráfico residual de carga general que se transporta en régimen de línea regular, dicho transporte suele contratarse en régimen de fletamento. En este caso, la empresa fletadora, contratante del transporte (la compradora, en virtud de las reglas FAS y FOB, o la vendedora, según lo estipulado por las reglas CFR y CIF), procede de manera específica conforme a las necesidades del envío. En régimen de fletamento, la oferta de transporte está compuesta por buques *tramp*[2] («vagabundo») de servicios específicos en función de la demanda, por lo que no se proponen transportes en línea regular ni existen rutas ni condiciones fijas o precios preestablecidos.

Los navíos que operan estos tráficos están adaptados a ellos y suelen ser buques tanque (para graneles líquidos y gaseosos), graneleros (especializados en el transporte de graneles sólidos que habitualmente cuentan con equipamiento propio para la carga y descarga, como grúas cuchara), otros buques de carga general o fraccionada (vigas, bobinas, etc.) y algunos muy especializados, como los portavehículos o los de transporte de cargas especialmente pesadas.

El contrato de transporte marítimo en régimen de fletamento, en cuya negociación intervienen agencias o corredurías de fletamento *(chartering broker* o *ship*

---

[1] Aunque el palé también se puede considerar una UTI, cuando el envío se compone de gran cantidad de unidades de este tipo se puede tratar como carga general no contenerizada, que se carga a bordo del buque mediante dispositivos acoplados a las grúas pato o mediante carretillas.

[2] Buque dedicado al transporte de mercancías desde los puntos de entrega de esta, sin cubrir regularmente una ruta fija.

broker) que asesoran a las empresas fletadora y naviera y redactan los contratos, se plasma en una póliza de fletamento o *charter party*. El fletamento puede convenirse por tiempo, cuando la naviera contrata el uso del buque por un periodo determinado, o por viaje, en cuyo caso se relaciona con operaciones de compraventa y le son aplicables las reglas Incoterms.

En el caso del fletamento por viaje, el modelo de póliza más utilizado es el GENCON[3] del Consejo Marítimo Internacional y del Báltico *(Baltic and International Maritime Council* o BIMCO).[4] Con este documento se emite además un conocimiento de embarque (BL) sujeto al contrato de fletamento *(charter party* BL) a modo de prueba de la recepción de la mercancía por la empresa porteadora o naviera, que se utiliza para entregar la mercancía a la compradora en destino, pues constituye un título valor.

En dicha póliza de fletamento, como prueba del contrato de transporte, la empresa contratante (fletadora) y la naviera pactan todos los aspectos negociados en la operación de transporte marítimo:

- Los puertos de carga y descarga.
- La fecha en la que el buque debe presentarse para la carga en el puerto de inicio del transporte.
- El buque y la capacidad de carga.
- La mercancía, el tiempo de plancha y las demoras.
- El flete (precio del transporte), el tiempo previsto de carga y descarga, etc.

El hecho de que se negocien el tiempo y los gastos de carga y descarga en el flete se relaciona con los términos de embarque, lo que constituye una clara manifestación de que las reglas Incoterms para transporte marítimo se diseñaron para ser aplicadas a este tipo de operaciones. Aun así, se puede pactar una de estas reglas para la compraventa de las mercancías descritas en cualquier modo o modos de transporte, pero no a la inversa; es decir, no es conveniente acordar una regla Incoterms para transporte marítimo y vías navegables interiores en el caso, por ejemplo, de un transporte multimodal contenerizado (aunque sea muy habitual).

---

[3] Se puede descargar una muestra de dicha póliza de fletamento y la explicación del contenido de sus casillas y cláusulas en el sitio web del BIMCO: www.bimco.org. Existen otros modelos de póliza de fletamento por viaje, como la *Tanker Voyage Charter Party*, o incluso especializados para determinados tipos de mercancías, como la *Sugar Charter Party* de 1999.

[4] El BIMCO es la mayor asociación privada de compañías navieras, agencias marítimas, y otros tipos de agencias.

Así pues, en la póliza de fletamento debe acordarse qué parte asume los costos de las operaciones de carga en el puerto de embarque (la carga y estiba de la mercancía no unitizada), aspectos que no se pactan en el transporte en contenedor por cuanto en estas operaciones la carga y descarga está incluida en el flete (en condiciones de línea regular), y la entrega efectiva de la mercancía por parte de la empresa vendedora suele tener lugar en un punto anterior al puerto (normalmente en su propio almacén). En los contratos de fletamento también se acuerda el tiempo previsto de carga y descarga en los puertos (tiempo de plancha), que en caso de incumplimiento puede generar costos por demora o bonificaciones.

Los principales términos de embarque[5] son los siguientes:

- LIFO *(liner in free out)*. El flete[6] incluye la carga en el puerto de embarque, pero no la descarga en el de destino.
- FILO *(free in liner out)*. El flete incluye la descarga en el puerto de destino, pero no la carga en el de origen.
- FISLO *(free in and stowed / liner out)*. El flete no incluye la carga y estiba en el puerto de embarque, pero sí la descarga en el de destino.
- Condiciones de línea regular o *liner terms*. El flete incluye la carga desde el costado del buque y la descarga hasta el costado del buque.
- FIO *(free in and out)*. El flete no incluye la carga ni la descarga.
- FIOS *(free in and out stowed)*. El flete no incluye ni la carga y descarga ni la estiba y desestiba.
- FIOST *(free in and out stowed and trimmed)*. El flete no incluye carga, descarga, estiba, desestiba ni trimado.[7]

En función de la regla Incoterms pactada, la empresa vendedora y la compradora deben conciliar sus obligaciones y el punto de entrega con los términos de

---

[5] La aplicación de estos términos de embarque puede variar de un puerto a otro y está sujeta a las prácticas y costumbres de las diferentes zonas geográficas y países. Para familiarizarse con sus acrónimos se pueden seguir estas indicaciones: la *i (in)* se refiere a la carga en el puerto de origen, mientras que la *o (out)* remite a la descarga en el de destino; la *s* hace referencia a la estiba, y la *t,* al trimado; por último, la *f (free)* antepuesta a una operación indica que el flete no la comprende, mientras que en los términos precedidos de una *l (liner)* la operación está incluida en el flete contratado con la naviera.

[6] Se denomina «flete» al costo del transporte (marítimo o de otra modalidad); en el caso del fletamento, el flete suele expresarse por peso (por ejemplo, por tonelada), volumen, longitud, etc.

[7] El trimado, que complementa la estiba de algunas cargas de granel sólido, consiste principalmente en el alisamiento y la compactación del granel para evitar corrimientos de la carga durante el transporte marítimo.

embarque para que el flete se adapte a ellos. De este modo pueden describirse las siguientes posibilidades, susceptibles de cambios en función del tipo de mercancía y del contratante en el puerto de destino, que puede ser la naviera o una operadora externa:

- Si se acuerda la regla FAS, la empresa compradora (como fletadora) debe contratar el transporte en condiciones LIFO o línea regular, en las que el flete incluye la carga. Por lo tanto, corresponde a la naviera realizar tales operaciones, que enlazan con las obligaciones de la empresa vendedora de entregar la mercancía al costado del buque.

- En caso de pactar la regla FOB, la compradora debe contratar el transporte en condiciones FIO, FIOS, FIOST, FILO o FISLO, esto es, de modo que el flete no incluya la carga en el puerto de origen, pues dicha gestión y su costo corresponden a la empresa vendedora, que entrega la mercancía una vez que esta se ha embarcado en el buque. También existe la alternativa de que la vendedora asuma la carga a bordo de la naviera contratada por la compradora en condiciones LIFO, en cuyo caso es recomendable que conozca previamente el costo de la carga que tendrá que asumir para poder ofertar un precio a la compradora.

- En condiciones CFR y CIF, la empresa vendedora, que en estos casos contrata el transporte y actúa como fletadora, entrega la mercancía a bordo y costea el transporte hasta el puerto de destino. Por ello, debe contratar el transporte en condiciones LIFO, que no incluyen la descarga en destino, pues esta ya la gestiona y costea la compradora.

En caso de que no se recoja en el término de embarque una operación que se incluya como obligación de la empresa vendedora o compradora en virtud de la regla Incoterms, dicha operación debe contratarse externamente a la naviera, siempre coordinada (respecto a la fecha y las condiciones) con el contrato de transporte[8] mediante una operadora especializada (agencia marítima, estibadora, etc.).

---

[8] Esta opción puede generar problemas a causa de las diferentes costumbres, reglas y condiciones aplicadas en los puertos; por lo tanto, lo más conveniente es que el término de embarque se adapte a las obligaciones y costos estipulados por la regla Incoterms acordada.

2   Valoración del uso de las reglas Incoterms marítimas en el transporte contenerizado

Una vez expuestas las características de la mercancía y las operaciones a las que son aplicables las reglas Incoterms marítimas, conviene explicar por qué dichas reglas no deben usarse en operaciones de transporte contenerizado, pese a que, en la práctica, muchas de ellas se acuerdan en condiciones FOB y CIF y, en menor medida, CFR.

2.1   Razones por las que las reglas Incoterms marítimas no deben usarse en el transporte contenerizado

- **División de los riesgos en la fase de transporte del contenedor**
  El transporte multimodal contenerizado cobra su máximo sentido cuando se trata como una unidad global, es decir, como una fase de transporte unitaria. En estas operaciones, los riesgos derivados del transporte –que puede llevarse a cabo en diferentes modos con sus correspondientes tramos– no debieran dividirse sino asignarse en su totalidad (desde que se carga y estiba la mercancía en el contenedor hasta su descarga en destino) a una de las partes del contrato de compraventa, a la empresa vendedora o a la compradora.

  Al tratarse de una modalidad de transporte caracterizada por la no ruptura de la unidad de carga desde la carga y estiba de la mercancía en origen (almacén de la empresa vendedora o de la consolidadora) hasta destino (almacén de la desconsolidadora o de la compradora), parece conveniente que sea una de las partes la que soporte la totalidad de los riesgos asociados a dicho trayecto en virtud de la regla Incoterms convenida. Esto se explica porque, en caso de producirse un siniestro no localizado[9] en destino, puede resultar complejo, si no imposible, determinar la responsabilidad de los riesgos, que depende del momento en que ha tenido lugar el incidente (antes o después de la carga a bordo del buque, punto de transferencia en las reglas FOB, CFR y CIF).

---

[9] Entiéndase por «siniestro no localizado» todo incidente que suponga falta o daño a la mercancía (mojadura, daños por aplastamiento de la carga o incorrecta manipulación del contenedor, etc.) pero que no se tenga constancia manifiesta del punto en el que se ha originado (lo que sí ocurriría en el caso de accidente de carretera o hundimiento de buque).

Sin embargo, las reglas Incoterms marítimas dividen los riesgos en las operaciones de transporte contenerizado en función del momento de la entrega. En condiciones FOB, CFR y CIF, la entrega se produce una vez que el contenedor se ha cargado a bordo del buque en el puerto de embarque, mientras que en condiciones FAS esta tiene lugar cuando el contenedor se sitúa al costado del buque en el puerto de embarque. De este modo, al aplicarlas a operaciones de transporte contenerizado, las reglas para transporte marítimo dividen el riesgo de la fase de transporte en previo y posterior a la entrega (carga a bordo).

Esta situación puede generar controversias como la que se expone a continuación a modo de ejemplo. Supóngase el caso de una compañía vendedora española que acuerda, con otra chilena, una venta en contenedor en condiciones FOB puerto de Valencia. La mercancía se carga y estiba en contenedor en el almacén de la empresa vendedora, ubicado en un punto interior de España, y se transporta posteriormente hasta Valencia, por ejemplo, por carretera. El contenedor es manipulado y almacenado en este puerto, donde se carga y estiba a bordo del buque, tras lo cual la compañía vendedora transmite los riesgos a la compradora. Por último, se transporta por mar hasta el puerto chileno, donde se descarga, manipula y almacena hasta su transporte final hacia el almacén de la compañía chilena. Esta comprueba, una vez que ha procedido a la recepción de la mercancía, tras abrir el contenedor, que se han producido desperfectos. En esta situación, a menos que los daños se deban a un siniestro localizado (accidente de carretera, hundimiento del buque, etc.), surge la controversia de determinar si dichos desperfectos se han producido antes de la entrega, al embarcar el contenedor a bordo del buque en Valencia, o después de ella.

En estas circunstancias, la aplicación de las reglas Incoterms multimodales evita disputas al asignar la totalidad de los riesgos del transporte a una de las partes, como en los ejemplos que se exponen a continuación:

- **FCA instalaciones de la empresa vendedora en contenedor completo (FCL).** La vendedora carga y estiba la mercancía en el contenedor en sus instalaciones, momento en el que transmite los riesgos a la empresa compradora.
- **FCA instalaciones de la empresa transportista en grupaje (LCL).** La agencia transitaria agrupa y carga la mercancía y consolida el contenedor en sus instalaciones, momento en el que transmite los riesgos a la empresa compradora.
- **CPT o CIP puerto o lugar de destino.** La vendedora contrata y costea el transporte, pero es la empresa compradora la que asume los riesgos desde que

la primera carga el contenedor en sus instalaciones o entrega el grupaje a la operadora de transporte para que esta consolide el contenedor.

– **DAP almacén de la empresa compradora.** La vendedora carga y estiba la mercancía a bordo del contenedor en origen y soporta sus riesgos hasta que este se abre en destino, en el almacén de la compradora.

Finalmente, conviene señalar que algunas de estas reglas multimodales, pese a adaptarse al transporte en contenedor, dividen también los riesgos. Esto ocurre, por ejemplo, en condiciones DAP o DPU terminal de destino, en las que la mercancía no se descarga del contenedor hasta que llega al almacén de la empresa compradora. La trasferencia de riegos se debería producir a la llegada a la terminal –descargada la mercancía o no según se haya pactado DAP o DPU– pero aún quedaría un trayecto hasta el punto final donde se comprueba el estado de la mercancía.

- **Razones de riesgo para la empresa vendedora**

  En virtud de las reglas marítimas FOB, CFR y CIF, la vendedora no transmite los riesgos a la compradora hasta que el contenedor se encuentra cargado a bordo del puerto de embarque; en condiciones FAS, muy poco usadas en el transporte contenerizado, la entrega se produce al costado del buque. El contenedor es una UTI por medio de la cual la vendedora entrega la mercancía a la porteadora mucho antes de su carga a bordo del buque (en sus propios almacenes, en otro lugar donde se consolida y estiba la mercancía o a la llegada del contenedor cargado a la terminal marítima), por lo que la aplicación de las reglas Incoterms marítimas obliga a la empresa vendedora a soportar riesgos posteriores al momento de la entrega efectiva sobre la que tiene control (habitualmente, el de la carga de la mercancía en el contenedor).

  Así pues, en condiciones FOB, CFR y CIF, la vendedora asume el riesgo hasta que el contenedor se ha cargado a bordo del buque en el puerto de embarque. Sin embargo, en condiciones FOB (como se expone al analizar, a modo de alternativa, la regla FCA), ello depende en gran medida de la naviera contratada por la empresa compradora (que, por motivos económicos, puede optar por una naviera con menor frecuencia de escala en los puertos, por ejemplo, quincenal en vez de semanal), del proceso de reserva del servicio de transporte, de la agencia transitaria que opera y coordina la operación en el puerto de embarque, etc.

  Estos elementos, que influyen directamente en la realización del embarque en la fecha prevista, son gestionados por la empresa compradora y no pueden ser controlados por la vendedora, que, sin embargo, se ve afectada por ellos a la hora de cumplir con su obligación de entregar a bordo del buque contratado por la primera. En consecuencia, la alternativa a la regla FOB es el uso de FCA, que permite a la empresa vendedora controlar la entrega en sus instalaciones o en otro lugar, de modo que, para efectuarla, ya no depende de su carga a bordo del buque, sino del momento en que la mercancía se entrega a la operadora de transporte contratada por la compradora (normalmente, una agencia transitaria).

- **Razones de costo para la empresa vendedora**
  Si se comparan las condiciones FOB con las FCA, la aplicación de FOB obliga a la vendedora a asumir los costos hasta que el contenedor se carga a bordo del buque en el puerto de embarque. Sin embargo, tal como se ha dicho, estos costos, que pueden ser elevados (e incrementarse por demoras y otros sobrecostos debidos a una deficiente contratación del transporte por la empresa compradora), no son controlados por la vendedora, que aun así debe asumirlos para cumplir con su obligación de entregar el contenedor a la porteadora contratada por la compradora.

  Para evitar este problema, es recomendable que, en condiciones FOB, el precio que oferte la empresa vendedora se base en los costos de transporte que informe la agencia transitaria o la naviera elegida por la compradora para realizar el transporte. Estos costos pueden variar significativamente entre diferentes agencias transitarias y navieras, por lo que es posible que la vendedora pueda ofrecer un precio más competitivo utilizando su agencia transitaria habitual.

  Respecto de las condiciones CFR en comparación con las CPT, la principal diferencia estriba en el costo del seguro (en caso de haberlo, pues estas reglas no imponen su contratación), que cubre el primer trayecto entre las instalaciones de la empresa vendedora y la carga a bordo del buque en el puerto de embarque. En condiciones CPT con contenedor, la entrega se produce en el momento de cargar la mercancía en el mismo en las instalaciones de la empresa vendedora, por lo que la compradora puede contratar un seguro desde ese punto. En cambio, en condiciones CFR con contenedor, los riesgos se dividen: la vendedora los asume hasta que este se carga a bordo del buque en el puerto de embarque, donde los transmite a la compradora (en estas circunstancias, el seguro, en caso de haberlo, debe adaptarse a dicho punto de entrega).

Finalmente, si se tiene en cuenta el momento de entrega, el seguro obligatorio contratado por la empresa vendedora cubre un trayecto diferente en condiciones CIF y CIP: en la primera, desde sus instalaciones, y en la segunda, desde a bordo en el puerto de embarque. En condiciones CIF, la vendedora tiene la opción de contratar un seguro para cubrir sus propios riesgos desde sus instalaciones hasta el punto de entrega (una vez embarcado el contenedor) o contratar una póliza de seguro endosable que cubra todo el trayecto: hasta el embarque a bordo, la asegurada es la vendedora y, una vez embarcado (cuando obtenga el BL a bordo), endosaría la póliza a la compradora, posicionándola como la asegurada a partir de ese momento.

2.2   Razones por las que las reglas Incoterms marítimas se usan en el transporte contenerizado

- **Facilidad para imputar costos**

  El uso de las reglas Incoterms marítimas facilita la imputación de los costos: en condiciones FAS y FOB, la asunción del flete corresponde a la empresa compradora, mientras que las reglas CFR y CIF obligan a asumirlo a la vendedora. Ahora bien, es significativo que los costos previos y posteriores que se generan en los puertos de embarque y de destino (y en los tramos previos y posteriores al marítimo) corresponden a las empresas vendedora y compradora, respectivamente, de modo que cada una soporta los gastos de su país o zona próxima. Ello facilita la labor de la transitaria o naviera que debe facturar a cada parte por los siguientes motivos:

  - Los costos se facturan en la propia moneda y no se ven influidos por las cotizaciones de una sobre otra.
  - Cada parte está familiarizada con la estructura de los costos que debe asumir, así como con sus correspondientes denominaciones y definiciones.
  - La volatilidad inherente a estas operaciones es soportada por la empresa del país donde se generan, que conoce mejor las circunstancias que de ella puedan derivarse (alza en los costos portuarios o de transporte por cambios legislativos o evolución del mercado, etc.).
  - El uso de ciertas reglas Incoterms multimodales conlleva el reparto de los costos previos en el puerto de embarque entre las empresas vendedora y compradora, que puede plantear problemas de interpretación (por ejem-

plo, en condiciones FCA instalaciones del vendedor, acerca de qué parte debe asumir el costo del precinto o sellado del contenedor, o el peso bruto verificado del contenedor o VGM, etc.).

Por ejemplo, el uso de FCA terminal portuaria de Valencia, junto con el flete, para un embarque con destino a México puede dificultar la facturación de los costos que se producen desde la llegada del contenedor a dicha terminal por parte de la agencia transitaria a la compañía compradora mexicana, por los siguientes motivos:

- La apreciación de la cotización del euro frente al peso mexicano puede incrementar estos costos respecto a los pagados en embarques similares anteriores.
- La compradora puede desconfiar de la facturación de algunos componentes de costos debido al desconocimiento de sus denominaciones y definiciones en el país de origen.
- Los costos en el puerto de origen pueden verse incrementados y ser, en tal caso, rechazados por la compañía mexicana.
- El reparto de ciertos elementos de costo puede dar lugar a disputas acerca de la responsabilidad de una u otra parte de asumirlos, como puede ocurrir, por ejemplo, con los gastos relacionados con los honorarios de la colocación de precintos, pues esta se lleva a cabo en el almacén de la empresa vendedora.

• **Obtención de un BL embarcado por parte de la empresa vendedora**
En condiciones FOB, CFR y CIF, la vendedora asume los costos y los riesgos hasta el embarque del contenedor en el buque (en CFR y CIF asume también el transporte hasta destino pero no sus riesgos). Esto se prueba con la emisión de un BL embarcado, que suele exigirse como documento de transporte en los medios de pago documentarios.

La sustitución de la regla FOB por FCA (por ejemplo, con el almacén de la empresa vendedora como punto geográfico) es adecuada, pero hay que cambiar la documentación de transporte exigida en caso de que el medio de pago sea documentario. En estas circunstancias conviene, por ejemplo, sustituir el BL embarcado por un documento de transporte que pruebe la entrega de la mercancía a la transportista en el almacén de la vendedora (carta de porte terrestre, certificado de recepción del transitario o FCR, etc.), o incluso por un BL multimodal *(house-pier)* que emite la naviera como responsable del transporte desde el almacén de la vendedora, pero sin la expresión de embarcado.

Esto contrasta con la práctica habitual de demandar el BL embarcado, consolidada por el hecho de que el banco emisor del crédito documentario exige recurrentemente un BL que le garantice en gran parte el cobro a la importadora, el cual lo debe requerir en destino para solicitar la entrega de la mercancía mientras que la exportadora lo debe presentar en el banco para cobrar el crédito.

- **La fuerza de la costumbre**
  Numerosas compañías operan en condiciones FOB, CFR y CIF en sus envíos contenerizados de manera satisfactoria, de modo que no necesitan cambiar esta dinámica. Por estas y otras razones se siguen aplicando dichas reglas con transporte multimodal contenerizado con fase marítima.

  En estos casos, es necesario adaptar los condicionados de las reglas Incoterms a este transporte, cuya aplicación práctica se expone en el capítulo 7.

3 FAS *(free alongside ship),* franco al costado del buque

3.1 Descripción general y entrega

En condiciones FAS, la empresa vendedora debe entregar la mercancía, despachada de exportación, al costado del buque (en el muelle bajo la grúa de carga) contratado por la compradora en el puerto de embarque designado, normalmente, en el país de exportación. Esta regla también admite la posibilidad de «proporcionar la mercancía así entregada», como en el caso habitual de las ventas en cadena de los graneles que se producen durante el transporte marítimo.

Debido a los elevados costos de manipulación de estas partidas de productos (graneles o mercancía fraccionada), es fundamental determinar el punto exacto de carga en el puerto de embarque a partir del cual la empresa compradora empieza a asumir los gastos.

Redacción genérica

FAS (puerto de embarque designado). Incoterms 2020.

Ejemplos de redacción

– FAS muelle sur, dársena Escombreras, puerto de Cartagena, Murcia. España. Incoterms 2020.
– FAS terminal de graneles sólidos, puerto de Valencia, Valencia. España. Incoterms 2020.

3.2 Principales obligaciones y costos

- **Obligaciones de la empresa vendedora**
  1. Suministrar la mercancía acordada en el contrato de compraventa (un vez verificada y comprobada su calidad) en el plazo acordado, embalarla apropiadamente para su transporte y marcar el embalaje (excepto graneles, propio de FAS) de forma adecuada (resulta muy conveniente que estos dos aspectos se hayan especificado en el contrato de compraventa).
  2. Suministrar la factura comercial y el resto de la documentación acordada en el contrato de compraventa (como una prueba de conformidad).
  3. Colocar la mercancía (soportando costos y riesgos hasta allí) al costado del buque designado por la parte compradora, en el puerto de embarque establecido (o procurando la mercancía así entregada).

4. Avisar a la parte compradora de que la mercancía se ha entregado o de que el buque no se ha presentado a la recepción de la mercancía en el plazo acordado.

5. Despachar de aduana de exportación (si lo requiere la operación) y sus gestiones y costos asociados: licencias, acreditación de seguridad e inspecciones (circuito rojo tras la presentación del DUA, inspecciones específicas por razón de la mercancía, como las fitosanitarias, sanitarias, farmacológicas, etc.). Asimismo, debe prestar a la parte compradora ayuda para obtener la información y los documentos (a cargo de aquella) que pueda necesitar para gestionar el despacho de importación (y, en su caso, en los países de tránsito), como licencias, certificaciones o inspecciones.

- **Obligaciones de la empresa compradora**
  1. Pagar el precio de la mercancía, conforme se haya pactado en el contrato de compraventa (hay que recordar que el medio de pago no lo regula la regla Incoterms).
  2. Avisar la parte vendedora informándole del nombre del buque, el punto de carga (por ejemplo, especificando la terminal), si lo hay, y de la fecha de entrega dentro del plazo acordado en el contrato de compraventa. La compradora, si no cumple con este punto o su transportista no procede a la recepción de la mercancía, corre con todos los riesgos de pérdida o daño de las mercancías desde la fecha o plazo acordados en el contrato de compraventa para la entrega, así como los costos extra que esta situación genere (pueden ser extracostos de la vendedora hasta poder realizar la entrega efectiva).
  3. Contratar y asumir el costo de las operaciones de carga en el puerto de embarque.
  4. Contratar y pagar el transporte marítimo desde que la mercancía se encuentra al costado del buque en el puerto de embarque. La regla Incoterms recoge la posibilidad de que sea la parte vendedora la que contrate el transporte a riesgo y expensas de la compradora, si esta lo solicita o es práctica habitual. En cualquier caso, la vendedora puede negarse a ello. De hecho, no es recomendable esta opción porque le posiciona como cargadora –fletadora en lenguaje de transporte en régimen de fletamento, frente a la naviera/porteadora– en el contrato de transporte marítimo.
  5. Organizar, gestionar y costear el resto de las operaciones de la cadena logística posteriores a la entrega de la mercancía por la vendedora: carga a bordo del buque en el puerto de embarque, transporte marítimo entre puertos de origen y destino, descarga en el puerto de destino, despacho

FAS

La empresa vendedora asume los costos y riesgos hasta situar la mercancía al costado del buque indicado por la compradora en el puerto de embarque designado. A partir de este punto, los costos corresponden a la empresa compradora, incluida la carga a bordo del buque.

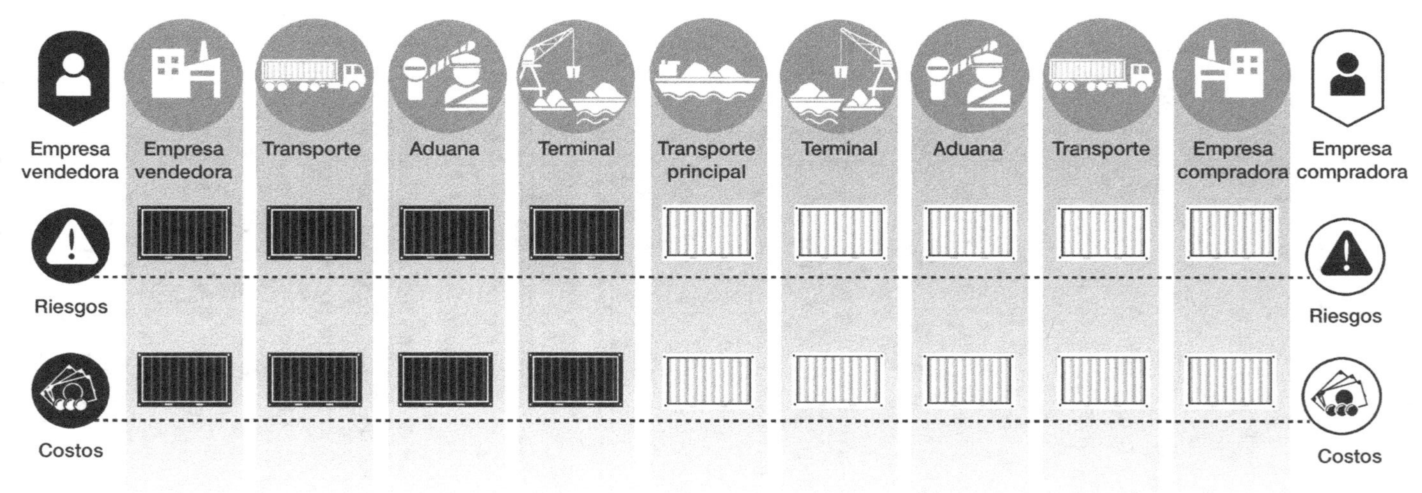

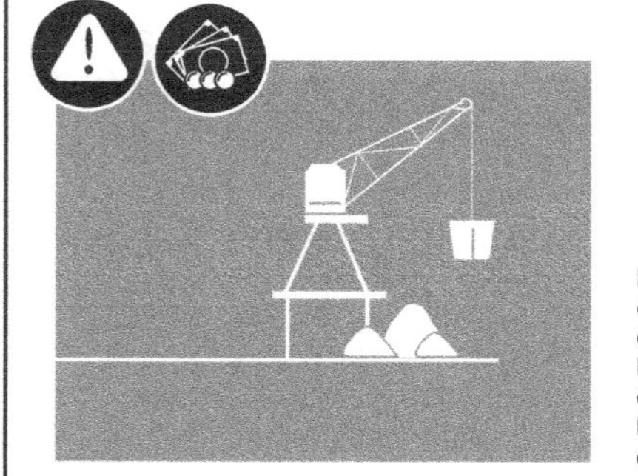

La empresa vendedora debe asumir los costos y riesgos hasta situar la mercancía, despachada de exportación, al costado del buque en el puerto de embarque. A partir de este punto, los costos y riesgos (carga a bordo, transporte y otros en destino) corresponden a la empresa compradora.

FAS con contenedor

La empresa vendedora asume los costos y riesgos hasta situar el contenedor al costado del buque indicado por la compradora en el puerto de embarque designado. A partir de este punto, los costos corresponden a la empresa compradora, incluida la carga a bordo del buque. En los servicios de transporte de contenedores en línea regular, este costo suele incluirse en el flete.

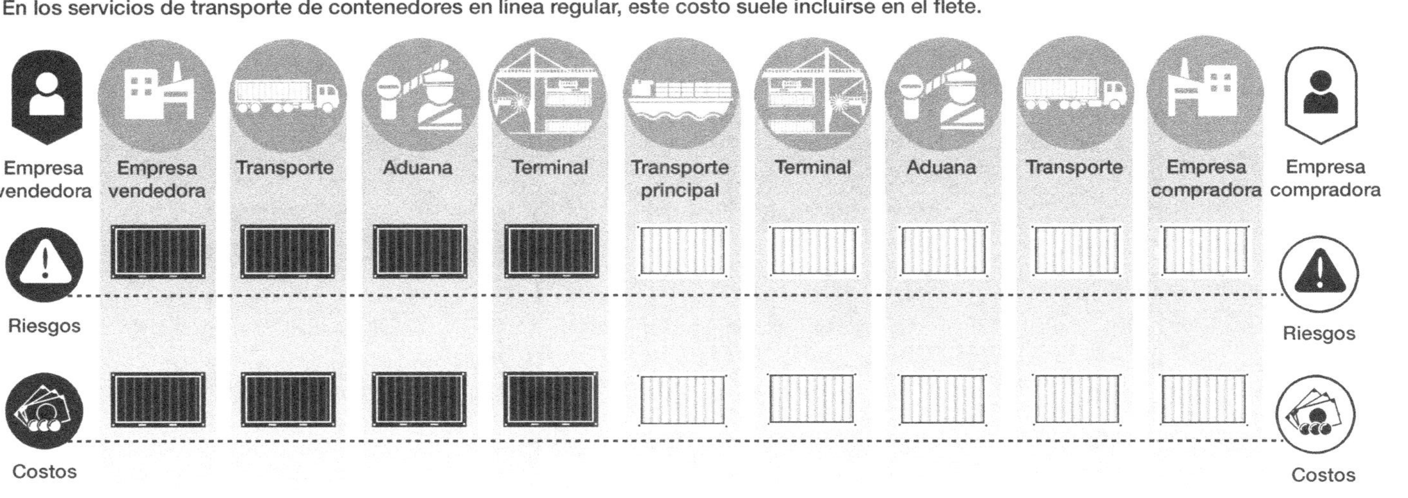

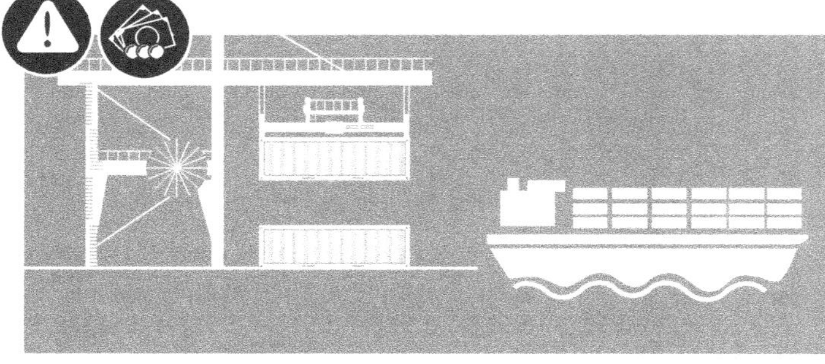

La empresa vendedora debe asumir los costos y riesgos hasta situar el contenedor, despachado de exportación, al costado del buque en el puerto de embarque. A partir de este punto, los costos y riesgos (carga a bordo, transporte y otros en destino) corresponden a la empresa compradora.

de importación (y, en su caso, en los países de tránsito) y costos posteriores hasta el punto de destino final.

3.3   Consideraciones para un uso eficaz

3.3.1   Uso de FAS con mercancía no unitizada

- **Contratos de transporte y otros costos previos y posteriores al trayecto marítimo**
  Las empresas vendedora y compradora deben gestionar y asumir los costos en sus respectivos países. Se exceptúa la carga en el puerto de embarque, así como posibles operaciones accesorias requeridas por la mercancía (estiba, trimado, etc.), que tienen lugar en el país de la vendedora, pero son asumidas por la compradora.

- **Contratación del transporte marítimo**
  Está obligada a ella la empresa compradora, que debe negociar con la naviera o la agencia de fletamento las condiciones del transporte (flete, fechas, etc.) y la carga (medios para su desarrollo, tiempo de plancha,[10] costo, demoras, etc.). Respecto del transporte en régimen de fletamento, conviene que la compradora contrate el transporte con términos de embarque que incluyan en el flete los costos de carga y operaciones accesorias de la mercancía en el puerto de embarque, como LIFO y línea regular. De este modo, el flete abonado a la naviera ya incluye dichas operaciones, que se complementan con la entrega de la mercancía por parte de la empresa vendedora al costado del buque.

3.3.2   Uso de FAS en el transporte contenerizado

FAS es una de las reglas Incoterms menos utilizadas. Su uso en el transporte contenerizado no es habitual; además, la versión de 2020 recomienda que se sustituya

---

[10] Periodo autorizado para que un buque efectúe la carga o descarga en un puerto, que se estipula en el contrato de fletamento. En caso de no cumplirse se generan demoras a cargo del fletador («cargador» en un contrato de fletamento) a pagar a la naviera (propietaria/explotadora del buque).

por FCA. Con todo, en el caso de que se pacte, supone para la empresa vendedora las mismas obligaciones que en condiciones FOB, si bien los riesgos se transmiten a la compradora al entregar la mercancía al costado del buque y no una vez embarcada (como estipula la regla FOB).

En relación con el costo, lo habitual es que las navieras operen en línea regular en condiciones línea regular, que incluyen en el flete el costo de la carga a bordo del buque por la grúa portacontenedores. Estas circunstancias coinciden, pues, con las descritas en condiciones FAS. En todo caso, si el flete no incluyese la carga, esta tendría que asumirla la empresa vendedora.

3.3.3   Otras consideraciones para el uso de FAS

- **Seguro de transporte**

  La regla FAS no obliga a ninguna de las partes a contratar un seguro que cubra los posibles riesgos sufridos por la mercancía durante el transporte. Sin embargo, ambas empresas, en particular la compradora, deben valorar la conveniencia de contratar un seguro que cubra los riesgos que asume cada parte (en el caso de la vendedora, hasta colocar la mercancía al costado del buque, donde transmite los riesgos a la compradora).

- **Documentación y prueba de entrega**

  La prueba de la entrega por parte de la empresa vendedora debe ser un documento que pruebe la recepción de la mercancía en el puerto de embarque, como un recibo de muelle *(dock's receipt)* emitido por la operadora correspondiente (naviera, estibadora, agencia transitaria o autoridad portuaria). Esta regla Incoterms especifica que la vendedora debe proporcionar, como documento de entrega, la prueba habitual de que la mercancía se ha entregado. Por otra parte, al no estar obligada a contratar el transporte, no se requiere a la vendedora un contrato de transporte (lo que sí ocurre en condiciones CFR y CIF, en las que se estipula que esta debe proporcionar el documento de transporte).

  La empresa vendedora no está obligada a presentar un documento que pruebe la entrega a bordo del buque, un conocimiento de embarque o embarcado, que constituye un contrato de transporte, o un recibo de embarque *(mate's receipt)*, emitido por el primer oficial del buque para probar la carga a bordo de la mercancía).

- **Documentación del transporte y medio de pago documentario**

  En caso de acordar un medio de pago documentario como garantía de cobro de la operación, debe exigirse el mismo documento de transporte que prueba la entrega en condiciones FAS. En cuanto al transporte contenerizado, es habitual que el BL embarcado se entregue a la empresa vendedora, pues supone los mismos costos que en condiciones FOB. Con todo, ha de tenerse en cuenta que quien contrata el transporte es la compradora, por lo que la vendedora debe asegurarse previamente de que tiene acceso al BL si este se requiere en el crédito documentario (véase el proceso al respecto en condiciones FOB).

- **Control de la cadena logística y nivel de servicio de la empresa vendedora**

  La empresa compradora controla la mayor parte de la cadena logística y su costo. Conviene tener en cuenta, particularmente en la compraventa de graneles y mercancía no unitizada, que el transporte marítimo constituye una gran parte del costo logístico global. Como contrapartida, la compradora puede acceder a precios y condiciones favorables al gestionar grandes volúmenes de embarque. El nivel de servicio de la empresa vendedora es reducido, pues esta regla obliga a la compradora a gestionar todas las operaciones desde que la primera sitúa la mercancía al costado del buque en el puerto de embarque.

3.4 Conclusiones

La regla FAS, pese a utilizarse con poca frecuencia, resulta adecuada en el transporte de cargas no unitizadas como:

- Graneles: piensos, cereales, cemento, carbón, etc.
- Material voluminoso y pesado (piezas indivisibles, etc.).
- Maquinaria y bienes de equipo.

En estas condiciones, la empresa vendedora se limita a situar la mercancía al costado del buque, mientras que la compradora contrata y asume la carga a bordo, así como los costos posteriores (transporte hasta el puerto de destino, costos en el puerto de destino, despacho de importación, etc.). Asimismo, resulta muy conveniente contratar el transporte en las condiciones de embarque adecuadas, de manera que las obligaciones y los costos de ambas partes queden coordinados.

4   FOB *(free on board)*, franco a bordo

4.1   Descripción general y entrega

La regla FOB es una de las más utilizadas en todo tipo de embarques (graneles, contenedores, etc.). Implica que la empresa vendedora debe entregar la mercancía, despachada de exportación, a bordo del buque contratado por la compradora en el puerto de embarque designado (normalmente, en el país de la vendedora). En ese momento se produce la entrega y la transmisión de riesgos a la compradora.

La entrega también tiene lugar si la vendedora «proporciona la mercancía así entregada», como en el caso habitual de las ventas en cadena de los graneles que se producen durante el transporte marítimo.

Redacción genérica

FOB (puerto de embarque designado). Incoterms 2020.

Ejemplos de redacción

- FOB muelle sur, dársena Escombreras, puerto de Cartagena, Murcia. España. Incoterms 2020.
- FOB terminal de graneles sólidos, puerto de Valencia, Valencia. España. Incoterms 2020.
- FOB terminal de contenedores, puerto de Barcelona, Barcelona. España. Incoterms 2020.

4.2   Principales obligaciones y costos

- **Obligaciones de la empresa vendedora**
  1. Suministrar la mercancía acordada en el contrato de compraventa (una vez verificada y comprobada su calidad) en el plazo acordado, embalarla debidamente para su transporte y marcar el embalaje (excepto graneles, mercancía apropiada para FOB) de forma adecuada (resulta muy conveniente que estos dos aspectos se hayan especificado en el contrato de compraventa).
  2. Suministrar la factura comercial y el resto de la documentación acordada en el contrato de compraventa (como una prueba de conformidad).
  3. Colocar la mercancía (soportando costos y riesgos hasta allí) a bordo del buque designado por la parte compradora en el puerto de embarque establecido (o procurando la mercancía así entregada).

FOB

La empresa vendedora asume los costos y riesgos hasta situar la mercancía a bordo del buque indicado por la compradora en el puerto de embarque designado. A partir de este punto, los costos corresponden a la empresa compradora.

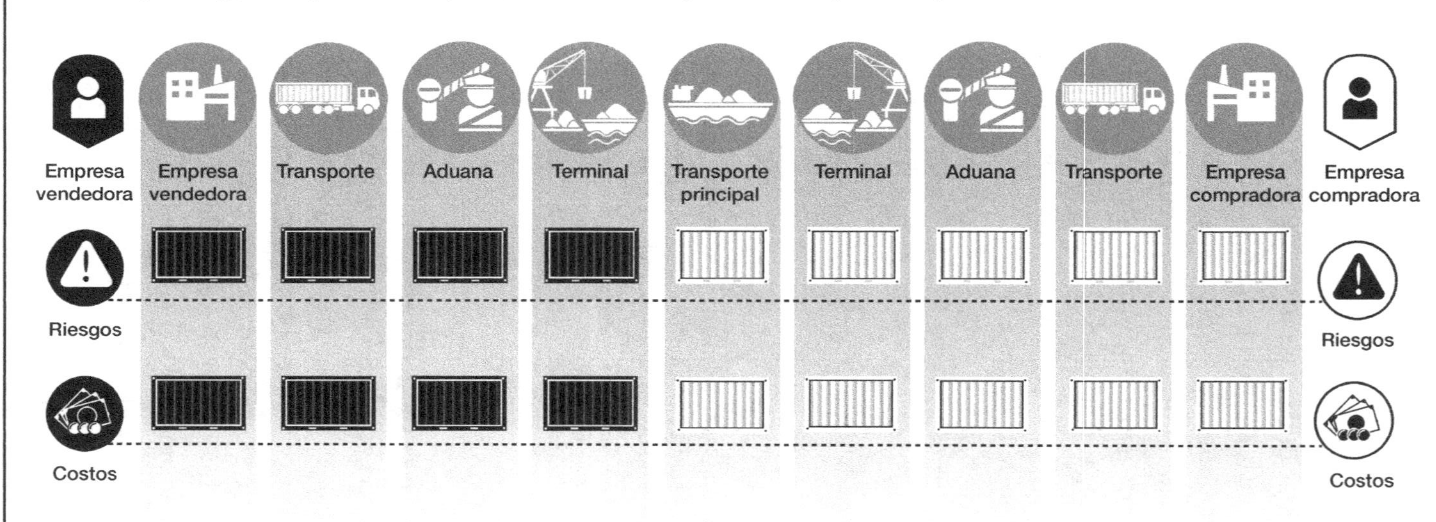

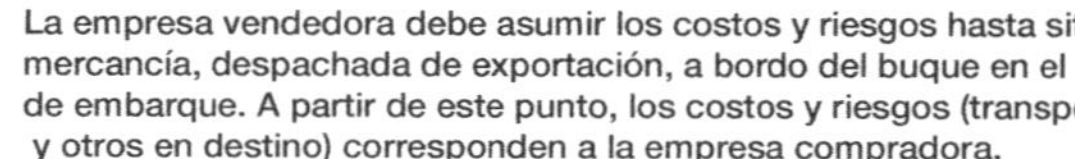

La empresa vendedora debe asumir los costos y riesgos hasta situar la mercancía, despachada de exportación, a bordo del buque en el puerto de embarque. A partir de este punto, los costos y riesgos (transporte y otros en destino) corresponden a la empresa compradora.

FOB con contenedor

La empresa vendedora asume los costos y riesgos hasta situar el contenedor a bordo del buque indicado por la compradora en el puerto de embarque designado. A partir de este punto, los costos corresponden a la empresa compradora. En los servicios de transporte de contenedores en línea regular, la carga suele incluirse en el flete.

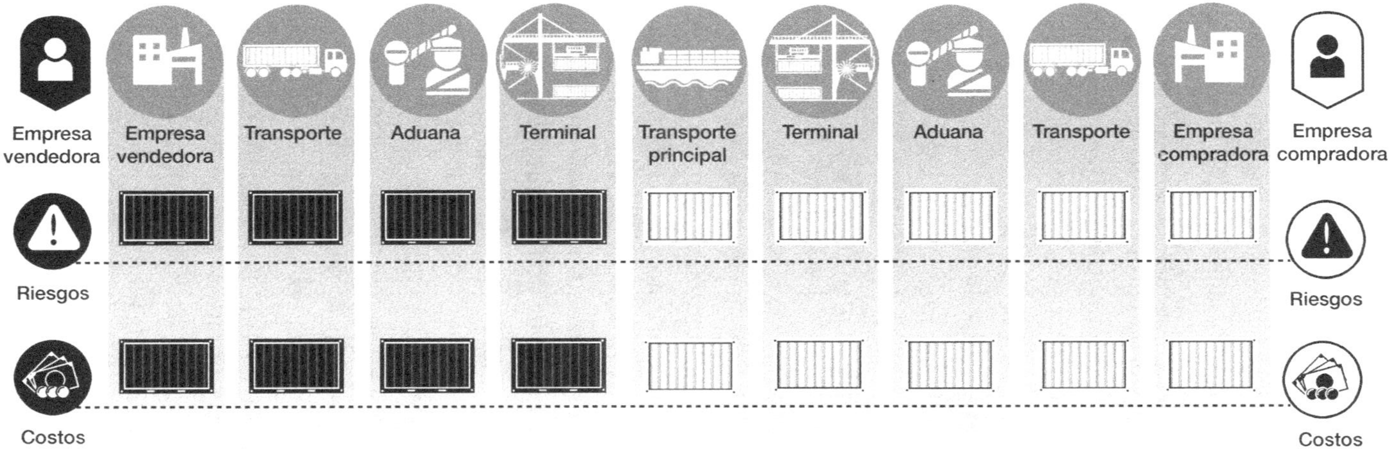

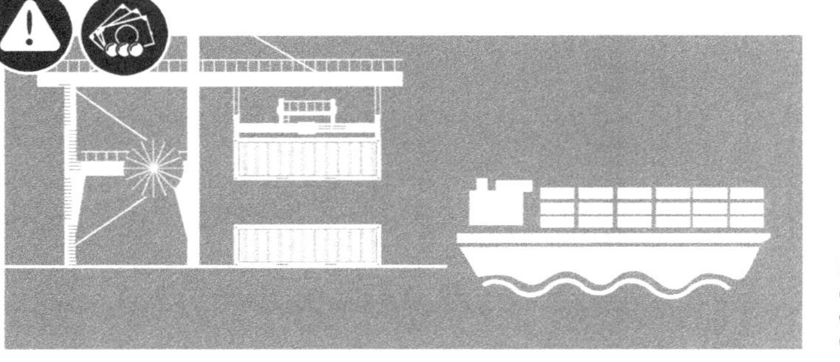

La empresa vendedora debe asumir los costos y riesgos hasta situar el contenedor, despachado de exportación, a bordo del buque en el puerto de embarque. A partir de este punto, los costos y riesgos (transporte y otros en destino) corresponden a la empresa compradora.

4. Avisar la compradora de que la mercancía se ha entregado o de que el buque no se ha hecho cargo de la mercancía en el plazo acordado.

5. Despachar de aduana de exportación (si lo requiere la operación) y sus gestiones y costos asociados: licencias, acreditación de seguridad e inspecciones (circuito rojo tras la presentación del DUA, inspecciones específicas por razón de la mercancía, como las fitosanitarias, sanitarias, farmacológicas, de seguridad, etc.). Asimismo, debe prestar la parte compradora ayuda para obtener la información y los documentos (a costo de esta) que pueda necesitar para gestionar el despacho de importación (y, en su caso, en los países de tránsito), como licencias, certificaciones o inspecciones.

- **Obligaciones de la empresa compradora**
  1. Pagar el precio de la mercancía, conforme se haya pactado en el contrato de compraventa (hay que recordar que el medio de pago no lo regula la regla Incoterms).

  2. Avisar la parte vendedora informándole del nombre del buque, del punto de carga (por ejemplo, especificando la terminal), si lo hay, y de la fecha de entrega dentro del plazo acordado en el contrato de compraventa. La compradora, si no cumple con este punto o su transportista no procede a la recepción de la mercancía, corre con todos los riesgos de pérdida o daño de las mercancías desde la fecha o plazo acordados en el contrato de compraventa para la entrega, así como los costos extra que esta situación genere (pueden ser extracostos de la vendedora hasta poder realizar la entrega efectiva).

  3. Contratar y pagar el transporte marítimo desde que la mercancía se encuentra a bordo del buque en el puerto de embarque. La regla Incoterms recoge la posibilidad de que sea la vendedora quien contrate el transporte a riesgo y expensas de la compradora si así se acuerda en el contrato de compraventa. En cualquier caso, la vendedora puede negarse a ello (ya que debe acordarse). De hecho, no es recomendable esta opción porque la posiciona como cargadora –fletadora en lenguaje de transporte en régimen de fletamento, frente a la naviera/porteadora– en el contrato de transporte marítimo.

  4. Organizar, gestionar y costear el resto de las operaciones de la cadena logística posteriores a la entrega de la mercancía por la vendedora: transporte marítimo entre puertos de origen y destino, descarga en el puerto de destino, despacho de importación (y, en su caso, en los países de tránsito) y costos posteriores hasta el punto de destino final. La regla Incoterms recoge la posibilidad de que sea la parte vendedora la que contrate el transporte a

riesgo y expensas de la compradora, si esta lo solicita o es práctica habitual. En cualquier caso, la vendedora puede negarse a ello. De hecho, no es recomendable esta opción porque le posiciona como cargadora –fletadora en lenguaje de transporte en régimen de fletamento, frente a la naviera/porteadora– en el contrato de transporte marítimo.

4.3   Consideraciones para un uso eficaz

4.3.1   Uso de FOB con mercancía no unitizada

- **Contratos de transporte y otros costos previos y posteriores al trayecto marítimo**
  Las empresas vendedora y compradora deben gestionar y asumir los costos del transporte hasta y desde el puerto en sus respectivos países o zonas geográficas próximas.

- **Contratación del transporte marítimo**
  Está obligada a ello la empresa compradora, que debe negociar con la naviera o la agencia de fletamento las condiciones del transporte (flete, fechas, etc.) y la carga (medios para su desarrollo, tiempo de plancha, costo, demoras, etc.). Aun así, existe la opción de que la empresa vendedora, de acuerdo con la compradora o a solicitud de esta, contrate el transporte, que asume la compradora (flete debido o *freight collect)*. Aunque no es recomendable por posicionar a la vendedora como cargadora en el contrato de transporte, si es cierto que de este modo, al controlar la vendedora las operaciones de la agencia transitaria y la naviera, se reducen los riesgos de costos excesivos derivados de la entrega a la operadora de transporte elegida por la compradora (véase el epígrafe «Razones de costo para la empresa vendedora» en el apartado 2.1 de este capítulo). Si se opta por esta alternativa, lo habitual es que la operadora reclame previamente a la compradora su conformidad respecto al flete que abonará en destino, cuyos costos, junto con los gastos posteriores a la llegada del puerto, deben ser revisados cautelosamente por ella.
  Respecto del transporte en régimen de fletamento, conviene que la empresa compradora lo contrate en condiciones que no incluyan la carga en el puerto de embarque (operación que realiza y asume la vendedora), como FIO, FIOS, FIOST, FISLO o FILO. La elección del término de embarque depende del tipo de mercancía y de los requisitos para su correcto transporte (estiba, trimado, etc.), así como de la inclusión de la descarga en destino en el flete contratado por la compradora con la naviera (términos FISLO y FILO) o la no inclusión de

dicha descarga, en cuyo caso debe contratarse con una operadora externa, como una agencia marítima (términos FIO, FIOS y FIOST).

4.3.2   Uso de FOB en el transporte contenerizado

La versión 2020 de las reglas Incoterms (como ya ocurre en versiones anteriores) desaconseja el transporte contenerizado en condiciones FOB y recomienda el uso de la regla FCA en su lugar por las razones expuestas en el apartado 2 de este capítulo. A pesar de ello, estas operaciones son frecuentemente llevadas a cabo en condiciones FOB.

El uso de FOB en el transporte contenerizado obliga a la empresa vendedora a asumir los costos y los riesgos hasta que el contenedor se carga a bordo del buque en el puerto de embarque. Desde el punto de vista de la compradora, la regla FOB le evita soportar dichos costos y riesgos previos al inicio del transporte marítimo (retrasos y costos en el puerto por malas condiciones del mar, costos de gestiones y operativas particulares del puerto de embarque, etc.). Por otra parte, le proporciona un amplio control de la cadena logística (elige naviera o agencia transitaria), además de ser una práctica muy habitual, por ejemplo, con proveedores asiáticos que ya la tienen estandarizada.

4.3.3   Otras consideraciones para el uso de FOB

- **Seguro de transporte**
  La regla FOB no obliga a ninguna de las partes a contratar un seguro que cubra los posibles riesgos sufridos por la mercancía durante el transporte. Sin embargo, ambas compañías, en particular la compradora, deben valorar la conveniencia de contratar uno que cubra los riesgos que asume cada parte (en el caso de la empresa vendedora, hasta colocar la mercancía a bordo del buque, momento en el que transmite los riesgos a la compradora). La conveniencia de contratar un seguro en este tipo de operaciones se ve reforzada por la dificultad de que la parte perjudicada (la que soporta el riesgo según la regla Incoterms) haga una reclamación directa a la naviera por siniestros producidos durante el transporte debido a la aplicación de marcos jurídicos y a las condiciones del contrato de transporte (impuesto a modo de contrato de adhesión), muy beneficiosas para el porteador.

- **Documentación y prueba de entrega**

  La prueba de la entrega realizada por la empresa vendedora debe ser un documento que demuestre el embarque a bordo de la mercancía en el puerto de origen, es decir, la prueba habitual de que la mercancía se ha entregado (a diferencia de lo estipulado en condiciones CFR y CIF, en virtud de las cuales, para cumplir esta misma obligación, la vendedora debe proporcionar el documento de transporte).

  En condiciones FOB y FAS, la vendedora no contrata el transporte, por lo que se le exige únicamente la prueba de entrega. Sin embargo, en la práctica habitual, y dado que esta parte asume los costos y riesgos hasta embarcar la mercancía a bordo, el documento usual de prueba de entrega es el contrato de transporte o conocimiento de embarque (BL), documento que debe entregarse a la empresa vendedora como embarcadora *(shipper)* de la mercancía en el puerto de exportación, en aplicación de una de sus funciones principales (recibí de la mercancía por parte de la operadora de transporte).

  Sin embargo, en condiciones FOB es la empresa compradora la que contrata el transporte y puede, pues, presionar a la naviera para que le entregue el BL, hecho que puede perjudicar a la vendedora si el documento le es requerido para cobrar, por ejemplo, mediante crédito documentario. En este caso, la vendedora debe asegurarse previamente de que dicho documento le será entregado, ya sea condicionando a su obtención el pago de los costos que le correspondan o gestionando la contratación del transporte a porte debido, que asume la empresa compradora.

  El uso masivo de la regla FOB en muchos casos es consecuencia de que habitualmente se exige el BL para cobrar (en caso de pedirlo, por ejemplo, en un crédito documentario) pero, como comentábamos anteriormente al analizar FCA, hay muchas operaciones donde por distintas razones (confianza entre las partes, operaciones entre compañías del mismo grupo, pago por adelantado, etc.), para agilizar la operación, convendría eliminar la emisión de un BL embarcado con su función de título valor y sustituirlo (en caso de pactar FOB) por un BL sin dicha función, la carta de porte marítimo emitida electrónicamente, que ahorra los costos de la emisión y gestión del BL y agiliza la entrega en destino pues la parte compradora puede reclamarla mediante su mera identificación.

  Si, analizadas las circunstancias de la operación, se opta por usar FCA en vez de FOB, se puede presentar, como prueba de entrega, un documento previo como el ejemplar 1 de la carta de porte. La entrega en FOB puede asimismo probarse mediante un recibo de embarque emitido por el primer oficial del buque.

- **Documentación del transporte y medio de pago documentario**
  En el caso de acordar un medio de pago documentario, es usual exigir el documento que prueba la entrega de la mercancía (BL embarcado o recibo de embarque).

- **Control de la cadena logística y nivel de servicio de la empresa vendedora**
  En condiciones FOB, la compradora controla la mayor parte de la cadena logística y su costo, ya que el costo del transporte marítimo, particularmente en el transporte de graneles y mercancía no unitizada, supone una gran parte del costo logístico global. Esto permite a la compradora elegir la operadora de transporte (naviera y agencia transitaria), negociar los fletes en mejores condiciones (tiempos de tránsito, etc.) y acceder a tarifas y condiciones ventajosas.

  En cambio, la regla CFR, en comparación con FOB, limita el control de la compradora, que puede ver dificultado el acceso a la mercancía y tener que asumir elevados costos en el puerto de destino (sobre todo en el caso de grupaje). A fin de evitar estos problemas, ambas compañías deben solicitar cotizaciones lo más detalladas posibles (incluyendo los importes por cada concepto), de modo que se controlen los costos que posteriormente se facturarán.

  El nivel de servicio de la empresa vendedora es limitado, ya que la compradora gestiona los costos y asume los riesgos desde el embarque a bordo.

  En todo caso, la opción de FOB y CFR va a depender también, como indicaremos al exponer los criterios de elección de la regla óptima, de que una u otra parte (vendedora o compradora) puedan acceder a fletes y condiciones de transporte más competitivas que la otra (en ese caso, debiera elegirse la regla que permita poner de manifiesto esa ventaja).

4.4 Conclusiones

Junto con CIF, FOB es una de las reglas Incoterms más utilizadas. No obstante, de acuerdo con las recomendaciones (notas explicativas para usuarios) de la versión de 2020, su aplicación debe limitarse a embarques de mercancías no unitizadas como:

- Graneles sólidos (cemento, carbón, etc.) o líquidos (gases licuados, etc.).
- Carga general transportada en bobinas, fardos, bidones, etc.
- Otras cargas generales compuestas por planchas, palés, etc.
- Material voluminoso y pesado (piezas indivisibles, etc.).
- Maquinaria y bienes de equipo.

La contratación del transporte en estas condiciones debe efectuarse utilizando el término de embarque adecuado que permita coordinar las obligaciones y los costos de ambas empresas.

Si bien el uso de FOB es muy habitual en el transporte contenerizado por razones prácticas, su aplicación a este tipo de operaciones puede generar controversias derivadas de los riesgos y costos que asume la empresa vendedora hasta la entrega embarcada del contenedor, sobre los cuales no tiene control.

Finalmente, en condiciones FOB, la compradora, al contratar el transporte marítimo, gestiona la mayor parte de la cadena logística, hecho que puede traducirse en una mayor competitividad al permitirle acceder a tarifas y condiciones ventajosas gracias a los grandes volúmenes de contratación.

5   CFR *(cost and freight),* costo y flete

5.1   *Descripción general y entrega*

El uso de la regla CFR es muy habitual en diferentes tipos de operaciones (graneles, contenedores, etc.). En condiciones CFR, la empresa vendedora entrega la mercancía, despachada de exportación, a bordo del buque y contrata y asume su transporte hasta el puerto de destino designado. En los casos de ventas en cadena de los graneles o productos básicos obtenidos durante el trayecto marítimo, la vendedora puede «proporcionar la mercancía así entregada».

Como corresponde a las reglas pertenecientes al grupo C, CFR presenta una dicotomía entre el punto de entrega y transmisión de los riesgos (en este caso, una vez que la mercancía se ha cargado a bordo del buque en el puerto de embarque) y el punto hasta el que la vendedora debe contratar y asumir el transporte (el puerto de destino designado). Por lo tanto, si bien la empresa vendedora es la que costea el transporte principal (marítimo), la compradora es la que soporta sus riesgos.

En consecuencia, es fundamental que tanto el lugar de entrega como el de destino se especifiquen claramente en el contrato de compraventa, teniendo en cuenta que, de no determinarse el primero, se entiende que la entrega se produce una vez que la mercancía se ha cargado a bordo del buque en el puerto de embarque. Asimismo, es imprescindible precisar todo lugar de entrega ubicado en un punto distinto (puerto de destino, lugar previo al puerto de embarque, etc.).

Por ejemplo, en un embarque efectuado en España en el marco de una compraventa acordada en condiciones «CFR terminal 1, puerto de Valparaíso, Valparaíso. Chile. Incoterms 2020», la vendedora debe contratar y asumir todos los costos hasta situar la mercancía en el puerto de destino. No obstante, en caso de siniestro acontecido tras la carga en el buque en el puerto de embarque, es la empresa compradora la que soporta los riesgos, con las consiguientes implicaciones respecto al pago de la compraventa y la reclamación a la porteadora. En cambio, si el siniestro se produce antes de la carga de la mercancía a bordo del buque, es la vendedora la que debe asumir los riesgos.

Esta dicotomía entre costos y riesgos está relacionada con el uso del conocimiento de embarque (BL). Al constituir un título valor (excepto que se emita sin esta función, en cuyo caso se denomina, como se ha dicho antes, carta de porte marítimo*),* la vendedora debe proporcionar a la compradora, como prueba de la entrega de la mercancía, los originales de dicho documento que le permitan reclamar la mercancía en destino a la naviera. De este modo, la empresa compradora recibe la posesión de la mercancía en origen, por lo que resulta adecuado que deba soportar los riesgos durante el transporte.

En las notas introductorias de CFR, la versión de 2020 de las reglas Incoterms desaconseja utilizarla en el transporte contenerizado y recomienda sustituirla por CPT, que permite sincronizar el momento de entrega y transmisión de los riesgos con aquel en que la vendedora pone la mercancía a disposición de la operadora de transporte (normalmente, en su almacén, al cargar la mercancía en el contenedor). Esta sustitución clarifica la asignación de riesgos pues son soportados en su totalidad por la compradora.

Redacción genérica

CFR (puerto de destino designado). Incoterms 2020.

Ejemplos de redacción

- CFR terminal 1, puerto de Valparaíso, Valparaíso. Chile. Incoterms 2020.
- CFR muelle 12, puerto de Buenaventura, Buenaventura. Colombia. Incoterms 2020.
- CFR terminal de graneles, puerto de Santos, Santos. Brasil. Incoterms 2020.
- CFR terminal de contenedores, puerto de Veracruz, Veracruz. México. Incoterms 2020.

5.2 Principales obligaciones y costos

- **Obligaciones de la empresa vendedora**
  1. Suministrar la mercancía acordada en el contrato de compraventa (una vez verificada y comprobada su calidad) en el plazo acordado, embalarla debidamente para su transporte y marcar el embalaje (excepto graneles, mercancía apropiada para CFR) de forma adecuada (resulta muy conveniente que estos dos aspectos se hayan especificado en el contrato de compraventa).
  2. Suministrar la factura comercial y el resto de la documentación acordada en el contrato de compraventa (como una prueba de conformidad).
  3. Contratar el transporte y asumir su costo hasta situar la mercancía en el puerto de destino designado, cargada a bordo del buque de llegada.
  4. Notificar la parte compradora que la mercancía se ha entregado para que pueda recibirla en el puerto de destino.
  5. Despachar de aduana de exportación (si lo requiere la operación) y sus gestiones y costos asociados: licencias, acreditación de seguridad e inspec-

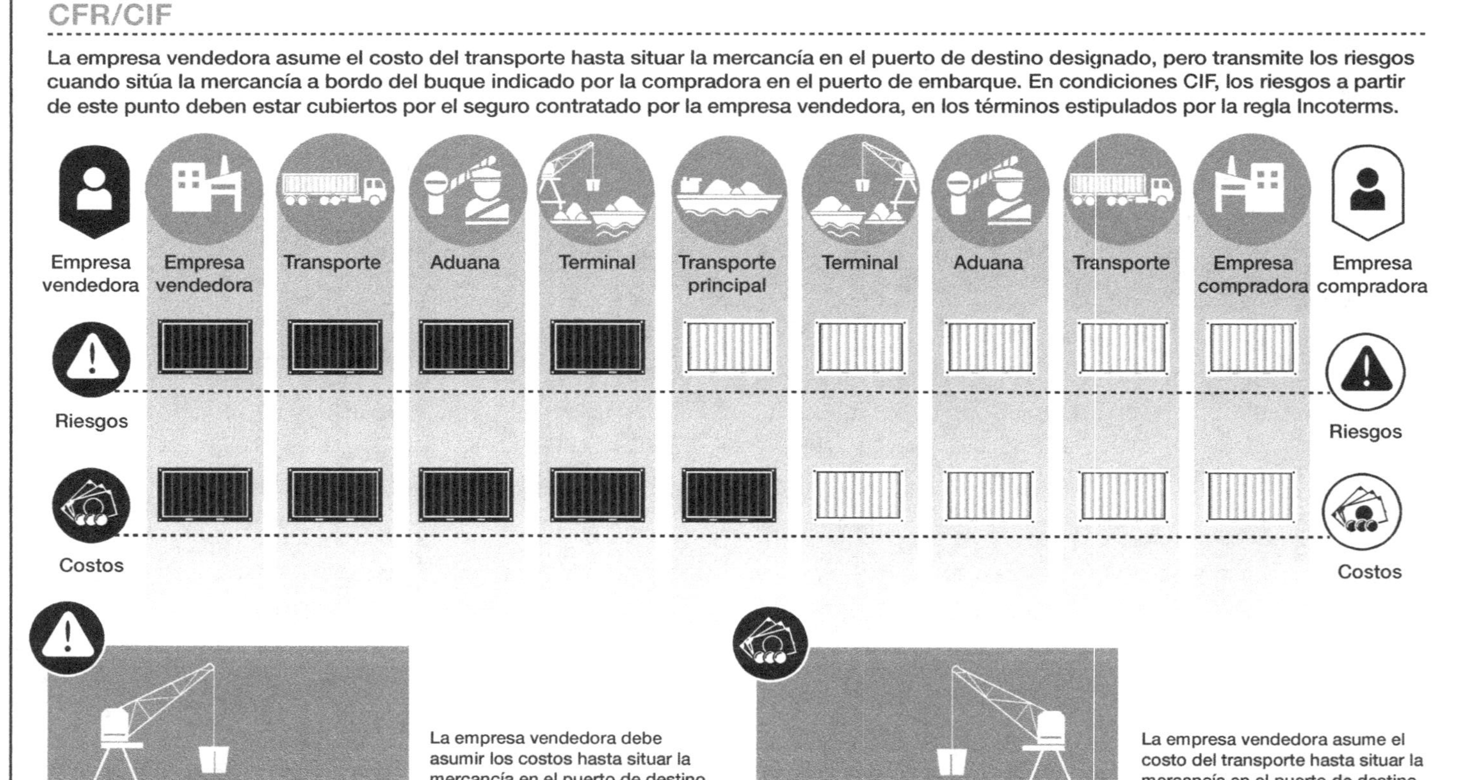

CFR/CIF
La empresa vendedora asume el costo del transporte hasta situar la mercancía en el puerto de destino designado, pero transmite los riesgos cuando sitúa la mercancía a bordo del buque indicado por la compradora en el puerto de embarque. En condiciones CIF, los riesgos a partir de este punto deben estar cubiertos por el seguro contratado por la empresa vendedora, en los términos estipulados por la regla Incoterms.
Empresa vendedora
Empresa vendedora
Transporte
Aduana
Terminal
Transporte principal
Terminal
Aduana
Transporte
Empresa compradora
Empresa compradora
Riesgos
Riesgos
Costos
Costos
La empresa vendedora debe asumir los costos hasta situar la mercancía en el puerto de destino designado, si bien la entrega y la transmisión de riesgos a la compradora se producen una vez que la mercancía se encuentra a bordo del buque en el puerto de embarque.
La empresa vendedora asume el costo del transporte hasta situar la mercancía en el puerto de destino designado. Los costos de descarga corresponden a la empresa compradora, a menos que el contrato de transporte de la vendedora los incluya.

CFR/CIF con contenedor

La empresa vendedora asume el costo del transporte hasta situar el contenedor en el puerto de destino designado. De igual modo que en condiciones FOB, la empresa vendedora asume los riesgos hasta situar el contenedor a bordo del buque indicado por la compradora en el puerto de embarque. En condiciones CIF, los riesgos a partir de este punto deben estar cubiertos por el seguro contratado por la empresa vendedora, en los términos estipulados por la regla Incoterms.

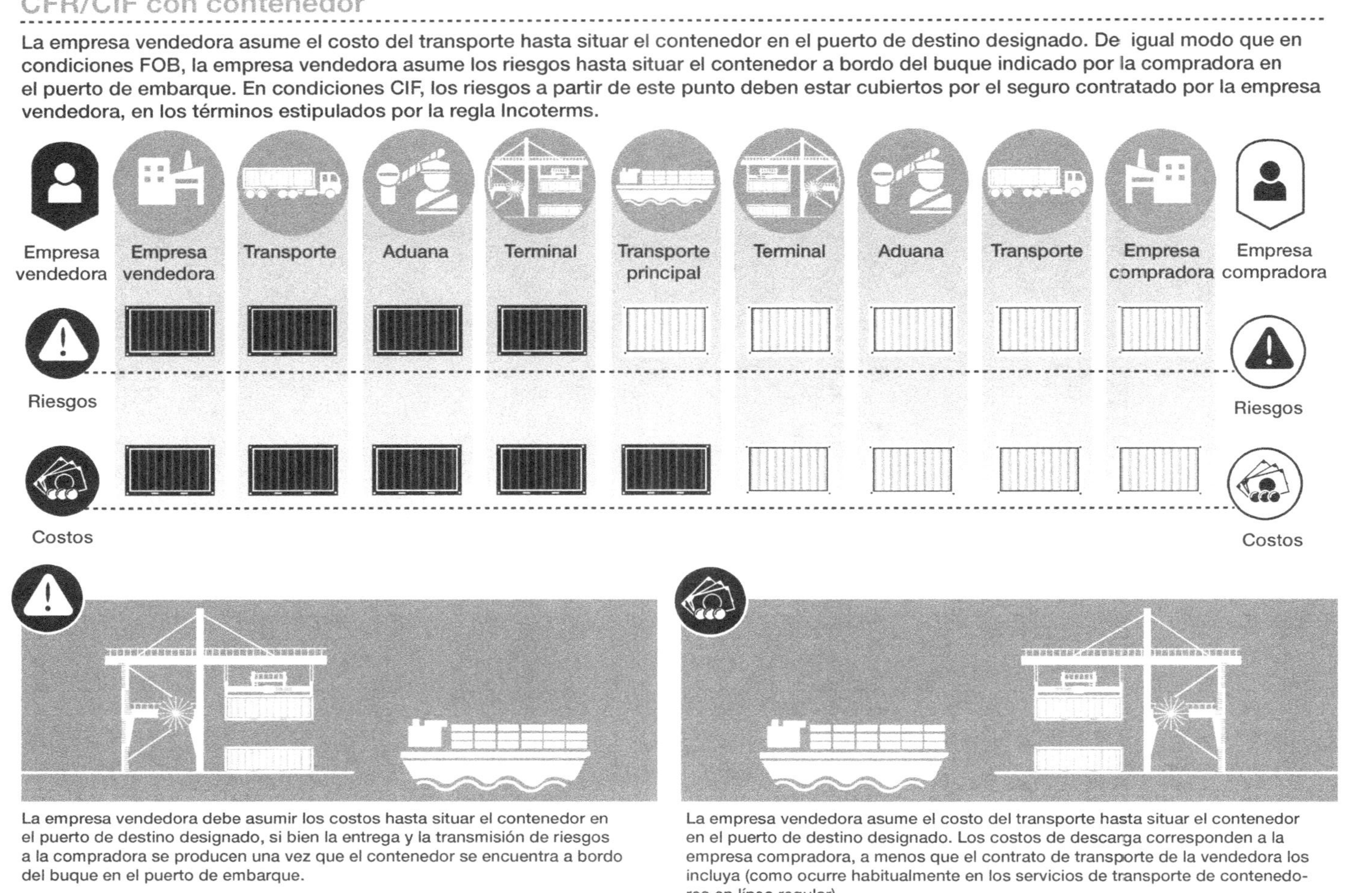

La empresa vendedora debe asumir los costos hasta situar el contenedor en el puerto de destino designado, si bien la entrega y la transmisión de riesgos a la compradora se producen una vez que el contenedor se encuentra a bordo del buque en el puerto de embarque.

La empresa vendedora asume el costo del transporte hasta situar el contenedor en el puerto de destino designado. Los costos de descarga corresponden a la empresa compradora, a menos que el contrato de transporte de la vendedora los incluya (como ocurre habitualmente en los servicios de transporte de contenedores en línea regular).

ciones (circuito rojo tras la presentación del DUA, inspecciones específicas por razón de la mercancía, como las fitosanitarias, sanitarias, farmacológicas, de seguridad, etc.). Asimismo, debe prestar a la compradora ayuda para obtener la información y los documentos (a cargo de esta) que pueda necesitar para gestionar el despacho de importación (y, en su caso, en los países de tránsito), como licencias, certificaciones o inspecciones.

- **Obligaciones de la empresa compradora**
  1. Pagar el precio de la mercancía, conforme se haya pactado en el contrato de compraventa (hay que recordar que el medio de pago no lo regula la regla Incoterms)
  2. Si así se ha acordado en el contrato de compraventa, la compradora puede determinar el momento del embarque o el punto (terminal específica, etc.) donde recibirá la mercancía en el puerto de destino designado.
  3. Organizar, gestionar y costear el resto de las operaciones de la cadena logística posteriores a la llegada de la mercancía al puerto de destino designado: descarga en el puerto de destino y el resto de los costos en dicho puerto, despacho de importación (y, en su caso, en los países de tránsito) y costos posteriores hasta el punto de destino final.

5.3 Consideraciones para un uso eficaz

5.3.1 Uso de CFR con mercancía no unitizada

- **Contratos de transporte y otros costos previos y posteriores al trayecto marítimo**
  Las empresas vendedora y compradora deben gestionar y asumir los costos en sus respectivos países o zonas próximas.

- **Contratación del transporte marítimo**
  Está obligada a ella la empresa vendedora, que debe negociar con la naviera o la agencia de fletamento las condiciones del transporte (flete, fechas, etc.) y la carga a bordo del buque (medios para su desarrollo, tiempo de plancha, costo, demoras, etc.). Respecto del transporte en régimen de fletamento, conviene que la vendedora, que actúa como fletadora, contrate el transporte en condiciones de embarque que incluyan la carga en el puerto de origen, pero no la descarga en el de destino (operación que realiza y asume la compradora), esto es, en condiciones LIFO o similares.

5.3.2   Uso de CFR en el transporte contenerizado

La versión de 2020 de las reglas Incoterms (y otras versiones previas) desaconseja el uso de CFR en el transporte contenerizado y recomienda como alternativa la aplicación de la regla CPT, en virtud de la cual la transmisión de riesgos se produce en un punto previo al puerto de embarque, es decir, en un lugar en el que la empresa vendedora puede controlar la operación (por ejemplo, al cargar la mercancía en el contenedor en origen, normalmente su almacén). En cambio, en condiciones CFR, la transmisión de riesgos se produce una vez que el contenedor se ha embarcado a bordo del buque en el puerto de embarque, lo que supone un elemento de riesgo para la empresa vendedora y, además, divide el trayecto en contenedor en dos tramos de riesgo que corresponde asumir respectivamente a ambas compañías (véase el apartado 2.1 de este capítulo).

Por otra parte, la contratación del transporte en línea regular suele establecerse en condiciones línea regular,[11] por lo que el flete asumido por la empresa vendedora al contratar el transporte incluye el costo de la descarga del contenedor mediante grúa portacontenedores en el puerto de destino. A partir de dicho punto, la asunción de los costos corresponde a la compradora. Si el flete no incluye la descarga en destino, su costo debe ser asumido por esta.

5.3.3   Otras consideraciones para el uso de CFR

- **Punto de entrega en transporte marítimo con transbordo**
  Por lo indicado previamente, es crucial que las partes especifiquen claramente tanto el lugar de entrega como el de destino, teniendo en cuenta que, si no se especifica el primero, se sobreentiende que se produce cuando la mercancía se carga a bordo del buque en el puerto de embarque (igual que FOB). Las partes pueden pactar otro punto de entrega, pero deben especificarlo en el contrato de compraventa (lo que no es nada habitual). Este hecho cobra especial importancia cuando, por ejemplo, en la cadena logística internacional de la operación existan dos trayectos marítimos.

....

[11] Esta situación, pese a ser la más habitual, puede variar en función de las costumbres y normas de cada puerto o zona geográfica.

Supongamos una operación de transporte multimodal en contenedor en la que una compañía de Murcia acuerda con una mexicana «CFR puerto de Veracruz. Méjico. Incoterms 2020». Supongamos que la gestión del transporte contratado por la vendedora incluye primero un trayecto de carretera desde Murcia hasta el puerto de Cartagena, un trayecto marítimo de corta distancia desde el puerto Cartagena al de Algeciras (también en España), donde se efectúa un transbordo para embarcar en un buque que hará el trayecto hasta el puerto de Veracruz (México). La compañía vendedora paga los costos de transporte hasta el puerto de Veracruz, pero cabe la duda razonable de en qué puerto se transfieren (tras cargar la mercancía a bordo del buque) los riesgos desde esta a la compradora. Pues bien, la primera opción (y recomendable) es que las partes lo concreten en el contrato de compraventa. La segunda opción (si no se ha acordado) es que se transfieran los riesgos cuando se embarque la mercancía a bordo del buque en el primer puerto (en el de Cartagena). Este es un aspecto clave que debe valorar la compañía compradora, por ejemplo, a la hora de plantearse la contratación de un seguro.

- **Seguro de transporte**
  La regla CFR no obliga a ninguna de las partes a contratar un seguro, si bien es recomendable que ambas valoren la conveniencia de suscribir una póliza que cubra sus respectivos riesgos, en el caso de la empresa vendedora, hasta colocar la mercancía a bordo del buque en el puerto de embarque (en el primero en caso de transbordos, momento en el que transmite los riesgos a la compradora).

- **Documentación y prueba de entrega**
  La empresa vendedora debe entregar a la compradora el contrato de transporte marítimo (conocimiento de embarque, BL), documento que desempeña la función de prueba de entrega y que permite a esta última reclamar la mercancía a la porteadora en el puerto de destino. En el BL debe especificarse, mediante la expresión «flete prepagado» *(freight prepaid)* u otra equivalente, que el flete ha sido abonado por la vendedora. Salvo que exista acuerdo previo en contra, el contrato de transporte marítimo debe ser un documento negociable, esto es, que permita a la compradora vender la mercancía mediante su endoso, y la empresa vendedora ha de entregar a la compradora el juego completo de originales.

El documento de entrega debe reflejar la mercancía, estar fechado en el plazo acordado de embarque, permitir a la empresa compradora reclamar la mercancía en destino y, si no se ha pactado lo contrario, autorizar su reventa mediante la transferencia del documento. Esta condición de negociable (endosable cuando se emite a la orden) obliga a la vendedora a entregar el juego completo de originales a la compradora.

Como se dijo anteriormente en FOB y FCA, en ciertas operaciones (entre compañías del mismo grupo con un nivel elevado de confianza, cuando se ha pagado por adelantado, etc.) puede resultar conveniente sustituir el BL *prepaid* por una carta de porte marítima o *sea waybill prepaid,* que facilita y abarata la gestión de la operación pues permite la entrega a la compradora en destino mediante su mera identificación.

- **Documentación del transporte y medio de pago documentario**
  En caso de convenir un medio de pago documentario, lo habitual es que se exija un BL embarcado que pruebe la entrega y que debe emitirse según las condiciones acordadas en el crédito documentario (nominativo o a la orden, número de originales, transportista, etc.). Es frecuente que en dicho documento se tenga que especificar, mediante la expresión «flete prepagado» u otra equivalente, que la vendedora asume el costo del transporte.

- **Control de la cadena logística y nivel de servicio de la empresa vendedora**
  En condiciones CFR, la vendedora controla la mayor parte de la cadena logística, lo que le permite acceder a tarifas y condiciones ventajosas al alcanzar grandes volúmenes de contratación de transporte. De este modo, puede ofrecer niveles de servicio y condiciones de entrega competitivos al situar el envío en el puerto de destino, desde el que la empresa compradora puede completar la operación sin excesivas complicaciones. Con todo, esta compañía debe tomar en consideración los costos que ha de asumir en destino (véase el epígrafe «Costos de la empresa compradora en destino» en el apartado 3.3 del capítulo 4) y pactarlos previamente para evitar extracostos posteriores en el puerto de destino como condición para acceder a la mercancía.

5.4   Conclusiones

La regla CFR es ampliamente utilizada. De acuerdo con las recomendaciones de la versión de 2020 de las reglas Incoterms, su aplicación debe limitarse a embarques de mercancías no unitizadas (graneles, carga general, maquinaria, cargas pesadas y de gran volumen, etc.). Así pues, se desaconseja emplearla en operaciones de transporte contenerizado, en las que se recomienda sustituirla por la regla CPT. La contratación del transporte en estas condiciones debe efectuarse utilizando los términos de embarque adecuados que permitan coordinar las obligaciones y los costos de ambas compañías.

La aplicación de CFR en el transporte contenerizado divide los riesgos del transporte en dos fases correspondientes a sendas partes cuando se embarca a bordo (momento en el que no se revisa el estado de la mercancía). En caso de siniestro esta circunstancia puede dar lugar a disputas si se desconoce el lugar exacto en que aquel se ha producido.

Por otra parte, el uso de CFR es adecuado en operaciones en las que la posesión se transfiere en virtud de la función de título valor que ostenta el conocimiento de embarque.

Finalmente, en condiciones CFR, la empresa vendedora, al contratar el transporte marítimo, gestiona la mayor parte de la cadena logística, hecho que puede resultar un factor de competitividad al permitirle acceder a tarifas y condiciones de transporte ventajosas.

6   CIF *(cost, insurance and freight),* costo, seguro y flete

6.1   Descripción general y entrega

La regla CIF difiere únicamente de CFR en que obliga a la empresa vendedora a contratar un seguro que cubra los riesgos de la mercancía respecto a su transporte que soporta la compradora. Estos riesgos corresponden a esta última desde la entrega y transmisión de riesgos, es decir, una vez que la mercancía se ha embarcado a bordo del buque en el puerto (en el caso de transbordo, en el primero de ellos). Los riesgos del transporte previos a este punto son soportados por la empresa vendedora, que puede cubrirlos mediante un seguro si lo considera oportuno. A esta regla le es, pues, aplicable el análisis de CFR, por lo que su descripción se centra en la diferencia descrita.

Redacción genérica

CIF (puerto de destino designado). Incoterms 2020.

Ejemplos de redacción

- CIF terminal 1, puerto de Valparaíso, Valparaíso. Chile. Incoterms 2020.
- CIF muelle 12, puerto de Buenaventura, Buenaventura. Colombia. Incoterms 2020.
- CIF terminal de graneles, puerto de Santos, Santos. Brasil. Incoterms 2020.
- CIF terminal de contenedores, puerto de Veracruz, Veracruz. México. Incoterms 2020.

6.2   Principales obligaciones y costos

- **Obligaciones de la empresa vendedora**
  1. Suministrar la mercancía acordada en el contrato de compraventa (verificada y comprobada su calidad) en el plazo acordado, embalarla debidamente para su transporte y marcar el embalaje (excepto graneles, mercancía apropiada para CIF) de forma adecuada (resulta muy conveniente que estos dos aspectos se hayan especificado en el contrato de compraventa).
  2. Suministrar la factura comercial y el resto de la documentación acordada en el contrato de compraventa (como una prueba de conformidad).
  3. Contratar el transporte y asumir su costo hasta situar la mercancía en el puerto de destino designado, cargada a bordo del buque de llegada.

CFR/CIF

La empresa vendedora asume el costo del transporte hasta situar la mercancía en el puerto de destino designado, pero transmite los riesgos cuando sitúa la mercancía a bordo del buque indicado por la compradora en el puerto de embarque. En condiciones CIF, los riesgos a partir de este punto deben estar cubiertos por el seguro contratado por la empresa vendedora, en los términos estipulados por la regla Incoterms.

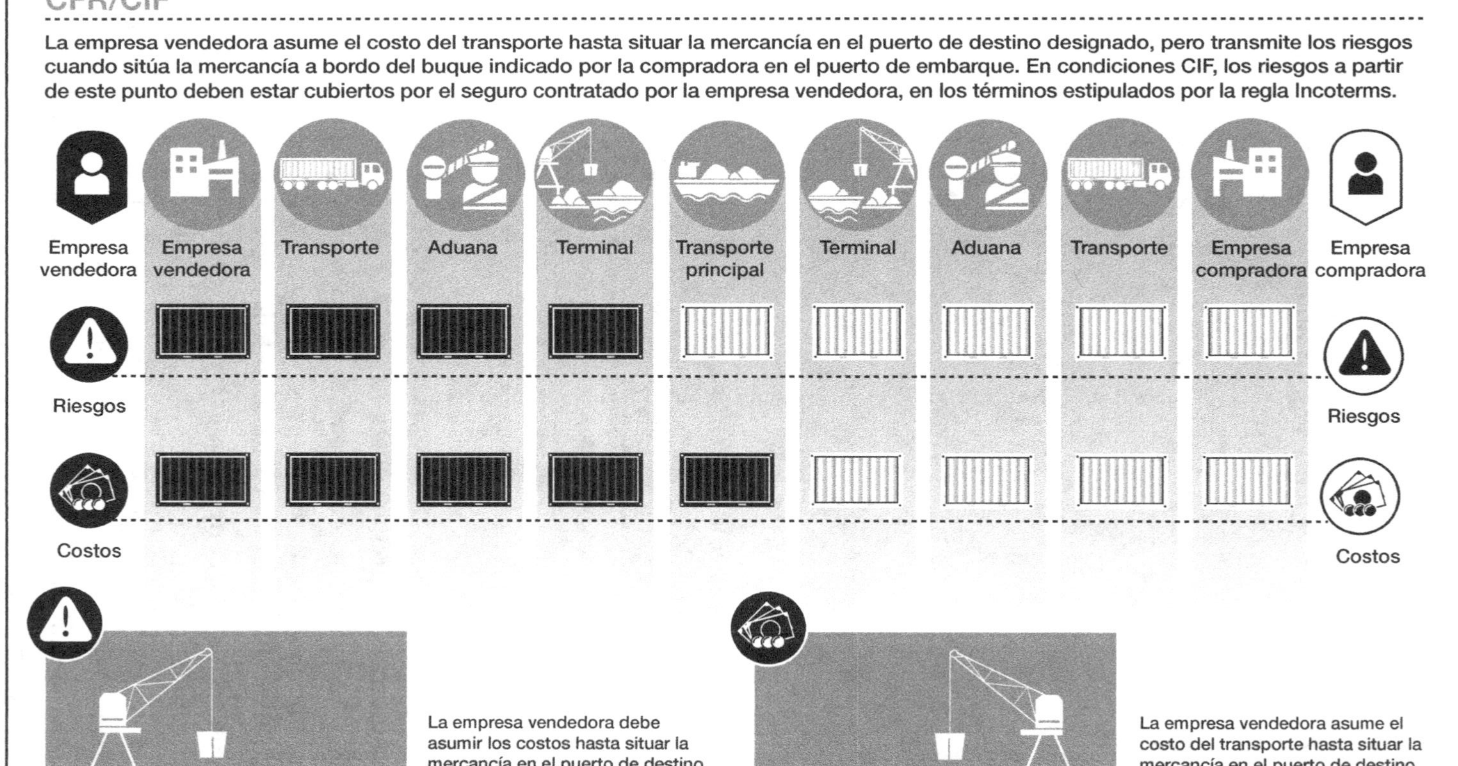

La empresa vendedora debe asumir los costos hasta situar la mercancía en el puerto de destino designado, si bien la entrega y la transmisión de riesgos a la compradora se producen una vez que la mercancía se encuentra a bordo del buque en el puerto de embarque.

La empresa vendedora asume el costo del transporte hasta situar la mercancía en el puerto de destino designado. Los costos de descarga corresponden a la empresa compradora, a menos que el contrato de transporte de la vendedora los incluya.

CFR/CIF con contenedor

La empresa vendedora asume el costo del transporte hasta situar el contenedor en el puerto de destino designado. De igual modo que en condiciones FOB, la empresa vendedora asume los riesgos hasta situar el contenedor a bordo del buque indicado por la compradora en el puerto de embarque. En condiciones CIF, los riesgos a partir de este punto deben estar cubiertos por el seguro contratado por la empresa vendedora, en los términos estipulados por la regla Incoterms.

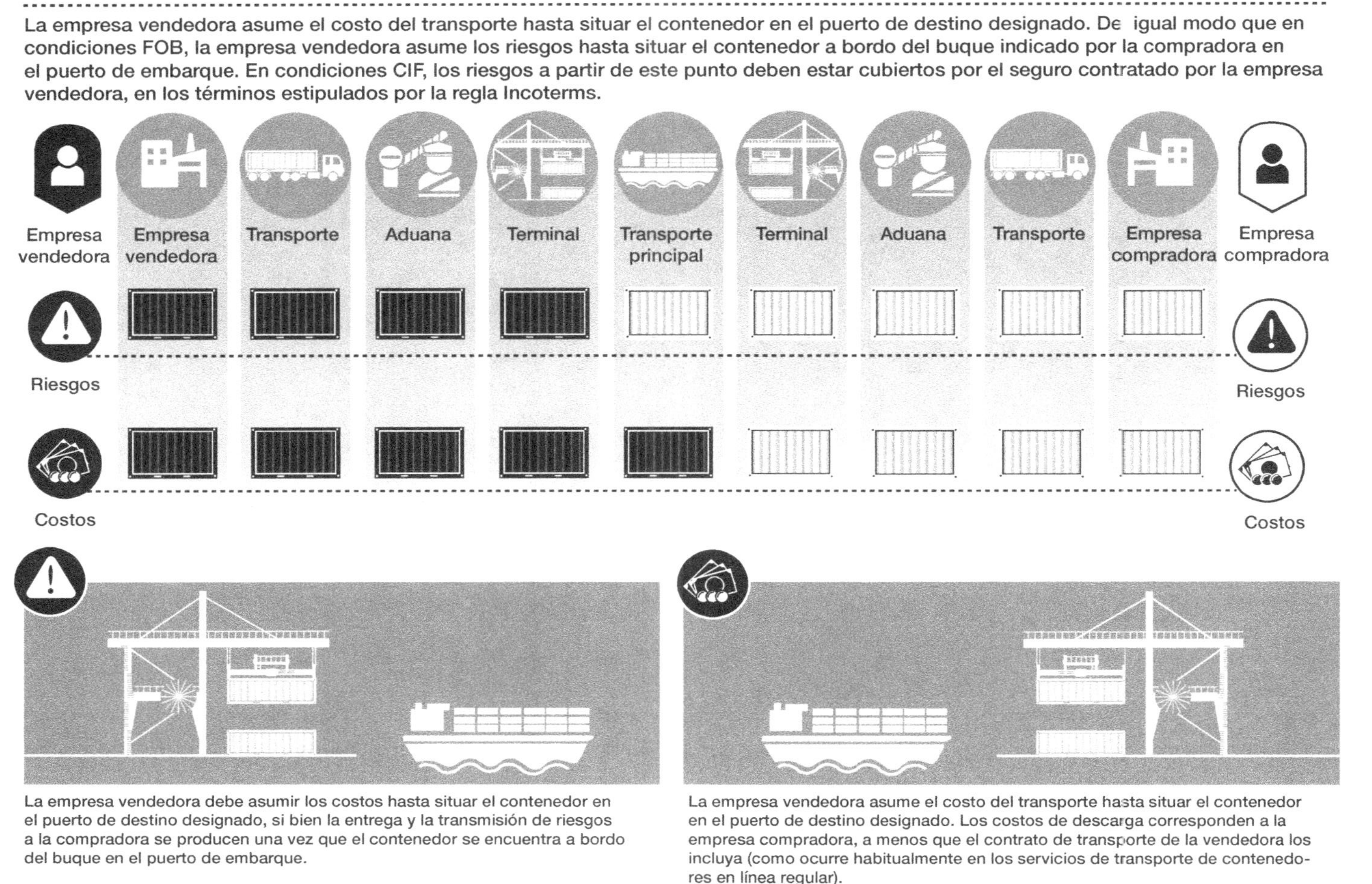

La empresa vendedora debe asumir los costos hasta situar el contenedor en el puerto de destino designado, si bien la entrega y la transmisión de riesgos a la compradora se producen una vez que el contenedor se encuentra a bordo del buque en el puerto de embarque.

La empresa vendedora asume el costo del transporte hasta situar el contenedor en el puerto de destino designado. Los costos de descarga corresponden a la empresa compradora, a menos que el contrato de transporte de la vendedora los incluya (como ocurre habitualmente en los servicios de transporte de contenedores en línea regular).

4. Notificar a la parte compradora que la mercancía se ha entregado para que pueda recibirla en el puerto de destino.

5. Despachar de aduana de exportación (si lo requiere la operación) y sus gestiones y costos asociados: licencias, acreditación de seguridad e inspecciones (circuito rojo tras la presentación del DUA, inspecciones específicas por razón de la mercancía, como las fitosanitarias, sanitarias, farmacológicas, de seguridad, etc.). Asimismo, debe prestar a la compradora ayuda para obtener la información y los documentos (a costo de esta) que pueda necesitar para gestionar el despacho de importación (y, en su caso, en los países de tránsito), como licencias, certificaciones o inspecciones.

6. Contratar un seguro de transporte que cubra los riesgos que soporta la compradora desde que se entrega la mercancía hasta su llegada al puerto de destino designado. Este seguro debe cumplir con determinados requisitos especificados en la regla Incoterms: cobertura, valor asegurado, etc.

- **Obligaciones de la empresa compradora**
  1. Pagar el precio de la mercancía, conforme se haya pactado en el contrato de compraventa (hay que recordar que el medio de pago no lo regula la regla Incoterms).
  2. Si así se ha acordado en el contrato de compraventa, la empresa compradora puede determinar el momento del embarque o el punto (por ejemplo, la terminal específica) donde recibirá la mercancía en el puerto de destino designado.
  3. Organizar, gestionar y costear el resto de las operaciones de la cadena logística posteriores a la llegada de la mercancía al puerto de destino designado: descarga y resto de los costos en el puerto de destino, despacho de importación (y, en su caso, en los países de tránsito) y costos posteriores hasta el punto de destino final.

6.3 Consideraciones para un uso eficaz

La empresa vendedora debe contratar un seguro de cobertura de los riesgos de la mercancía durante su transporte que cumpla las siguientes condiciones:

- **Cobertura mínima**
  Debe corresponderse con la modalidad C de las cláusulas ICC *(Institute Cargo Clauses)* del Instituto de Aseguradores de Londres u otras similares. Las cláu-

sulas ICC, que son las de mayor aceptación e implantación a escala internacional, adoptan tres modalidades (A, B y C) que cubren los siguientes riesgos:

- **Modalidad C.** Es la de menor cobertura. Incluye incendio, explosión, varada, embarrancada, hundimiento, naufragio, abordaje o colisión, descarga en puerto refugio y vuelco, echazón, descarrilamiento y sacrificio en avería gruesa.
- **Modalidad B.** Se trata de una cobertura intermedia que, a los riesgos indicados en la modalidad C, añade arrastre por las olas, entrada de agua de mar, pérdida de bultos durante la carga y descarga, daños causados por rayo, terremotos y erupciones volcánicas.
- **Modalidad A.** Cubre cualquier riesgo de pérdida o daño, salvo ciertos riegos excluidos expresamente como dolo del asegurado, pérdida de peso o volumen normales, desgaste, embalaje y acondicionamiento inadecuados, vicio propio, demoras, insolvencias, radiactividad, guerra y huelga e innavegabilidad.

Dadas las limitaciones de la modalidad C, que no cubre algunos de los riesgos más habituales a los que se halla expuesta la mercancía en el transporte marítimo (arrastre por olas, entrada de agua de mar, pérdida de bultos durante la carga y descarga, etc.), es frecuente que en condiciones CIF se acuerde la contratación de una cobertura mayor.

- **Coberturas adicionales mediante acuerdo**
  Es habitual que, de mutuo acuerdo, se pacte contratar un seguro con mayor cobertura, que en la práctica suele corresponder a la modalidad A, incluidos los daños por guerra y huelga. En este caso, el costo de las coberturas adicionales se traslada a la empresa compradora. Este aumento de la cobertura de seguro está especialmente indicado cuando se utiliza CIF con operaciones de transporte multimodal en contenedor, pues la mercancía que se transporta así (además de tener un mayor valor) está expuesta a mayores riesgos que los que presenta un granel (mercancía para la que está diseñada la regla CIF), como, por ejemplo, el robo, propio de mercancía contenerizada, pero no de un granel (siniestro que está incluido en la cobertura ICC «A» pero no en la «C»).
  Hay que recordar que una de las novedades de la versión 2020 es que la cobertura de seguro en CIP (regla diseñada para transporte multimodal) se ha elevado de ICC «C» a ICC «A». En la mayoría de las ocasiones en que

se pactaban las reglas CIP o CIF antes de la versión 2020, ya se elevaba la cobertura de mutuo acuerdo y ahora debiera hacerse igualmente.

- **Calidad y servicio de la compañía aseguradora**
  A fin de cumplir los requisitos estipulados por la regla Incoterms acordada, conviene contratar el seguro con una compañía ampliamente implantada y experimentada en el mercado, especializada en el seguro de transporte y con presencia en los países de origen o destino. La contratación de la compañía aseguradora puede ser objeto de un pacto entre las empresas vendedora y compradora.

  El seguro debe permitir tanto a la compradora como a otras partes interesadas (por ejemplo, a la vendedora hasta el momento de la entrega de la mercancía, es decir, cuando se produzca el embarque a bordo) reclamar directamente a la compañía aseguradora. La vendedora puede entonces endosar la póliza de seguro a la compradora configurándola como asegurada desde ese momento. También puede reclamar a la aseguradora una tercera compañía a la que se haya vendido la mercancía mediante endoso del conocimiento de embarque e igualmente se le haya endosado el seguro cuando se le haya transferido el riesgo.

  El interés de este punto estriba en la dicotomía entre riesgo y costo existente en condiciones CIF, así como en el hecho de que, mediante la entrega (o endoso) a la empresa compradora del conocimiento de embarque y la póliza del seguro, esta accede a la posesión de la mercancía desde origen (tras el embarque), donde comienza a soportar los riesgos del transporte, y así a partir de ese momento aparece también como asegurada.

- **Cobertura del valor asegurado**
  El valor asegurado o suma asegurada,[12] definido como el límite máximo de la indemnización que debe pagar la compañía aseguradora en caso de siniestro, debe cubrir al menos el 110 % del precio de compraventa y contratarse en la misma moneda del contrato que lo fije.

- **Fases del transporte cubiertas por el seguro**
  El seguro debe cubrir los riesgos de la mercancía durante su transporte desde el punto geográfico en que se produce la entrega, al cargar la mercancía

---

[12] En lo que concierne al cálculo del valor asegurado, véase el epígrafe «Cobertura del valor asegurado» en el apartado 4.3 del capítulo 4.

a bordo del buque en el puerto de embarque (en caso de varios buques por transbordo, cuando se embarca en el primero), hasta, como mínimo, el puerto de entrega designado.

La aplicación de esta consideración al transporte contenerizado resulta controvertida debido a la conveniencia de tratar todas las fases de dicho transporte como una unidad, en relación con los riesgos y su correspondiente imputación a una u otra parte (véase el apartado 2 de este capítulo). De este modo, dado que la regla CIF obliga a la empresa vendedora a contratar un seguro que cubra los riesgos soportados por la compradora a partir del momento de entrega (la vendedora puede suscribir opcionalmente otra póliza que cubra sus propios riesgos hasta dicho punto), puede ocurrir que, en caso de siniestro, surjan disputas en relación con el punto de la cadena logística en que este ha tenido lugar y, por tanto, respecto a la parte que debe asumir el riesgo.

En cambio, en el transporte de mercancía no unitizada (graneles, bultos, etc.), el estado de la mercancía suele certificarse en el momento de la carga, y se reseña en el BL mediante expresiones como *clean on board* (limpio a bordo). Además, es habitual requerir certificaciones de peso, calidad y cumplimiento de otros parámetros en el momento del embarque, lo que disipa dudas acerca de la carga de la mercancía a bordo, así como de su entrega y de la efectiva transmisión de riesgos, en las debidas condiciones. Estas comprobaciones no pueden tener lugar en el transporte contenerizado, donde el contenedor suele llegar al puerto ya cargado, cerrado y precintado.

- **Prueba del contrato de seguro**
  La formalización del contrato de seguro debe hacerse por escrito y se concreta en la correspondiente póliza,[13] que se compone de condiciones generales y particulares. Las primeras son comunes para todas las pólizas del mismo ramo o sector (transporte, vida, automóvil, etc.) e incluyen los aspectos del seguro relativos a definiciones, objeto y extensión del seguro, coberturas generales, etc. En el sector del transporte un ejemplo de ello son las cláusulas generales de cobertura ICC. Las segundas completan la póliza al concretar las características del contrato (partes, valor asegurado, riesgos específicos incluidos, etc.).

---

[13] Para obtener información detallada sobre la prueba del contrato de seguro, véase el epígrafe «Prueba del contrato de seguro y reclamación directa del comprador» en el apartado 4.3 del capítulo 4.

La póliza de seguro puede emitirse nominativa (a nombre de la parte compradora), a la orden (de la vendedora que se la cede por endoso o directamente de la compradora, una vez que se haya embarcado y transferido el riesgo) o al portador (cediéndole el derecho a reclamar a la aseguradora al entregar el certificado de seguro).

Es habitual solicitar a la aseguradora un certificado que pruebe la existencia de la póliza de seguro y sus principales aspectos (cláusulas de cobertura, riesgos y valor asegurado).

- **Documentación probatoria del seguro y medio de pago documentario**
  En el caso de usar un crédito documentario como medio de pago, habrá que especificar en el mismo si la prueba exigida es la póliza completa o es suficiente con un certificado de seguro. Además, deben tenerse en cuenta los requisitos que se estipulan en el artículo 28 de las UCP 600 (norma reguladora del crédito documentario) relativos al «Documento de seguro y cobertura» y que exigen, entre otros aspectos, que dicho documento (póliza o certificado, según se haya concretado en el condicionado del crédito):

  - Debe estar emitido y firmado por una compañía aseguradora o sus agentes (la firma de un agente debe indicar que es por cuenta de la aseguradora).
  - Si se ha emitido en varios originales, deben presentarse todos.
  - Debe indicar el importe asegurado (110 % del valor CIF).
  - Tiene que estar expresado en la misma moneda del crédito.
  - Su fecha de emisión no debe ser posterior a la fecha de embarque, etc.

- **Información a la empresa compradora para seguro adicional**
  La vendedora debe proporcionar a la compradora, a su solicitud y cargo, toda la información necesaria para contratar seguros adicionales que cubran, por ejemplo, trayectos posteriores al puerto de destino acordado o que la permitan suscribir una póliza con mayor cobertura.

  Con todo, debido a la conveniencia de contratar un seguro y a que puede ser difícil ajustarlo a los riesgos y los requisitos de las operaciones, la vendedora, utilizando CFR como alternativa a CIF, puede aportar a la compradora todos los datos necesarios para que contrate un seguro que cubra los riesgos que debe soportar. De este modo, la empresa compradora se convierte en tomadora, asegurada y beneficiaria en la póliza contratada, lo que sin duda facilita el proceso de indemnización en caso de que se produzca un siniestro cubierto por dicho seguro.

6.4   Conclusiones

Junto con FOB, CIF es una de las reglas Incoterms más utilizadas. De acuerdo con las recomendaciones de la versión de 2020 de dichas reglas, su aplicación debe limitarse a embarques de mercancías no unitizadas (graneles, carga general, maquinaria, cargas pesadas y de gran volumen, etc.). Así pues, se desaconseja su uso en operaciones de transporte contenerizado, en las que se recomienda sustituirla por la regla CIP.

La regla CIF es muy utilizada en embarques de mercancía industrial y de otras no unitizadas de valor medio o alto, así como en el transporte contenerizado de productos de consumo. Su extendido uso en estas operaciones se debe a que el seguro que cubre los riesgos durante el transporte permite disponer de un elemento indemnizatorio en caso de siniestro.

La contratación del transporte en estas condiciones debe efectuarse utilizando el término de embarque adecuado que permita coordinar las obligaciones y los costos de ambas compañías.

La aplicación de CIF en el transporte contenerizado divide los riesgos del transporte en dos fases correspondientes a sendas partes. Esta circunstancia puede dar lugar a disputas en caso de siniestro si se desconoce el lugar exacto en que este se ha producido.

Por otra parte, el uso de CIF es adecuado en operaciones en las que se transfiere la posesión de la mercancía, ya que el conocimiento de embarque desempeña la función de título valor.

Finalmente, en condiciones CIF, la empresa vendedora, al contratar el transporte marítimo, gestiona la mayor parte de la cadena logística, hecho que puede proporcionarle una mayor competitividad al permitirle acceder a tarifas y condiciones de transporte ventajosas.

Capítulo 6

Criterios para elegir la regla Incoterms óptima y aplicarla al contrato de compraventa

1 Factores determinantes en la elección de la regla Incoterms óptima

La elección de una regla Incoterms tiene como resultado determinadas obligaciones, gestiones, costos y riesgos, tanto para la empresa vendedora como para la compradora. Por lo tanto, la elección de la regla óptima debe ser fruto de un proceso en el que han de valorarse convenientemente diferentes opciones, criterios y factores, en algunos casos incompatibles, a los que cada compañía debe dar la prioridad que considere necesaria en la negociación que regule la compraventa. A continuación se exponen los factores más relevantes en la elección de la regla Incoterms óptima.

1.1 Adecuación de la regla Incoterms al modo de transporte y a su operativa

Las reglas Incoterms se dividen en multimodales y marítimas. Estas últimas (FAS, FOB, CFR y CIF) solo deben aplicarse en operaciones en las que la mercancía se carga por la borda del buque (graneles, carga fraccionada, etc.). En virtud de ellas (salvo en condiciones FAS), la empresa vendedora ha de entregar la mercancía a bordo del buque designado por la compradora en el puerto de embarque.

El uso de las reglas marítimas no es adecuado en otras operaciones (incluidas las de transporte contenerizado) que deban efectuarse en condiciones de transporte multimodal (EXW, FCA, CPT, CIP, DAP, DPU y DDP). Así pues, a la vista del extendido uso de las reglas FOB y CIF en el transporte contenerizado, es necesario considerar las ventajas en costos y riesgos que, sobre todo para la empresa vendedora, implica sustituir la regla FOB por FCA (en cuyo caso la mercancía se entrega a efectos de transmisión de riesgos cuando esta la pone a disposición de la transportista mucho antes de su carga a bordo) y la regla CIF por CIP (o sus variantes sin seguro, CFR por CPT).

La aplicación de las reglas Incoterms marítimas tampoco es apropiada en los demás modos de transporte (carretera, ferrocarril o aéreo) debido a que no se adecuan a las características de su operativa, pues la entrega no se produce en ningún caso al colocar la mercancía al costado del buque o al cargarla a bordo de este en el puerto de embarque.

Otro elemento que puede optimizar la elección es usar reglas Incoterms que sincronizan costo de transporte y asunción del riesgo. Por lo tanto, recomendamos combinar el uso de FCA y DAP con el transporte por carretera. En uno y otro caso, la obligación de contratar y pagar el costo del transporte y la asunción de su riesgo se asignan la parte compradora (en FCA) o a la vendedora (en DAP). De esta forma, si una de las partes debe reclamar a la operadora de transporte tras un siniestro, lo hará conociendo perfectamente las condiciones en las que se contrató el transporte pues en ese contrato figura como cargadora.

En otros casos como CPT o CIP, el que soporta el riesgo de un siniestro es la compradora, pero si llega a tener que reclamar a la porteadora lo hará bajo las condiciones del contrato de transporte que esta pactó con la vendedora y que la primera desconocía (juntas arbitrales o juzgados competentes para resolución de disputas, etc.).

Por último, es fundamental pactar una regla Incoterms acorde con las operaciones que realiza cada compañía. En este sentido, conviene señalar que, en la práctica, muchas operaciones en las que se ha acordado la regla EXW se llevan a cabo en condiciones FCA, pues la empresa vendedora carga la mercancía sobre el primer vehículo. Estos desajustes pueden acarrear costos y disputas fácilmente evitables mediante la elección de la regla Incoterms que encaje con la operativa de cada caso.

1.2 Complejidad y características específicas de la operación

Las operaciones de transporte pueden presentar determinadas características que aumenten su complejidad, como las que se citan a continuación:

- Controversias imprevistas derivadas del acceso a un nuevo mercado, como exigencias para la comercialización del producto, infraestructuras insuficientes para ejecutar las obligaciones de la operación respecto al transporte, etc.
- Desconfianza respecto a una nueva empresa proveedora o cliente en relación con el cobro o pago, la costumbre, la estabilidad de la operación, etc.
- Aspectos novedosos en la cadena logística debidos a un cambio de modo de transporte, de puerto, de agencia transitaria, etc.
- Transporte de mercancías con riesgos específicos, como peligrosidad, temperatura controlada, etc.
- Requisito de efectuar despachos de aduanas, frente a la menor complejidad de las operaciones realizadas en una misma región económico-fiscal.
- Riesgos de tipo bélico, comercial, político, financiero, administrativo, etc.

Estas situaciones aumentan la inseguridad el éxito de las operaciones, por lo que las compañías tratan de minimizar los posibles riesgos que de ellas puedan derivarse. Se explica así la preferencia por pactar reglas de corto alcance, como FCA o FOB, por parte de la empresa vendedora, mientras que la compradora tiende a proponer condiciones de mayor alcance como CPT, CIF u otras reglas del mismo grupo.

Por otra parte, la aplicación de las reglas Incoterms del grupo D debe limitarse a operaciones en las que la vendedora tenga la máxima seguridad sobre el cumplimiento de sus obligaciones en destino, sin que de él se deriven especiales riesgos. Así pues, no es recomendable pactar estas condiciones salvo que se tenga suficiente experiencia en el mercado de destino y este no presente complejidades e inseguridades derivadas de los factores expuestos.

1.3 Control e identificación de los riesgos en el transporte contenerizado

El transporte contenerizado ofrece sus mayores ventajas en operaciones puerta a puerta en las que la mercancía, una vez cargada en el contenedor en el almacén de origen, no se manipula hasta que llega a su destino. Sin embargo, en este tipo de operaciones existe el riesgo de que se produzcan daños o pérdidas en un punto del transporte difícilmente identificable, no atribuibles a un siniestro localizado.

Así pues, la elección de reglas Incoterms que imputen claramente los riesgos del transporte contenerizado a la parte que corresponda facilita la atribución de responsabilidades en caso de siniestro por pérdida o daño no localizados. En este sentido, son especialmente adecuadas las reglas EXW, FCA, CPT, CIP, DAP, DPU o DDP.

En otras operaciones (como en FOB, CFR y CIF), en función del diseño de la cadena logística, la entrega y la transmisión de riesgos tienen lugar en un punto intermedio del trayecto contenerizado, lo que puede generar disputas a la hora de determinar la responsabilidad del riesgo en caso de siniestro no localizado.

1.4   Minimización de los riesgos

La minimización de los riesgos puede contemplarse desde dos perspectivas. De acuerdo con la primera de ellas, en caso de tener que elegir entre dos reglas equivalentes en costo, la compañía debe tratar de acordar aquellas condiciones que minimicen sus riesgos. Por ejemplo, en el caso de tener que pactar condiciones CIP o DAP, la empresa vendedora ha de optar por CIP, pues en virtud de esta regla transmite los riesgos a la compradora desde el origen. En cambio, la compradora debe preferir operar en condiciones DAP, en las que no asume riesgos hasta que la mercancía se entrega en el lugar de destino designado.

La segunda perspectiva aborda la minimización de los riesgos mediante la contratación de un seguro correcto que cubra el riesgo del transporte (véase el apartado 2 de este capítulo).

1.5   Medio de pago

Si bien el medio de pago queda excluido del alcance de las reglas Incoterms, este aspecto resulta especialmente relevante en el caso de que se acordasen medios de pago documentarios. El más reconocido es el denominado «crédito documentario» o «carta de crédito». En estas condiciones, desempeñan un papel fundamental los documentos de transporte, junto con el resto de los exigidos por acuerdo. Por regla general, estos medios de pago exigen la presentación de los documentos obtenidos por la empresa vendedora al entregar la mercancía para que, una vez probado el cumplimiento de su obligación de entrega, le corresponda el derecho a cobro de la compraventa mediante el crédito documentario.

Dada la práctica habitual de exigir un documento de transporte en estos medios de pago (por ejemplo, un conocimiento de embarque o BL embarcado), puede resultar conveniente aplicar las reglas marítimas del grupo C (CFR o CIF), que garantizan la obtención de dicho documento por parte de la empresa vendedora. En todo caso, este documento debe cumplir los requisitos estipulados en el crédito.

En cambio, los medios de pago documentarios no son adecuados con las reglas incluidas en el grupo D, que no se adaptan en muchos casos a su operativa.

En el análisis de cada regla (véanse los capítulos 4 y 5) se especifican los documentos requeridos por los distintos medios de pago.

1.6 Despachos aduaneros y fiscalidad internacional

Uno de los criterios generales de las reglas Incoterms es asignar el despacho de exportación a la empresa vendedora (excepto en condiciones EXW) y el de importación, a la compradora (excepto en condiciones DDP), cuando estos sean necesarios. En este sentido, se desaconseja el uso de EXW o de DDP a menos que las respectivas compañías tengan la mayor garantía posible –por conocimiento del mercado, experiencia y seguridad jurídica de la normativa aduanera– de que pueden cumplir las obligaciones estipuladas por cada regla.

Conviene recordar que, en condiciones EXW, la vendedora, al no despachar de exportación, puede no disponer del documento que pruebe la exportación de la mercancía a efectos impositivos (DUA o similar que respalda la facturación exenta de IVA).

De igual modo, en condiciones DDP, la vendedora puede incumplir algún requisito para poder efectuar el despacho de importación. A esta circunstancia hay que añadir la posibilidad de que dicha compañía no se encuentre en condiciones de compensar los impuestos pagados a tal efecto (por ejemplo, el IVA), mientras que la empresa compradora sí se los podría compensar. Debido a esto, la vendedora tendría que incluir dicho IVA en el precio, por lo que ambas compañías perderían competitividad. Este problema puede surgir igualmente en otras condiciones de transporte, como DAP almacén del cliente, al tratar la vendedora de recuperar los impuestos pagados en el país de destino por servicios relacionados con la importación, como el transporte interior.

Otro aspecto interesante a considerar está relacionado con la exención del IVA en expediciones intracomunitarias (ventas a otro país miembro de la Unión Europea). Con el actual sistema de IVA europeo, dichas ventas están exentas siempre que se cumplan dos condiciones: primera, que la parte compradora sea una empresa sujeto pasivo del IVA (con número de operador intracomunitario), y segunda, que la mercancía sea transportada del país de la vendedora al de la compradora. Este transporte se prueba, por ejemplo, con una carta de porte CMR con la firma de la destinataria (de haber recibido la mercancía), documento que la vendedora obtendrá si vende en condiciones CPT, CIP, DAP, DPU o DDP, pero no con EXW o FCA. Así pues, desde este punto de vista, la empresa vendedora puede preferir las primeras reglas Incoterms.

1.7 Minimización del costo global de la cadena logística

La reducción de este costo es uno de los principios fundamentales de la gestión logística, al que se suman el tiempo y la necesidad de proporcionar una respuesta ágil y flexible al mercado como factores clave en el diseño de las cadenas de suministro. Para conseguir este objetivo, es necesario que las partes soliciten cotizaciones de transporte con arreglo a las condiciones estipuladas por distintas reglas Incoterms, a partir de las cuales puedan ofertarse diferentes precios que permitan elegir el que minimice el costo global de la cadena logística del producto. Solo así se tendrán las máximas posibilidades de competir en el mercado de destino y de realizar nuevas operaciones en el futuro.

En general, la obtención de mejores precios se regula por dos parámetros: la cercanía y el volumen de contratación. Por una parte, toda compañía se halla en condiciones de obtener mejores precios en aquellas gestiones y operaciones (transporte, despacho de aduanas, etc.) que se desarrollan en su área cercana debido a su mejor conocimiento del mercado propio, de la normativa y de las costumbres, a sus relaciones con proveedoras de distintos servicios, etc. Por otra parte, el volumen de contratación constituye una de las principales variables que permiten tanto la empresa vendedora como la compradora acceder a mejores condiciones y tarifas de transporte.

Así pues, en caso de que una de las partes logre acceder a mejores costos de transporte, conviene pactar condiciones de venta acordes con dicha situación.

1.8 Control de la cadena logística y nivel de servicio prestado

Toda organización debe velar por controlar la mayor parte posible de los segmentos de la cadena logística siempre que no se presenten factores que aumenten su complejidad (expuestos en el apartado 1.2 de este capítulo). Entre las ventajas que conlleva esto (lo que supone vender en condiciones del grupo C o mayor y comprar en condiciones del grupo E o F) figuran las siguientes:

- *Diseño óptimo de la cadena logística.*
- *Mayor control del flujo logístico, de los plazos de recogida y entrega, y de la resolución de incidencias durante el transporte.* Por ejemplo, si la agencia transitaria ha sido contratada por la empresa vendedora, resulta más fácil reasignar el envío a otro destinatario cuando en el puerto de importación la compradora no se hace cargo de la mercancía o, simplemente, se niega a pagar.
- *Mayor control del cumplimiento de la normativa aduanera y fiscal,* pues se ejecuta mediante la agencia transitaria, entre cuyos servicios se incluye habitualmente el de representante aduanero (agente de aduanas).
- *Mayor control de la obtención de los documentos requeridos en el crédito documentario.* Dado que la empresa vendedora contrata y gestiona el transporte hasta destino, es previsible que no tenga problemas para acceder a los documentos que se suelen solicitar, como el conocimiento de embarque.
- *Mayor control de la contratación del seguro de transporte adecuado,* para asegurar los propios riesgos (como parte vendedora en condiciones del grupo D) o los de la empresa compradora. En condiciones CIP o CIF puede constituir la única vía de cobro en el caso de que la compañía solo pueda afrontar el pago de la compraventa si el seguro la compensa mediante la indemnización correspondiente. Podemos ilustrar la ventaja competitiva de esta elección con el siguiente ejemplo. Imaginemos que vendemos en condiciones FOB con crédito documentario. La compañía compradora, debido a una situación económica compleja, opta para abaratar costos y no contratar un seguro que cubra sus riesgos desde el embarque a bordo. Una vez que embarcamos, se presentan al banco los documentos que nos pide el crédito y resulta que se producen discrepancias en los mismos por lo que perdemos la garantía de pago del banco emisor del crédito. Durante la travesía marítima se hunde el buque y se pierde la mercancía, y la parte compradora, al no haber contratado el seguro, tendrá difícil obtener una indemnización por ello (téngase en cuenta que resulta muy complicado obtener una indemnización de la naviera y, en caso de producirse es muy posible que no cubra el valor real de las mercancías), lo que sumado a su pésima situación económica puede impedirle pagar a la vendedora (aunque esta haya entregado). Sin embargo, de haber vendido en condiciones CIF, la vendedora habría proporcionado un seguro que podría compensar el perjuicio económico sobre la mercancía y permitir el pago a la compradora y, por tanto, el cobro de ella. De forma análoga, pactar una regla

del grupo F permite a la compañía compradora elegir el seguro más adecuado para cubrir sus riesgos hasta destino.

- *Elección de las operadoras de transporte radicadas en el mismo país* que la empresa vendedora o la compradora que las contrata. Este factor favorece el desarrollo de los servicios logísticos realizados por compañías nacionales, lo que supone su fortalecimiento, una entrada de divisas en el país de origen de la expedición por medio de la exportación de servicios y una importante contribución a su implantación internacional. A medio y largo plazo, esta estrategia colaborativa entre compañías exportadoras y operadoras de transporte de una misma área geográfica y económica permite disponer de servicios logísticos de proximidad más eficientes, que facilitan a las compañías productoras su expansión en los mercados internacionales.
- *Adecuación del envase y embalaje al medio de transporte.* Al gestionar la cadena logística (o la mayor parte de ella), podrá determinar y utilizar el envase y embalaje óptimo para la misma.
- *Obtención de cotizaciones y servicios de transporte más competitivos y de costos de transporte menos sujetos a incidencias de la operación.* Por ejemplo, en condiciones CIP o CIF, la empresa vendedora conoce de antemano el costo exacto hasta destino, mientras que si vende en condiciones FOB pueden surgir, por incidencias de la operación (retraso en el embarque a bordo, etc.), costos imprevistos que deberá asumir y que no incluyó en el precio ofertado a la empresa compradora.

Los aspectos reseñados confieren mayor control y seguridad a las operaciones, a la vez que constituyen una importante ventaja competitiva que permite a la compañía adaptarse a los requisitos de sus clientes, que en muchos casos optan por operar con empresas proveedoras capaces de servir los productos hasta sus respectivos mercados.

Así pues, dada su estrecha relación con la optimización y el aumento del nivel de servicio al cliente, estos factores son fundamentales en una estrategia de internacionalización empresarial. Desde el punto de vista de las compañías importadoras, permiten realizar compras a proveedoras con escasa o nula capacidad para afrontar las gestiones necesarias en la cadena logística.

1.9 Dimensión de la empresa y experiencia internacional

En relación con lo expuesto en el apartado 1.8, una gran organización dispone de recursos suficientes para acometer las gestiones derivadas del control de la cadena logística. Por lo tanto, puede optar por aplicar, como empresa vendedora, reglas del grupo C e incluso D, o proponer compras en condiciones de los grupos E o F, pues tiene acceso a cotizaciones de transporte muy competitivas y dispone de la capacidad de gestión necesaria para operar con eficacia.

Por el contrario, para una pyme es más difícil gestionar operaciones derivadas de un pacto de condiciones de transporte que le asignen el control de la mayor parte de la cadena logística, especialmente si carece de experiencia en el comercio de exportación. En consecuencia, en caso de ser empresa vendedora, le convendría optar por condiciones de transporte de corto alcance, como EXW, FCA o FOB. En este último supuesto, cobra especial importancia la facilidad con que las pymes puedan acceder a recursos informativos y formativos, que pueden generarse tanto desde organismos de la Administración pública como desde asociaciones que agrupen a operadoras del transporte.

1.10 Mayor poder de negociación o imposición legal

Independientemente de que cada una de las partes de una compraventa internacional valore los criterios expuestos y oferte o solicite precios en determinadas condiciones en función de distintos parámetros (experiencia, situación, dimensión, etc.), lo habitual es que la regla Incoterms pactada sea la propuesta por la empresa, vendedora o compradora, con mayor poder de negociación.

Por otra parte, hemos comentado que las reglas Incoterms no pueden contravenir leyes, por lo que a la hora de elegirlas debe valorarse su interacción; por ejemplo, puede ser difícil o imposible gestionar una DDP si en el país de destino la parte vendedora no puede llevar a cabo el despacho aduanero de importación. Otro ejemplo llamativo ha sido el caso de Argelia, que ha impuesto por normativa que las ventas a ese país se efectúen mediante la regla FOB o menores (EXW y FCA), con el fin de controlar en mayor grado las operaciones y obligar a contratar transporte argelino, lo que desde luego tendrá su reflejo en una mayor entrada de divisas en su balanza de pagos (objetivo final de tal medida).

En consecuencia, cabría preguntarse si existe una regla Incoterms ideal o mejor en todos los casos. La respuesta es que no la hay, sino que su elección es fruto de la valoración de las características de la operación y de los criterios con que se afronte (perfiles de las empresas, modo de transporte, origen y destino, requerimientos de las aduanas e influencia de la fiscalidad internacional, medio de pago, etc.).

De hecho, lo adecuado no es que una compañía aplique la misma regla en todas sus operaciones, sino que esta se adapte a los factores y criterios que intervengan en cada una de ellas. Asimismo, si bien para la empresa vendedora es más cómodo operar en condiciones de corto alcance (EXW, FCA o FOB) a fin de minimizar sus obligaciones y riesgos, esta no debe dejar de valorar la posibilidad de ser más competitiva y ofrecer sus productos con mayor valor añadido en el mercado internacional.

Por todo ello, se suele recomendar operar como empresa vendedora en condiciones inscritas en el grupo C (CFR, CIF, CPT y CIP) y acordar como compradora reglas que pertenezcan al grupo F (FCA almacén del proveedor o FOB puerto de exportación). De este modo se ahorran costos al obtener mejores precios de transporte (gracias al aumento del volumen de contratación) y se controla la cadena logística, lo que permite eliminar los riesgos de incumplimiento en los plazos de entrega (pues se evita que la empresa proveedora gestione inadecuadamente la contratación del transporte al proceder a la recepción de la mercancía en el país de origen), y acceder a las ventajas y evitar los inconvenientes que se han expuesto en el apartado 1.8.

En definitiva, al asegurarse el control de la mayor parte de la cadena logística, la compañía puede obtener ventajas competitivas y acumular experiencia y conocimientos. Todo ello puede brindarle el acceso a cotizaciones de transporte más económicas y permitirle operar con las empresas transportistas que ofrezcan mejores servicios en términos de fiabilidad, localización, servicios complementarios, etc. Estos factores ofrecen a la compañía la oportunidad de trabajar en los mercados internacionales con mayores garantías de éxito.

Finalmente, debe haber una coordinación eficiente entre los departamentos comercial y logístico a la hora de determinar la regla Incoterms óptima. En muchos casos, el área comercial, en su lógico afán por cerrar los contratos, puede pactar reglas inadecuadas que luego supongan enormes retos y complejidades para el departamento logístico. Por lo tanto, antes de cerrar los contratos, estos se han de valorar desde ambas áreas de la organización.

2   Criterios de aplicación de las reglas Incoterms al contrato de compraventa

A continuación se plantean determinados criterios de aplicación y recomendaciones para la correcta coordinación de la regla acordada con diferentes aspectos del contrato de compraventa.

- **Redactar correctamente la regla Incoterms**
  En la redacción de las reglas deben utilizarse las tres iniciales que identifican cada una de ellas en inglés, seguidas del lugar concreto al que se refieren en cada caso

(puerto, terminal o almacén). Al término del redactado ha de especificarse la versión de las reglas Incoterms en la que se inscribe el contrato de compraventa. Nótese que, si bien una nueva versión no deroga las anteriores, es conveniente remitirse a la versión más reciente, como se muestra en los ejemplos de redacción.

El lugar que concreta la regla Incoterms debe especificarse con la mayor exactitud posible, pues determina (casi siempre) dos aspectos clave de las condiciones acordadas: el punto de entrega y transmisión de riesgos y el momento en el que la empresa vendedora deja de asumir los costos de la cadena logística.

Si no quiere redactarse una descripción excesivamente extensa de dicho lugar, puede hacerse una más genérica (y corta) en la regla Incoterms, pero en el contrato de compraventa se debe redactar la descripción extensa (por ejemplo, cuando se indica «Cundinamarca» se acuerda que el punto geográfico que concreta la regla es «Calle 2#18-93, Vía Mosquera, Parque Industrial San Jorge, bodega 57, Mosquera, Cundinamarca. Colombia». En caso contrario, es conveniente que la redacción de la misma sea todo lo exacta posible.

Sobre la base de estas recomendaciones, véanse a continuación algunos ejemplos de redacciones correctas:

— FCA APM Terminals Callao, Perú. Incoterms 2020.
— FOB muelle sur, dársena Escombreras, puerto de Cartagena, Murcia. España. Incoterms 2020.
— CIF terminal 1, puerto de Valparaíso, Valparaíso. Chile. Incoterms 2020.

- **No utilizar variantes de las reglas Incoterms**
  Al tratarse de condiciones de venta no estandarizadas, las variantes de las reglas Incoterms obligan, en caso de optarse por ellas, a clarificar y detallar su alcance y significado en el contrato de compraventa. Así pues, si se pactan condiciones como EXW *loaded* o DDP *VAT unpaid,* entre otras, es imprescindible especificar con claridad en el contrato de compraventa las implicaciones de dichas variantes respecto a la regla general de la que proceden.

- **Indicar la regla Incoterms convenida en todos los documentos de la compraventa**
  Es muy conveniente indicar las condiciones de venta acordadas en los diferentes documentos de la compraventa: oferta, pedido o contrato de compraventa, factura, lista de contenido, certificados, documentos de transporte, documentos aduaneros, crédito documentario, etc., todo ello con independencia del formato y medio de envío de dichos documentos (papel, documento electrónico, etc.).

- **Informar a la empresa transportista de la regla Incoterms convenida y coordinar sus obligaciones y costos con los del transporte**
  Pese a que el contrato de compraventa y el de transporte son independientes, ambos deben estar coordinados para lograr dos objetivos básicos:

  - Ajustar lo mejor posible las obligaciones de las reglas Incoterms a los contratos de transporte.
  - Elaborar previsiones de costos que permitan ofertar o comparar precios para tratar de asegurar la rentabilidad de las operaciones que se planifican.

  Por ello, es fundamental informar a la operadora de transporte de la regla Incoterms acordada y solicitarle cotizaciones lo más detalladas y amplias posible, de manera que se puedan asignar los costos entre las partes en función de lo que indican las condiciones pactadas y sea posible optimizar el costo global de la cadena logística. Esto cobra especial sentido en algunos escenarios como los descritos a continuación:

  - **En condiciones FOB,** la empresa vendedora debe ofrecer precios sobre la base de los costos que ha de asumir hasta entregar la mercancía a bordo, lo cual solo es posible cuando ha obtenido el cálculo de dichos costos de la operadora de transporte (transitaria o naviera) contratada por la compradora, pues debe entregar la mercancía a aquella. Si la empresa vendedora ofrece un precio muy competitivo sobre la base de una cotización de su agencia transitaria, puede encontrarse con que después deba asumir costos mayores de los previstos.
  - **En condiciones CIF,** antes de confirmar la operación, la empresa compradora debe solicitar cotizaciones sobre los gastos que le corresponde asumir, de modo que pueda evitar costos imprevistos y desproporcionados a la llegada de la mercancía al puerto de destino (esto ocurre habitualmente en cargas de grupaje).

- **Concretar los aspectos que no quedan regulados por la regla Incoterms y especificar lo mejor posible el resto**
  Es especialmente importante concretar los siguientes aspectos que no quedan regulados por las reglas Incoterms:

  - **El medio de pago.** Puede influir directamente en la elección de las condiciones de venta adecuadas.

— **La transmisión de la propiedad y la ley y jurisdicción aplicables** a las posibles disputas derivadas del contrato de compraventa. En la medida en que las partes los puedan pactar libremente, conviene indicar el marco jurídico aplicable y los tribunales (o corte arbitral en caso de optar por arbitraje) a los que se someten.

Asimismo, es muy recomendable especificar lo más detalladamente posible otros aspectos regulados en las condiciones acordadas, por ejemplo:

— **Envase y embalaje.** En general, las reglas Incoterms estipulan que la empresa vendedora debe embalar la mercancía de manera apropiada para su transporte. Se advierte que la compradora puede realizar especificaciones al respecto, y es adecuado concretar el embalaje que se considere idóneo para la operación. Esta opción cobra mayor relevancia en la medida en que la mercancía presente características específicas como peligrosidad (deberá cumplir la normativa al respecto), fragilidad, temperatura controlada, etc.

— **Documentación y trámites aduaneros.** El estudio previo, por parte de ambas compañías, de los trámites aduaneros de exportación e importación que afecten a una operación resulta clave en el desarrollo de la misma, pues en muchas ocasiones la desinformación previa provoca la paralización de la cadena logística en las aduanas y se traduce en elevados costos que suelen derivar en disputas difíciles de solventar. Así pues, ambas partes deben cooperar y facilitarse información y ayuda al respecto.

- **Tener en cuenta el momento de entrega y transmisión de riesgos y plantearse su cobertura mediante un seguro en condiciones óptimas**
  Toda regla Incoterms estipula detalladamente el momento de entrega y transmisión de riesgos, por lo que cada parte debe ser consciente de los riesgos que asume respecto al transporte de la mercancía. Así pues, resulta conveniente plantearse la contratación de un seguro que los cubra y, en todo caso, suscribir una cobertura adecuada al perfil de riesgo de la operación en función del origen, el destino, el tipo de mercancía, el modo de transporte, etc.
  Las dos únicas reglas que obligan a la contratación de un seguro (CIP y CIF) establecen una cobertura mínima que puede resultar insuficiente (modalidad A y C de las cláusulas ICC en las reglas CIP y CIF, respectivamente), por lo que es recomendable estudiar la conveniencia de ampliar los riesgos cubiertos en función de las características de la operación (por ejemplo, en CIP ampliar a la cobertura ICC «A» los riesgos por guerra y huelga).

Capítulo 7
Casos prácticos

1 Determinar los precios y atribuir los riesgos en función de la regla Incoterms

El precio es una de las herramientas más importantes de la política comercial de una compañía, por lo que en su cálculo intervienen múltiples factores (posicionamiento del producto, imagen corporativa, precio de la competencia, estrategia comercial en cada mercado, etc.).

En todos los casos, el precio debe ofrecer rentabilidad, es decir, ha de permitir cubrir costos y obtener beneficios. En este capítulo se aplica este criterio a las distintas reglas Incoterms –en función del reparto de costos entre las empresas vendedora y compradora–, se proponen una serie de orientaciones para determinar los precios de venta y se comparan alternativas respecto de diferentes ofertas de compra.

1.1 Determinar los precios de venta en función de la regla Incoterms

Para determinar el precio de venta que puede ofertar la empresa vendedora, se parte del «precio de costo de la mercancía», dato que la compañía conoce. A continuación, en caso de que se calcule sobre la base de un porcentaje del importe anterior, se añade el «margen comercial». De este modo se evita aplicar dicho margen a costos posteriores (transporte, despachos de aduanas, etc.) que no forman parte de la actividad principal de la organización y que se aconseja repercutir en la misma medida en que son soportados por la empresa vendedora.

Seguidamente, deben añadirse los «costos asociados a las operaciones» (carga y descarga, transporte, despachos de aduanas, documentación, seguro, etc.) que, según lo estipulado por la regla Incoterms en cuestión, corresponde asumir a la empresa vendedora en la misma medida en que son soportados por ella.

En la tabla 7.1 se presenta una estructura de costos o escandallo para el cálculo del precio en función de la regla aplicable a la operación. Se trata de una herramienta general que debe particularizarse según las características de cada operación, que determinan variantes sobre el procedimiento de cálculo que se expone a continuación.

Nótese que, si bien en la siguiente estructura se refleja el uso de todas las reglas Incoterms, algunas de ellas solo se aplican a determinados tipos de operaciones.

1.2   Elegir la alternativa óptima de compra

Para elegir la alternativa óptima de compra es necesario comparar las ofertas asociadas a diferentes reglas Incoterms presentadas por distintas compañías proveedoras. Este procedimiento resulta igualmente válido para optar por la oferta más adecuada al comparar los precios que presenta una misma empresa proveedora asociados al uso de reglas diferentes.

En todos los casos, conviene adoptar un criterio uniforme en el que basar la elección, que debe consistir en identificar los costos ya incluidos en cada precio (según la regla Incoterms en que se ofrece) y añadir los que la empresa compradora debe asumir en función de dicha regla hasta un mismo punto de la cadena logística (por ejemplo, su almacén).

La tabla 7.2 permite comparar los diferentes precios ofertados y determinar la alternativa óptima de compra, entendida como aquella que posibilita a la empresa compradora recibir el producto en sus instalaciones al menor costo global. En todo caso, la elección de la regla Incoterms óptima resultará de la ponderación entre la mejor alternativa según este criterio y la aplicación de otros criterios pertinentes, como la minimización de los riesgos, el mayor nivel de control de la cadena logística, la mayor rapidez de entrega (menor tiempo de viaje o *transit time),* las condiciones globales de compra con cada proveedor, etc.

Escandallo para el cálculo de los precios de venta en función de la regla Incoterms		
	Concepto	**Observaciones**
	Precio de costo de fabricación de la mercancía	Se trata del costo de fabricación de la mercancía o del precio de costo de un producto listo para su venta (en el caso de las empresas distribuidoras). A este precio deben añadirse, según proceda, los costos que se detallan a continuación
+	Envase y embalaje adecuados para el transporte	
+	Costos específicos de la exportación (certificado de origen, certificado de inspección, certificado técnico, etc.)	
+	Otros costos (seguro de crédito, seguro de cambio, gastos financieros de aplazamiento de pago, etc.)	
=	**Precio de costo de fabricación para la exportación**	
+	Comisión de la agencia comercial	Se debe evitar que esta comisión dependa de la regla Incoterms, por ejemplo, pagándola por unidad vendida o aplicándola –si se calcula como un porcentaje sobre el precio– al precio de costo de fabricación para la exportación. De este modo se disuade a la agencia comercial de pactar reglas Incoterms amplias para incrementar su comisión
=	**Precio base para la exportación**	Base de costo a la que es aplicable el margen comercial (como un porcentaje sobre esta base o según un importe determinado)
+	Margen comercial o beneficio que se espera obtener de la operación	Este margen se puede calcular como un porcentaje sobre el precio de costo de fabricación para la exportación o como un importe a añadir a dicho precio
=	**EXW instalaciones o local de la empresa vendedora**	
+	Carga del vehículo (camión, contenedor, etc.)	Normalmente es un costo interno de la empresa vendedora por lo que no se refleja en los casos prácticos

Continúa

Continuación

	Concepto	Observaciones
+	Despacho de exportación (si procede)	
=	**FCA instalaciones o local de la empresa vendedora**	
+	Transporte interior hasta las instalaciones de la operadora de transporte contratada por la empresa compradora	
=	**FCA otro lugar: almacén de la empresa porteadora**	
+	Transporte interior hasta la terminal de exportación	Aplicable en el caso de que FCA otro lugar no incluya el transporte hasta la terminal de exportación y este segundo transporte sea requerido hasta dicho punto
=	**FCA otro lugar: almacén de la empresa porteadora, terminal portuaria, aeropuerto o estación ferroviaria**	
+	Manipulación y gastos en la terminal de exportación	En el caso de designarse una terminal portuaria. Estos costos engloban, generalmente: – Cargos de manipulación en la terminal (terminal handling charges o THC). En el transporte contenerizado, este concepto incluye la descarga del vehículo de llegada a la terminal, su traslado a la playa de contenedores y su manipulación en la terminal hasta su carga a bordo del buque portacontenedores – Tasas portuarias o muellaje – Cargos por seguridad relacionados con la aplicación del Código de Protección de Buques e Instalaciones Portuarias (PBIP), también conocido como ISPS (International Ship and Port Facility Security Code) – Otros costos en la terminal: almacenamiento, demoras, pesaje, etc.
=	**FAS puerto de embarque**	
+	Carga a bordo del buque	En el transporte contenerizado, este concepto se incluye en el flete, mientras que en el transporte de graneles y de carga general debe considerarse por separado

	Concepto	Observaciones
=	**FOB puerto de embarque**	Aunque en las reglas Incoterms no se recomienda su aplicación al transporte contenerizado, se recoge aquí esta regla debido a su extendido uso en este tipo de transporte
+	Transporte principal	Este importe se corresponde con: – En el transporte marítimo, con el costo del transporte entre puertos (flete). En el caso específico del transporte marítimo contenerizado es necesario precisar qué incluye el flete respecto de la carga y descarga (mediante grúa portacontenedores). Además, conviene señalar que el flete se incrementa con diferentes recargos: por combustible (BAF), por congestión (CS), por ajuste de moneda (CAF), por cobro en destino, por paso de un canal, por piratería, por temporada alta, por peligrosidad (IMO), por seguridad (recargo ISPS), etc. – En el transporte por carretera, con el costo del transporte puerta a puerta y con los costos desde FCA almacén de la empresa vendedora hasta DAP almacén de la empresa cliente – En el transporte aéreo, con el costo del transporte entre los aeropuertos de origen y destino y sus recargos – En el transporte ferroviario, con costo del transporte entre las estaciones ferroviarias de origen y destino y sus recargos
=	**CPT terminal/puerto de destino/ aeropuerto/estación ferroviaria (= CFR puerto de importación = DAP puerto de importación)**	DAP parece diseñada para llegar hasta un punto interior más allá del puerto pero la P indica place y su polivalencia permite usarla en combinación con un puerto marítimo u otro tipo de terminal de llegada al país de destino
+	Prima del seguro de transporte de la mercancía	
=	**CIP terminal/puerto de destino/ aeropuerto/estación ferroviaria (= CIF puerto de importación)**	Aunque la CCI no recomienda el uso de CFR y CIF con transporte en contenedor, su combinación es muy habitual, sobre todo en el caso de CIF

Continúa

Continuación

	Concepto	Observaciones
+	Descarga en la terminal de destino	Este costo debe añadirse en precios DPU terminal de llegada si no se incluye por defecto en el contrato de transporte. En tal caso, la empresa vendedora no puede recuperarlo de la compradora. En el transporte marítimo contenerizado, la descarga del contenedor mediante la grúa portacontenedores puede –salvo que se opere en condiciones de línea regular, que es lo más habitual– no estar incluida en el flete, sino en los cargos de manipulación en destino, en cuyo caso corresponde asumirla a la empresa vendedora. Por ello, es necesario que ambas empresas soliciten cotizaciones detalladas a fin de atribuir claramente los costos (la vendedora asume la descarga y la compradora, el resto de los costos) y evitar el pago por duplicado de este u otro concepto
=	**DPU terminal/puerto de destino/ aeropuerto/estación ferroviaria**	DPU parece diseñada para llegar hasta un punto interior más allá del puerto pero la P indica place y su polivalencia permite usarla en combinación con un puerto marítimo u otro tipo de terminal de llegada al país de destino
+	Costos en la terminal/puerto de destino/aeropuerto/estación ferroviaria (tasas o muellaje, manipulaciones, tarifas, etc.)	
+	Transporte interior hasta el almacén de la empresa compradora u otro lugar (plataforma logística, etc.)	
=	**DAP almacén de la empresa compradora u otro lugar (si procede)**	
+	Descarga en el lugar de destino	Lo habitual es que esta descarga sea realizada por personal de la empresa compradora y supondría un costo interno por lo que no se reflejará en los casos prácticos
=	**DPU almacén de la empresa compradora u otro lugar (si procede)**	

	Concepto	Observaciones
-	Descarga en el lugar de destino	DDP no incluye la descarga por lo que debe restarse
+	Despacho de importación y pago de impuestos (arancel y otros impuestos a la importación, como IVA o equivalente, impuestos especiales, etc.)	
=	**DDP almacén de la empresa compradora (u otro lugar designado por esta)**	

Tabla 7.1. Estructura de costos para el cálculo de los precios de venta
en función de la regla Incoterms.

Tabla comparativa para la elección de la alternativa óptima de compra				
Conceptos ya incluidos o que debe asumir la empresa compradora, en cada caso	**Precios ofertados por las empresas proveedoras asociados a distintas reglas Incoterms (compárense tantos precios como se considere necesario)**			
	Precio regla Incoterms 1	**Precio regla Incoterms 2**	**Precio regla Incoterms 3**	**Precio regla Incoterms 4**
Costo 1	Ya incluido/ incluir (sumar)	Ya incluido/ incluir (sumar)	Ya incluido/ incluir (sumar)	Ya incluido/ incluir (sumar)
Costo 2	Ya incluido/ incluir (sumar)	Ya incluido/ incluir (sumar)	Ya incluido/ incluir (sumar)	Ya incluido/ incluir (sumar)
Costo 3	Ya incluido/ incluir (sumar)	Ya incluido/ incluir (sumar)	Ya incluido/ incluir (sumar)	Ya incluido/ incluir (sumar)
Costo n	Ya incluido/ incluir (sumar)	Ya incluido/ incluir (sumar)	Ya incluido/ incluir (sumar)	Ya incluido/ incluir (sumar)
Costo global por comparar	Costo global 1	Costo global 2	Costo global 3	Costo global 4

Tabla 7.2. La elección de la alternativa óptima de compra debe basarse en la comparación
de las ofertas asociadas a diferentes reglas Incoterms.

1.3 Atribuir los riesgos en caso de siniestro durante el transporte

En el caso de que la mercancía sufra pérdidas o daños durante el transporte, es imprescindible la localización del siniestro para atribuir los riesgos a la empresa correspondiente en función del punto de la cadena logística en que ha tenido lugar la transmisión de riesgos, según lo estipulado por la regla Incoterms pactada.

Si el siniestro se produce después de la entrega de la mercancía, corresponde a la empresa compradora asumir los riesgos, pues estos le son transmitidos por la vendedora en el momento de la entrega. En este supuesto, pese a que no se especifica en las reglas Incoterms, la compradora debe abonar la compraventa (aunque ello puede depender de las condiciones de los contratos de compraventa y de transporte) y, si procede, puede reclamar a la porteadora, siempre que esta sea responsable según las condiciones pactadas, las particularidades del siniestro y la normativa reguladora del contrato de transporte que resulte aplicable.

En cambio, si el siniestro se produce antes de la entrega de la mercancía, se considera que la empresa vendedora no ha logrado llevar a cabo la entrega y, por tanto, debe asumir los riesgos y costos del siniestro, que no puede repercutir a la compradora. En estas circunstancias, esta compañía puede reclamar a la porteadora, si procede. En la tabla 7.3 se resumen ambas situaciones.

Conviene tener en cuenta que, pese a la estrecha relación existente entre ambos contratos, las reglas Incoterms estipulan las condiciones del contrato de compraventa, pero no las del de transporte, que se regula por el marco jurídico que sea aplicable y sus propias condiciones. En todo caso, la parte que se determine que asume el riesgo y sufre la pérdida quedaría legitimada para reclamar a la operadora de transporte la indemnización compensadora, siempre que se pueda probar su responsabilidad. Dicha indemnización se especifica y limita en la norma aplicable a cada contrato de transporte según el modo que se utilice.

Situación	Consecuencia
El siniestro se produce después de la entrega	La empresa vendedora ha transmitido los riesgos, por lo que la compradora debe abonar la compraventa
El siniestro se produce antes de la entrega	La empresa vendedora no ha transmitido los riesgos, por lo que la compradora no tiene obligación de abonar la compraventa

Tabla 7.3. La atribución de los riesgos en caso de siniestro depende del punto de la cadena logística en que este ha tenido lugar en relación con la entrega de la mercancía.

La identificación y la asignación de los riesgos mediante la regla Incoterms convenida es independiente de que estos se hayan cubierto mediante la contratación de un seguro, y constituye la clave para iniciar el proceso de resolución de la disputa.

En el caso de que los riesgos del transporte estén asegurados por un seguro de las empresas vendedora, compradora o porteadora, y que dicho seguro ofrezca cobertura respecto al siniestro ocurrido, la vía para resolver la pérdida patrimonial debe ser la reclamación posterior a la compañía aseguradora para que pague la indemnización que corresponda a la empresa que ha asumido el riesgo en el momento del siniestro y tiene que hacer frente a dicha pérdida.

2 Casos prácticos de cálculo de los precios y asignación de los riesgos

En las páginas siguientes se exponen cuatro casos prácticos que ilustran las orientaciones propuestas en este capítulo. Se trata de operaciones de compraventa llevadas a cabo en diferentes modos de transporte. Para facilitar la exposición, se ha procedido a simplificar la redacción de las reglas Incoterms y se han expresado los precios en valores que, sin tener una traslación exacta, pueden asimilarse al euro o al dólar estadounidense.

Cada uno de los casos se estructura en tres fases: (1) exposición del caso, (2) cálculo de los precios o elección de la alternativa óptima de compra, y (3) determinación de la parte que debe asumir los riesgos ante los distintos siniestros que pueden producirse durante el transporte.

Datos de la operación

Una compañía de Requena, ciudad ubicada al oeste de Valencia (España), necesita calcular los precios de venta de una partida de juguetes con motivo de la solicitud de compra de una potencial empresa cliente mexicana. El envío ha de transportarse en contenedor, y su destino final es Puebla, ciudad situada 400 km al oeste del puerto de Veracruz (México).

El contenedor destinado al envío mide 40 pies, y en él deben transportarse 26 cajas con el envase y el embalaje adecuados a la operación y su transporte. Cada caja tiene un peso unitario de 250 kg y el envío se compone de un total de 600 juguetes.

La compañía vendedora estima que puede aplicar un margen comercial del 8,5 % sobre el precio de costo de fabricación para la exportación añadiendo en cada caso, en función de las distintas reglas Incoterms, los costos que debe asumir.

La empresa compradora ha solicitado precios en las siguientes condiciones:

- FCA Requena.
- FCA Terminal Marítima Valenciana.
- FOB puerto de Valencia.
- CPT puerto de Veracruz.
- CFR puerto de Veracruz.
- CIP puerto de Veracruz.
- CIF puerto de Veracruz.
- DAP Puebla.
- DDP Puebla.

Tras contactar con varias agencias transitarias y de acuerdo con las condiciones de la mejor de las cotizaciones ofertadas (tiempo de tránsito de 15 días, servicio directo y frecuencia semanal), la compañía vendedora ha obtenido datos relevantes para el cálculo de los precios de venta, que se recogen en la tabla 7.4.

En todos los casos, el puerto de carga designado es el de Valencia, el puerto de destino, el de Veracruz y la ciudad de destino final, Puebla.

Determinar los precios de venta en función de la regla Incoterms

Mediante la aplicación de la estructura de costos se obtienen los siguientes precios de venta en las condiciones requeridas por la empresa compradora.

Concepto	Precio (€/$)
Precio de costo unitario por juguete	15,60
Envase y embalaje adecuados para la exportación	150
Certificado de origen requerido para la exportación	70
Transporte en camión portacontenedores de Requena al puerto de Valencia	229
Despacho de exportación	40
Cargos de manipulación (THC) y gastos de estancia en la terminal de Valencia	175
Tasas portuarias en el puerto de Valencia (tarifa T3)	70
Recargo por seguridad en el puerto de Valencia (recargo ISPS)	19
Formalización y envío del conocimiento de embarque (BL)	100
Flete marítimo de Valencia a Veracruz (incluidos BAF y CAF)	1.840
Prima del seguro de transporte	50
Cargos de manipulación (THC) y de estancia en la terminal de Veracruz	120
Recargo por seguridad en el puerto de Veracruz (recargo ISPS)	15
Tasas portuarias en el puerto de Veracruz	35
Gastos globales del despacho de aduanas de importación (impuestos incluidos)	1.835
Transporte en camión portacontenedores de Veracruz a Puebla	500

Tabla 7.4. Datos relevantes para el cálculo de los precios de venta de una operación de exportación en contenedor de España a México.

- **FCA Requena**

  Para determinar el precio en condiciones FCA, debe partirse del precio de costo de fabricación y añadir los costos que se detallan en la tabla 7.5.

	Precio de costo de fabricación: 600 juguetes × 15,60	9.360
+	Envase y embalaje adecuados para la exportación	150
+	Certificado de origen requerido para la exportación	70
=	Precio de costo de fabricación para la exportación	9.580
+	Margen comercial o beneficio que se espera obtener de la operación: 0,085 × 9.580	814
=	Precio base para la exportación	10.394
+	Despacho de exportación	40
=	**FCA Requena**	**10.434**

Tabla 7.5. Cálculo del precio de venta en condiciones FCA Requena.

- **FCA Terminal Marítima Valenciana**

  Para calcular el precio en condiciones FCA terminal se debe añadir el transporte hasta dicho punto, tal como que se detalla en la tabla 7.6.

	FCA Requena	10.434
+	Transporte en camión portacontenedores de Requena al puerto de Valencia	229
=	FCA Terminal Marítima Valenciana	10.663

Tabla 7.6. Cálculo del precio de venta en condiciones FCA Terminal Marítima Valenciana.

- **FOB puerto de Valencia**

  En estas condiciones, la naviera o la agencia transitaria suelen cobrar y entregar el conocimiento de embarque a la compañía que contrata el transporte marítimo. En caso de acordar reglas del grupo C, la empresa vendedora abona y obtiene así con seguridad dicho documento. No obstante, es muy habitual que se proceda de este mismo modo en condiciones FOB, incluso si se opta por que la vendedora contrate el transporte a porte debido, de acuerdo con la alternativa propuesta en las reglas Incoterms. En todo caso, la empresa vendedora debe asegurarse la obtención del BL cuando este constituya un documento imprescindible para proceder al cobro de la compraventa. Los costos se detallan en la tabla 7.7.

	FCA Terminal Marítima Valenciana	10.663
+	Cargos de manipulación (THC) y gastos de estancia en la terminal de Valencia	175
+	Tasas portuarias en el puerto de Valencia (tarifa T3)	70
+	Recargo por seguridad en el puerto de Valencia (recargo ISPS)	19
+	Formalización y envío del BL	100
=	FOB puerto de Valencia	11.027

Tabla 7.7. Cálculo del precio de venta en condiciones FOB puerto de Valencia.

- **CPT puerto de Veracruz**

  El paso de las condiciones del grupo F a las del grupo C obliga a la empresa vendedora a contratar y pagar el transporte principal, tal como se detalla en la tabla 7.8.

	FOB puerto de Valencia	11.027
+	Flete marítimo de Valencia a Veracruz (incluidos BAF y CAF)	1.840
=	CPT puerto de Veracruz	12.867

Tabla 7.8. Cálculo del precio de venta en condiciones CPT puerto de Veracruz.

- **CFR puerto de Veracruz**

  Los precios en condiciones CPT y CFR son similares. La principal diferencia estriba en el momento de la entrega, al combinarse con el transporte contenerizado: en condiciones CPT, esta se produce al poner la mercancía a disposición de la primera empresa transportista (en este caso, en Requena), mientras que en condiciones CFR la entrega tiene lugar una vez cargada la mercancía a bordo del buque (en el puerto de Valencia). Esta circunstancia puede traducirse, en condiciones CFR, en una diferencia de costo del seguro opcionalmente contratado por la empresa vendedora para cubrir sus riesgos hasta el embarque del contenedor (diferencia de costo no reflejada en el presente cálculo expuesto en la tabla 7.9).

	CPT puerto de Veracruz	12.867
=	CFR puerto de Veracruz	12.867

Tabla 7.9. Cálculo del precio de venta en condiciones CFR puerto de Veracruz.

- **CIP puerto de Veracruz**
  Respecto a la regla CPT, CIP obliga a la empresa vendedora a contratar y asumir un seguro de transporte que cubra los riesgos de la compradora en las condiciones estipuladas, tal como se refleja en la tabla 7.10.

	CPT puerto de Veracruz	12.867
+	Prima del seguro de transporte	50
=	CIP puerto de Veracruz	12.917

Tabla 7.10. Cálculo del precio de venta en condiciones CIP puerto de Veracruz.

- **CIF puerto de Veracruz**
  Aunque en este caso se han considerado similares, como se puede ver en la tabla 7.11, los precios en condiciones CIP y CIF pueden variar por los mismos motivos aducidos al calcular el precio de venta en condiciones CFR puerto de Veracruz. Esto es debido a que, en condiciones CIF, el seguro debe cubrir los riesgos a partir del momento de la entrega sobre el buque (en el primer puerto de embarque si hubiese varios por transbordo) y en condiciones CIP, desde Requena, por lo que la prima puede verse incrementada.

	CIP puerto de Veracruz	12.917
=	CIF puerto de Veracruz	12.917

Tabla 7.11. Cálculo del precio de venta en condiciones CIF puerto de Veracruz.

- **DAP Puebla**

  Respecto a las reglas CIP y CIF, DAP Puebla obliga a la empresa vendedora a asumir los costos en la terminal portuaria de destino y el transporte hasta el almacén de la compradora. En este caso, suponemos que la vendedora, para cubrir sus riesgos, opta por contratar el mismo seguro suscrito en condiciones CIP para asegurar los de la compradora (en caso contrario, dicho costo puede restarse) que ahora pueden incluir trayectos posteriores al puerto de destino. Los costos se detallan en la tabla 7.12.

	CIP/CIF puerto de Veracruz	12.917
+	Cargos de manipulación (THC) y gastos de estancia en la terminal de Veracruz	120
+	Recargo por seguridad en el puerto de Veracruz (recargo ISPS)	15
+	Tasas portuarias en el puerto de Veracruz	35
+	Transporte en camión portacontenedores de Veracruz a Puebla	500
=	DAP Puebla	13.587

Tabla 7.12. Cálculo del precio de venta en condiciones DAP Puebla.

- **DDP Puebla**

  La regla DDP obliga a la empresa vendedora a gestionar y asumir los costos del despacho de importación, tal como puede verse en la tabla 7.13.

	DAP Puebla	13.587
+	Gastos globales del despacho de aduanas de importación (impuestos incluidos)	1.835
=	DDP Puebla	15.422

Tabla 7.13. Cálculo del precio de venta en condiciones DDP Puebla.

Atribuir los riesgos en caso de siniestro

A continuación se determina, en función de las diferentes reglas Incoterms, qué parte debe asumir los riesgos por pérdida o daño de la mercancía ante un siniestro ocurrido durante el transporte en cada uno de estos cinco puntos de la cadena logística:

a) En el transporte por carretera entre Requena y la terminal del puerto de Valencia.
b) Durante la estancia y manipulación del contenedor en la terminal de Valencia.
c) Durante el transporte marítimo entre puertos.
d) Durante la estancia y manipulación del contenedor en la terminal de Veracruz.
e) En el transporte por carretera entre el puerto de Veracruz y el almacén de Puebla.

En la tabla 7.14 se indica la atribución de los riesgos en caso de siniestro en cada uno de los puntos descritos, según deba asumirlos la empresa vendedora o la compradora.

Obsérvese que, en caso de que el siniestro se localice en la situación *b)*, en condiciones FOB, la vendedora no entrega la mercancía hasta que el contenedor se carga a bordo del buque en el puerto de exportación, mientras que en condiciones FCA terminal de Valencia la entrega se produce al llegar el camión a la terminal de contenedores, sin necesidad de ser descargado.

Localización del siniestro	Reglas Incoterms								
	FCA Requena	FCA Valencia	FOB Valencia	CPT Veracruz	CFR Veracruz	CIP Veracruz	CIF Veracruz	DAP Puebla	DDP Puebla
a)	Compradora	Vendedora	Vendedora	Compradora	Vendedora	Compradora	Vendedora	Vendedora	Vendedora
b)	Compradora	Compradora	Vendedora	Compradora	Vendedora	Compradora	Vendedora	Vendedora	Vendedora
c)	Compradora	Compradora	Compradora	Compradora	Compradora	Compradora	Compradora	Vendedora	Vendedora
d)	Compradora	Compradora	Compradora	Compradora	Compradora	Compradora	Compradora	Vendedora	Vendedora
e)	Compradora	Compradora	Compradora	Compradora	Compradora	Compradora	Compradora	Vendedora	Vendedora

■ Empresa vendedora.
▨ Empresa compradora.

Tabla 7.14. Atribución de los riesgos en caso de siniestro en diferentes puntos de la cadena logística.

En condiciones CPT, conviene tener en cuenta, en relación con las situaciones *a)* y *b),* que la regla Incoterms estipula la entrega y la transmisión de riesgos al poner la mercancía a disposición de la primera empresa transportista en caso de que existan varias, como ocurre en las operaciones de transporte multimodal contenerizado. Por lo tanto, la entrega se produce cuando la mercancía se pone a disposición de la primera transportista, la de transporte por carretera, en el almacén de la empresa vendedora (en este caso, en Requena). Por el contrario, en condiciones CFR, la entrega no tiene lugar hasta que el contenedor se carga a bordo del buque en el puerto de exportación. Esta misma diferencia se deriva de la comparación de las alternativas en condiciones CIP y CIF.

Datos de la operación

Una compañía distribuidora de productos de alimentación ubicada en Manresa, ciudad situada al noroeste de Barcelona (España), ha solicitado a una compañía establecida en Santiago de Chile una propuesta de compraventa de una partida de conserva de carne con varios precios asociados a distintas reglas Incoterms.

La compañía española debe analizar los precios que ofrece la empresa proveedora y determinar la alternativa óptima para pactar la operación. Mediante el criterio que exponemos de optimización de los costos de la cadena logística, se elegirán las condiciones de venta que permitan obtener la partida de conserva en el almacén español al menor costo.

El envío se compone de 400 bandejas, cada una de las cuales contiene 10 latas de conserva dispuestas para su comercialización en el mercado español. La mercancía puede transportarse en su totalidad en un contenedor de 40 pies.

En la tabla 7.15 se recogen los precios ofertados por la proveedora chilena en diferentes condiciones de venta.

Al objeto de elegir la alternativa óptima de compra, la compañía española ha solicitado cotizaciones de transporte a varias agencias transitarias. Finalmente, ha optado por el embarque del contenedor en el puerto de San Antonio (cercano a Santiago de

FCA Santiago de Chile	43.890
FCA terminal de contenedores del puerto de San Antonio	44.215
FOB puerto de San Antonio	44.832
CIF puerto de Barcelona	47.638
DAP Manresa	48.117

Tabla 7.15. Precios ofertados en una operación de importación en contenedor de Chile a España.

Transporte del contenedor de Santiago de Chile al puerto de San Antonio	462
Cargos de manipulación (THC) y otros costos (recargo por seguridad ISPS) en la terminal de San Antonio	110
Despacho de exportación	40
Flete marítimo de San Antonio a Barcelona (incluidos BAF, CAF, paso del canal de Panamá, seguridad, etc.)	2.575
Formalización y envío del conocimiento de embarque (BL)	100
Seguro de transporte	175
Cargos de manipulación (THC) en el puerto de Barcelona	200
Recargo por seguridad en el puerto de Barcelona (recargo ISPS)	20
Tasas portuarias en Barcelona (tarifa T3)	70
Gestión del despacho de importación	95
Transporte interior (acarreo) por carretera de Barcelona a Manresa	299

Tabla 7.16. Datos relevantes para la cotización del transporte en una operación de importación en contenedor de Chile a España.

Chile) y su transporte hasta el puerto de Barcelona mediante un servicio semanal y directo con un tiempo de tránsito de 42 días. En la tabla 7.16 se detallan los datos relevantes para la cotización del transporte.

Elegir la alternativa óptima de compra

A continuación se desglosan las alternativas de compra para su comparación con el objetivo de determinar las condiciones que permitan a la compañía compradora recibir la mercancía en sus instalaciones al menor costo global. En la tabla 7.17 se incluyen los precios ofrecidos por la empresa proveedora y los costos que debe asumir la importadora en cada caso.

Obsérvese que no se toman en consideración los despachos de aduana en la elección de la alternativa óptima de compra, dado que en todas las condiciones de venta despacha de exportación la empresa vendedora, y de importación, la compradora. En cambio, para conocer el costo global sí debe tenerse en cuenta el despacho de importación.

De la comparación de las diferentes alternativas ofertadas por la empresa proveedora se desprende que las condiciones óptimas de compraventa para la compradora corresponden a la regla Incoterms FCA terminal de San Antonio. Esto implica que esta compañía debe asumir, además del precio ofertado por la empresa chilena, los costos no incluidos en este, como se indica en la tabla 7.17. Finalmente, si al costo global por comparar reflejado en la tabla (47.764) se le suman la gestión del despacho de importación (95) y los impuestos a la importación (supóngase que ascienden a 1.230),

Tabla comparativa para la elección de la alternativa óptima de compra					
Conceptos ya incluidos o que debe asumir la empresa compradora, en cada caso	FCA Santiago de Chile 43.890	FCA terminal de San Antonio 44.215	FOB puerto de San Antonio 44.832	CIF puerto de Barcelona 47.638	DAP Manresa 48.117
Transporte terrestre de Santiago de Chile a San Antonio	462	Ya incluido	Ya incluido	Ya incluido	Ya incluido
Cargos de manipulación (THC) en la terminal de San Antonio	110	110	Ya incluido	Ya incluido	Ya incluido
Flete marítimo	2.575	2.575	2.575	Ya incluido	Ya incluido
Formalización y envío del BL	100	100	Ya incluido	Ya incluido	Ya incluido
Seguro de transporte	175	175	175	Ya incluido	Ya incluido
Cargos de manipulación (THC) en el puerto de Barcelona	200	200	200	200	Ya incluido
Recargo por seguridad en el puerto de Barcelona	20	20	20	20	Ya incluido
Tasas portuarias en Barcelona (tarifa T3)	70	70	70	70	Ya incluido
Transporte interior por carretera de Barcelona a Manresa	299	299	299	299	Ya incluido
Costo global por comparar	47.901	47.764	48.171	48.227	48.117

Tabla 7.17. Tabla comparativa de los costos globales de compra para la elección de la regla Incoterms óptima.

el costo final que la empresa compradora debe asumir para obtener la mercancía en sus instalaciones es de 49.089.

Atribuir los riesgos en caso de siniestro

A continuación se determina, en función de las diferentes condiciones ofertadas, qué parte debe asumir los riesgos por pérdida o daño de la mercancía ante un siniestro ocurrido durante el transporte en cada uno de estos cinco puntos de la cadena logística:

a) En el transporte terrestre de Santiago de Chile al puerto de San Antonio.
b) Durante la manipulación y la estancia en la terminal del puerto de San Antonio.
c) En el transporte marítimo entre San Antonio y Barcelona.
d) Durante la manipulación y la estancia en la terminal del puerto de Barcelona.
e) En el transporte terrestre de Barcelona a Manresa.

En la tabla 7.18 se indica la atribución de los riesgos en caso de siniestro en cada uno de los puntos descritos, según deba asumirlos la empresa vendedora o la compradora.

Localización del siniestro	FCA Santiago de Chile	FCA San Antonio	FOB San Antonio	CIF Barcelona	DAP Manresa
a)	Compradora	Vendedora	Vendedora	Vendedora	Vendedora
b)	Compradora	Compradora	Vendedora	Vendedora	Vendedora
c)	Compradora	Compradora	Compradora	Compradora	Vendedora
d)	Compradora	Compradora	Compradora	Compradora	Vendedora
e)	Compradora	Compradora	Compradora	Compradora	Vendedora

⬛ Empresa vendedora.
◻ Empresa compradora.

Tabla 7.18. Atribución de los riesgos en caso de siniestro en diferentes puntos de la cadena logística.

Datos de la operación

Una compañía exportadora de flor domiciliada en Puerto Lumbreras (Murcia, sureste de España) ha establecido contacto comercial con un potencial cliente, una compañía importadora ubicada en Mosquera, cerca de Bogotá (Colombia).

Precio de costo unitario por esqueje	3,30
Envase y embalaje adecuados para la exportación	70
Certificados de origen y fitosanitarios requeridos para la exportación	50
Margen comercial aplicable al precio de costo de fabricación para la exportación	35 %
Transporte por carretera desde el almacén de la empresa exportadora hasta la terminal de carga del aeropuerto de Barcelona	100
Despacho de exportación	40
Cargos de manipulación en el aeropuerto de Barcelona	28
Tasas aeroportuarias en el aeropuerto de Barcelona	17
Flete aéreo de Barcelona a Bogotá	250
Recargo de combustible aplicable al flete	304
Prima del seguro de transporte aéreo	43
Cargos de manipulación en el aeropuerto de Bogotá	24
Tasas aeroportuarias en el aeropuerto de Bogotá	15
Despacho de importación e impuestos	620
Transporte terrestre (acarreo) de Bogotá a Mosquera	92

Tabla 7.19. Datos relevantes para el cálculo de los precios de venta de una operación de exportación de España a Colombia.

La compañía debe calcular los precios de venta relativos al envío de una partida de flor cortada compuesta por 1.000 esquejes, que ha de transportarse desde sus instalaciones hasta el aeropuerto de Barcelona por carretera y, desde allí, en transporte aéreo hasta el aeropuerto de Bogotá. La operación concluye con un transporte final por carretera hasta Mosquera. En la tabla 7.19 se recogen los datos relevantes para el cálculo de los precios de venta.

Los precios deben calcularse en las siguientes condiciones de venta:

- FCA almacén de Puerto Lumbreras.
- FCA terminal de carga del aeropuerto de Barcelona.
- CPT terminal de carga del aeropuerto de Bogotá.
- CIP terminal de carga del aeropuerto de Bogotá.
- DAP almacén de Mosquera.
- DDP almacén de Mosquera.

Determinar los precios de venta en función de la regla Incoterms

Mediante la aplicación de la estructura de costos propuesta se obtienen los siguientes precios de venta en las condiciones requeridas.

- **FCA almacén de Puerto Lumbreras**
  Para determinar el precio en condiciones FCA debe partirse del precio de costo de fabricación y añadir los costos que se detallan en la tabla 7.20.

	Precio de costo de fabricación: 1.000 esquejes × 3,30	3.300
+	Envase y embalaje adecuados para la exportación	70
+	Certificados de origen y fitosanitarios requeridos para la exportación	50
=	Precio de costo de fabricación para la exportación	3.420
+	Margen comercial: 0,35 × 3.420	1.197
+	Despacho de exportación	40
=	FCA almacén de Puerto Lumbreras	4.657

Tabla 7.20. Cálculo del precio de venta en condiciones FCA almacén de Puerto Lumbreras.

- **FCA terminal de carga del aeropuerto de Barcelona**

  Para calcular el precio en condiciones FCA terminal se debe añadir el transporte hasta dicho punto, como se puede ver en la tabla 7.21.

	FCA almacén de Puerto Lumbreras	4.657
+	Transporte por carretera desde el almacén de la empresa exportadora hasta la terminal de carga del aeropuerto de Barcelona	100
=	FCA terminal de carga del aeropuerto de Barcelona	4.757

Tabla 7.21. Cálculo del precio de venta en condiciones FCA terminal de carga del aeropuerto de Barcelona.

- **CPT terminal de carga del aeropuerto de Bogotá**

  El paso de las condiciones FCA terminal a CPT obliga a la empresa vendedora a asumir los costos en la terminal y el transporte principal hasta destino, como se puede ver en la tabla 7.22.

	FCA terminal de carga del aeropuerto de Barcelona	4.757
+	Cargos de manipulación en el aeropuerto de Barcelona	28
+	Tasas aeroportuarias en el aeropuerto de Barcelona (E2/GTC)	17
+	Flete aéreo de Barcelona a Bogotá	250
+	Recargo de combustible aplicable al flete	304
=	CPT terminal de carga del aeropuerto de Bogotá	5.356

Tabla 7.22. Cálculo del precio de venta en condiciones CPT terminal de carga del aeropuerto de Bogotá.

- **CIP terminal de carga del aeropuerto de Bogotá**

  Respecto a la regla CPT, CIP obliga a la empresa vendedora a contratar y asumir un seguro de transporte que cubra los riesgos de la compradora en las condiciones estipuladas, como se puede ver en la tabla 7.23.

	CPT terminal de carga del aeropuerto de Bogotá	5.356
+	Prima del seguro de transporte aéreo	43
=	CIP terminal de carga del aeropuerto de Bogotá	5.399

Tabla 7.23. Cálculo del precio de venta en condiciones CIP terminal de carga del aeropuerto de Bogotá.

- **DAP almacén de Mosquera**

  Respecto a la regla CIP, DAP obliga a la empresa vendedora a asumir los costos en la terminal aeroportuaria de destino y el transporte hasta el almacén de la compradora, como se puede ver en la tabla 7.24. Suponemos, en este caso, que la vendedora, para cubrir sus riesgos, opta por contratar el mismo seguro que ha suscrito en condiciones CIP para asegurar los de la compradora. En caso contrario, dicho costo puede restarse.

	CIP terminal de carga del aeropuerto de Bogotá	5.399
+	Cargos de manipulación en el aeropuerto de Bogotá	24
+	Tasas aeroportuarias en el aeropuerto de Bogotá	15
+	Transporte terrestre (acarreo) de Bogotá a Mosquera	92
=	DAP almacén de Mosquera	5.530

Tabla 7.24. Cálculo del precio de venta en condiciones DAP almacén de Mosquera.

- **DDP almacén de Mosquera**

  La regla DDP obliga a la empresa vendedora a gestionar y asumir los costos del despacho de importación, como se puede ver en la tabla 7.25.

	DAP almacén de Mosquera	5.530
+	Despacho de importación e impuestos	620
=	DDP almacén de Mosquera	6.150

Tabla 7.25. Cálculo del precio de venta en condiciones DDP almacén de Mosquera.

Atribuir los riesgos en caso de siniestro

A continuación se determina, en función de las diferentes condiciones ofertadas, qué parte debe asumir los riesgos por pérdida o daño de la mercancía ante un siniestro ocurrido durante el transporte en cada uno de los siguientes cinco puntos de la cadena logística:

a) En el transporte entre Puerto Lumbreras y la terminal del aeropuerto de Barcelona.

b) Durante la estancia y manipulación del envío en la terminal del aeropuerto de Barcelona.

c) En el transporte aéreo.

d) Durante la estancia y manipulación del envío en la terminal del aeropuerto de Bogotá.

e) En el transporte por carretera entre el aeropuerto de Bogotá y Mosquera.

En la tabla 7.26 se indica la atribución de los riesgos en caso de siniestro en cada uno de los puntos descritos, según deba asumirlos la empresa vendedora o la compradora.

Localización del siniestro	FCA Puerto Lumbreras	FCA Barcelona	CPT Bogotá	CIP Bogotá	DAP Mosquera	DDP Mosquera
a)	○	●	○	○	●	●
b)	○	○	○	○	●	●
c)	○	○	○	○	●	●
d)	○	○	○	○	●	●
e)	○	○	○	○	●	●

● Empresa vendedora.
○ Empresa compradora.

Tabla 7.26. **Atribución de los riesgos en caso de siniestro en diferentes puntos de la cadena logística.**

Datos de la operación

Una compañía española ubicada en Sevilla se dispone a calcular precios de venta aplicables a un envío de lámparas de cristal cromado a una compañía marroquí domiciliada en Rabat. En este mercado se opera mediante una agencia comercial. La empresa importadora ha solicitado precios en las siguientes condiciones:

- FCA almacén de la empresa vendedora en Sevilla.
- CPT Rabat.
- CIP Rabat.
- DAP Rabat.
- DDP Rabat.

Precio de costo unitario por lámpara	675
Envase y embalaje adecuados para la exportación	289
Comisión de la agencia comercial aplicable al precio de costo de fabricación para la exportación	2 %
Margen comercial o beneficio que se espera obtener de la operación	3.100
Certificado de origen requerido para la exportación	60
Despacho de exportación	30
Transporte internacional por carretera de Sevilla a Rabat	1.800
Prima del seguro de transporte internacional por carretera	73
Despacho de importación e impuestos	934

Tabla 7.27. Datos relevantes para el cálculo de los precios de venta de una operación de exportación de España a Marruecos.

El pedido, compuesto de 30 lámparas de cristal cromado, puede transportarse por carretera en un tráiler en régimen de camión completo.

En la tabla 7.27 se recogen los datos necesarios para calcular los precios de venta.

Determinar los precios de venta en función de la regla Incoterms

Mediante la aplicación de la estructura de costos se obtienen los siguientes precios de venta en las condiciones requeridas.

- **FCA almacén de la empresa vendedora en Sevilla**

  Para determinar el precio en condiciones FCA debe partirse del precio de costo de fabricación y añadir los costos que se detallan en la tabla 7.28.

	Precio de costo de fabricación: 30 lámparas × 675	20.250
+	Envase y embalaje adecuados para la exportación	289
+	Certificado de origen requerido para la exportación	60
=	Precio de costo de fabricación para la exportación	20.599
+	Comisión de la agencia comercial: 0,02 × 20.599	412
=	Precio base para la exportación	21.011
+	Margen comercial o beneficio que se espera obtener de la operación	3.100
+	Despacho de exportación	30
=	FCA almacén de la empresa vendedora en Sevilla	24.141

Tabla 7.28. Cálculo del precio de venta en condiciones FCA almacén de la empresa vendedora en Sevilla.

- **CPT Rabat**

  El paso de las condiciones FCA almacén a CPT destino obliga a la empresa vendedora a asumir los costos del transporte principal hasta destino, como se puede ver en la tabla 7.29.

	FCA almacén de la empresa vendedora en Sevilla	24.141
+	Transporte internacional por carretera de Sevilla a Rabat	1.800
=	CPT Rabat	25.941

Tabla 7.29. Cálculo del precio de venta en condiciones CPT Rabat.

- **CIP Rabat**

  Respecto a la regla CPT, CIP obliga a la empresa vendedora a contratar y asumir un seguro de transporte que cubra los riesgos de la compradora en las condiciones estipuladas, como se puede ver en la tabla 7.30.

	CPT Rabat	25.941
+	Prima del seguro de transporte internacional por carretera	73
=	CIP Rabat	26.014

Tabla 7.30. Cálculo del precio de venta en condiciones CIP Rabat.

- **DAP Rabat**

  La empresa vendedora puede optar por no contratar un seguro, en cuyo caso es posible restar la prima del precio CIP. Suponiendo que en condiciones DAP la compañía vendedora decida contratar –para cubrir sus riesgos– el mismo seguro de igual costo que antes contrataba en condiciones CIP para cubrir los riesgos de la compradora, el resultado será como se puede ver en la tabla 7.31.

	CIP Rabat	26.014
=	DAP Rabat	26.014

Tabla 7.31. Cálculo del precio de venta en condiciones DAP Rabat.

- **DDP Rabat**

  La regla DDP obliga a la empresa vendedora a gestionar y asumir los costos del despacho de importación, como se puede ver en la tabla 7.32.

	DAP Rabat	26.014
+	Despacho de importación e impuestos	934
=	DDP Rabat	26.948

Tabla 7.32. Cálculo del precio de venta en condiciones DDP Rabat.

Atribuir los riesgos en caso de siniestro

A continuación se determina, en función de las diferentes condiciones ofertadas, qué parte debe asumir los riesgos por pérdida o daño de la mercancía ante un siniestro ocurrido en el transporte por carretera de Sevilla a Rabat. En la tabla 7.33 se indica la atribución de los riesgos según deba asumirlos la empresa vendedora o la compradora.

Localización del siniestro	FCA Sevilla	CPT Rabat	CIP Rabat	DAP Rabat	DDP Rabat
En el transporte por carretera de Sevilla a Rabat	○	○	○	●	●

● Empresa vendedora.
○ Empresa compradora.

Tabla 7.33. Atribución de los riesgos en caso de siniestro en el transporte por carretera de Sevilla a Rabat.

Test sobre conocimiento y aplicación de las reglas Incoterms

A continuación se exponen cuatro cuestionarios tipo test para evaluar tus conocimientos sobre la aplicación correcta y efectiva de las reglas Incoterms 2020. Al final hallarás las soluciones para hacer tu propia autoevaluación.

Test de autoevaluación

Afianza tus conocimientos sobre las reglas Incoterms 2020.

Recuerda que también puedes experimentar cómo aplicarlas correctamente, desde cualquier dispositivo o navegador.

Accede a **www.margebooks.com** y supera los test de autoevaluación.

Elija la respuesta correcta (o incorrecta si así se especifica) entre las opciones que se presentan en cada una de las siguientes cuestiones:

1. El comercio internacional proporciona:

   a) Solo grandes beneficios sin ningún riesgo.
   b) Grandes riesgos sin ningún beneficio.
   c) Escasos beneficios y grandes riesgos.
   d) Grandes beneficios, pero también riesgos que se deben minimizar.

2. Las operaciones de compraventa internacional presentan mayores riesgos y complejidad respecto de las nacionales por, entre otros, los siguientes motivos (señale la incorrecta):

   a) Diferente regulación del contrato de compraventa en cada país.
   b) Transportes más complejos y extensos dentro de la cadena logística.
   c) Gestiones y documentación relativa a los procedimientos de despacho aduanero de exportación e importación.
   d) Mayor confianza entre la empresa vendedora y la compradora en relación al cumplimiento de las principales obligaciones de cada uno relativas a la compraventa: entrega del producto acordado y pago de su precio.

3. La función de las reglas Incoterms es:

   a) Determinar el medio de pago a utilizar en la compraventa internacional.
   b) Aplicándolas a un contrato de compraventa, asignar automáticamente a las partes (vendedora y compradora) algunas de las principales obligaciones relacionadas con el cumplimiento de dicho contrato.

c) Aplicándolas a un contrato de compraventa, asignar automáticamente a las partes (vendedora y compradora) absolutamente todas las obligaciones relacionadas con el cumplimiento de dicho contrato.

d) Regular las obligaciones de la vendedora y la compradora en el contrato de compraventa incluso por encima de lo que establezcan las leyes y normas vigentes aplicables.

4. Las obligaciones que quedan concretadas mediante las reglas Incoterms son, entre otras, las siguientes (señale la incorrecta):

a) El plazo y medio de cobro/pago de la compraventa.

b) La contratación del transporte (qué parte cada una, vendedora y compradora, y hasta qué punto).

c) La entrega de la mercancía y la transmisión del riesgo de la vendedora a la compradora respecto a los daños a la mercancía producidos durante el transporte.

d) La parte obligada a gestionar los despachos de aduana de exportación o importación (gestión, documentos a presentar, fiscalidad aduanera, etc.).

5. Entre los principales aspectos del contrato de compraventa no regulados por las reglas Incoterms podemos citar los siguientes (señale la incorrecta):

a) La calidad y las características técnicas de las mercancías objeto de compraventa.

b) El plazo y medio de cobro/pago de la compraventa.

c) La contratación del transporte (qué parte cada uno, una, vendedora y compradora, y hasta qué punto).

d) La ley para la resolución de las disputas, la jurisdicción competente y la transmisión de la propiedad.

6. En la publicación de las reglas Incoterms 2020 se exponen las obligaciones de las partes (vendedora y compradora) en el contrato de compraventa mediante un formato de esquema en el que dichas obligaciones se ordenan confrontando las de la vendedora frente a las de la compradora respecto a:

a) Ocho aspectos clave (obligaciones) del contrato de compraventa.

b) Doce aspectos clave (obligaciones) del contrato de compraventa.

c) Diez aspectos clave (obligaciones) del contrato de compraventa.

d) Seis aspectos clave (obligaciones) del contrato de compraventa.

7. En cuanto a la relación entre las reglas Incoterms y la contratación y gestión del transporte de la mercancía (señale la incorrecta):

   a) El contrato de transporte es independiente del de compraventa (aunque está muy relacionado con él), y, por lo tanto, está estrechamente relacionado con las reglas Incoterms.
   b) No guardan ninguna relación y la contratación del transporte queda fuera del alcance de las reglas Incoterms.
   c) Al contrato de transporte se le aplicarán las condiciones pactadas en el mismo (entre empresa cargadora y transportista) y el marco jurídico que le corresponda en función del medio de transporte utilizado.
   d) Las reglas Incoterms influyen decisivamente en la contratación y gestión del transporte de la mercancía.

8. La relación entre el contrato de compraventa y el de transporte es muy estrecha y se pone de manifiesto en muchos aspectos como que (señale la incorrecta):

   a) En la carta de porte se indican las condiciones para la transmisión de la propiedad de la mercancía que también regulan las reglas Incoterms.
   b) Las propias reglas Incoterms especifican las obligaciones y los costos de la vendedora y la compradora respecto del transporte de la mercancía y la asignación de sus riesgos ante un siniestro.
   c) Las propias reglas Incoterms aluden a determinados documentos o contratos de transporte como prueba de entrega y recepción de la mercancía.
   d) Las cartas de porte (formalización del contrato de transporte) suelen reflejar la regla Incoterms acordada en la operación.

9. En cuanto a la relación entre la regla Incoterms pactada en el contrato de compraventa y el contrato de seguro de transporte de las mercancías, podemos indicar que (señale la incorrecta):

   a) Deben tenerse en cuenta principalmente las obligaciones A2/B2, A3/B3, A4/B4 y A5/B5 (entrega y recepción, transmisión de riesgos, transporte y seguro).
   b) La contratación del seguro solo resulta obligatoria para la vendedora en las reglas CIP y CIF (para cubrir los riesgos de la compradora y en unas determinadas condiciones).

c) Para reglas Incoterms distintas de CIP o CIF no se establecen obligaciones de contrato de seguro, lo que no quiere decir que no convenga su contratación o, al menos, explorar la posibilidad de hacerlo.

d) Ninguna regla Incoterms indica nada respecto a las obligaciones de la vendedora o la compradora en relación a la contratación del seguro de transporte de las mercancías.

10. Respecto de la contratación del seguro de transporte cabe apuntar algunos aspectos como los siguientes (señale la incorrecta):

a) Es habitual que las operadoras de transporte ofrezcan a la cargadora, dentro de sus cotizaciones, la posibilidad de contratar un seguro de transporte.

b) En ningún caso las operadoras de transporte ofrecen a la cargadora la posibilidad de contratar un seguro de transporte.

c) Los contratos de seguro y de transporte son independientes, de modo que una operadora de transporte responsable de un siniestro, según las condiciones del contrato y el marco jurídico aplicable, no puede negarse a pagar la indemnización correspondiente aludiendo a que su seguro se niega a pagarla.

d) El contrato de seguro es un contrato formal muy complejo por lo que se recomienda que se revisen con detalle todos sus aspectos antes de proceder a su contratación.

11. Resulta conveniente plantearse la contratación de un seguro de transporte por diferentes motivos como los siguientes (señale la incorrecta):

a) El porteador responsable del siniestro no quiere (o no puede) hacer frente a la indemnización. En ese caso el seguro pagaría la indemnización y la reclamaría al porteador.

b) El valor de la mercancía supera el límite de indemnización del porteador regulado en el convenio o norma que rige el contrato de transporte, y mediante el seguro podemos acordar que la suma asegurada cubra todo el valor de la mercancía.

c) El valor de la mercancía siempre está cubierto por el límite de indemnización del porteador regulado en el convenio o norma que rige el contrato de transporte.

d) El siniestro se debe a una causa que exonera de responsabilidad al portador (por ejemplo, causas de fuerza mayor como inundaciones, etc.) y, en el caso de que el seguro cubra dicha causa, podremos ser indemnizados.

12. La relación entre los despachos de aduana y las reglas Incoterms viene concretada en las siguientes obligaciones reguladas en estos últimos (señale la incorrecta):

a) A7, despacho de exportación/importación: obligaciones de la vendedora respecto de estos trámites (incluyendo, en su caso, la de prestar la ayuda a la compradora y suministrarle los documentos que pueda necesitar para el despacho aduanero).

b) A1/B1, obligaciones generales: entrega de la mercancía para la vendedora y pago del precio para la compradora.

c) B7, despacho de exportación/importación: obligaciones de la compradora respecto de estos trámites (incluyendo, en su caso, la de prestar la ayuda a la vendedora y suministrarle los documentos que pueda necesitar para el despacho aduanero).

d) A9/B9, reparto de costos: indica quién debe asumir el costo de los despachos aduaneros.

13. Respecto de las partes obligadas a gestionar los despachos aduaneros, las reglas Incoterms indican que:

a) En todas las reglas despacha siempre de exportación la vendedora.

b) En todas las reglas despacha siempre de importación la compradora.

c) Tanto los despachos de exportación como los de importación son siempre gestionados y costeados por la compañía exportadora.

d) Despacha de exportación la vendedora (excepto en EXW) y de importación, la compradora (excepto en DDP).

14. En cuanto a la relación entre las reglas Incoterms y el medio de pago de la compraventa podemos indicar que (señale la incorrecta):

a) Las reglas Incoterms no especifican directamente el medio de pago/cobro de la operación.

b) Aunque las reglas no indican el medio de pago/cobro a utilizar en la compraventa, existe una relación muy estrecha entre ellos, sobre todo en el caso del uso de medios de pago documentarios.

c) La regla Incoterms especifica concretamente el medio de pago/cobro a utilizar en la operación de compraventa.

d) La relación entre las reglas Incoterms y el crédito documentario se basa precisamente en que debiera existir una correspondencia y sincronización entre los documentos requeridos en el crédito documentario, la regla Incoterms acordada y el cumplimiento (documental) de la principal obligación de la vendedora que es la entrega de la mercancía objeto de compraventa.

15. En cuanto a la relación entre las reglas Incoterms y el crédito documentario podemos indicar que (señale la incorrecta):

a) La relación se basa en que debiera existir una correspondencia y sincronización entre los documentos requeridos en el crédito documentario, la regla Incoterms acordada y el cumplimiento (documental) de la principal obligación de la vendedora que es la entrega de la mercancía objeto de compraventa.

b) Cuando se negocian las condiciones y los documentos del crédito documentario que debe presentar la compañía exportadora, tendría que exigirse el documento que esta obtiene cuando entrega la mercancía, pues en ese momento ha cumplido su principal obligación en el contrato de compraventa y debiera, por lo tanto, tener derecho al cobro en el crédito documentario mediante dicho documento de transporte.

c) No existe relación alguna y es indiferente la documentación que se exija en el crédito documentario como prueba de la entrega de la mercancía respecto de la regla Incoterms pactada en la compraventa.

d) Es clave que las partes acuerden la documentación a presentar en el crédito y sus requisitos. Esta documentación debe ser la necesaria para que la compañía importadora pueda acceder a la mercancía y despacharla de importación, y puede obedecer a diferentes razones: entrega, despacho de importación y seguridad comercial.

Elija la respuesta correcta (o incorrecta si así se especifica) entre las opciones que se presentan en cada una de las siguientes cuestiones:

1. Las reglas Incoterms multimodales son estas:

    a) EXW, FCA, FOB, CIF y DAP.
    b) EXW, FCA, CPT, CIP, DAP, DPU y DDP.
    c) EXW, FCA, FAS, FOB, CPT, CFR, CIP, CIF, DAT, DAP y DDP.
    d) FAS, FOB, CFR y CIF.

2. En las siete reglas Incoterms multimodales:

    a) Despacha de exportación e importación la vendedora.
    b) Despacha de exportación e importación la compradora.
    c) Despacha de exportación la compradora y de importación, la vendedora.
    d) Despacha de exportación la vendedora y de importación, la compradora, excepto en EXW (despacha de exportación la compradora) y DDP (despacha de importación la vendedora).

3. Con la regla Incoterms EXW:

    a) La vendedora entrega las mercancías poniéndolas a disposición de la compradora en las propias instalaciones de la vendedora o en otro lugar, sin cargarlas en el medio de transporte que haya contratado y enviado la compradora ni despachar de exportación (si se requiere).
    b) La vendedora entrega las mercancías despachadas de exportación a la empresa porteadora (transportista por carretera, transitaria, operador logístico internacional, etc.) contratado por la compradora que va a recogerlas al lugar convenido y concretado en la regla.

c) La vendedora contrata el transporte y paga su costo hasta el almacén de la compradora.

d) La vendedora controla la mayor parte de la cadena logística y ofrece un alto nivel de servicio a la compradora en la entrega de la mercancía.

4. Con la regla Incoterms FCA:

a) La compradora despacha de exportación.

b) La vendedora entrega las mercancías despachadas de exportación a la empresa porteadora (transportista por carretera, empresa transitaria, operador logístico internacional, etc.) contratado por la compradora que va a recogerlas al lugar convenido y concretado en la regla.

c) La vendedora paga el transporte principal hasta el almacén de la compradora.

d) La vendedora despacha de importación.

5. En la regla Incoterms FCA:

a) La vendedora nunca asume costos de transporte, independientemente del lugar geográfico que acompañe y concrete la regla Incoterms.

b) La compradora despacha de exportación, si es necesario realizar un despacho aduanero en el país de origen.

c) La vendedora despacha de importación, si es necesario realizar un despacho aduanero en el país de destino.

d) En el caso de FCA instalaciones del vendedor, este no asume los costos y las gestiones de transporte, pero en el caso de FCA otro lugar debe asumir los costos, la gestión y los riesgos del transporte de la mercancía hasta allí.

6. En la regla Incoterms FCA:

a) Ninguna de las partes tiene obligación de contratar un seguro de transporte, aunque, en todo caso, sería a la compradora a quien le convendría contratar un seguro que cubriese los riesgos desde el lugar de entrega hasta el de destino. Para el caso FCA otro lugar, la vendedora también asume el riesgo hasta dicho lugar por lo que puede optar por asegurarlo.

b) La compradora está obligada a contratar un seguro que cubra los riesgos del transporte.

   c) La vendedora está obligada a contratar un seguro que cubra los riesgos del transporte.

   d) La vendedora tiene un alto control de la cadena logística hasta destino.

7. Respecto a la regla Incoterms CPT:

   a) La vendedora debe contratar y pagar el transporte hasta el lugar que concreta la regla, entregando, a afectos de transmisión del riesgo a la compradora, cuando la mercancía llega a dicho lugar.

   b) La vendedora debe contratar y pagar el transporte hasta el lugar que concreta la regla, pero entrega, a afectos de transmisión del riesgo a la compradora, cuando pone la mercancía a disposición de la transportista contratada por ella. En el caso de transporte multimodal con intervención de varias porteadoras y si las partes (vendedora y compradora) no han concretado nada al respecto, la entrega se produce cuando se pone la mercancía a disposición del primer transportista.

   c) La vendedora está obligada a contratar un seguro de transporte.

   d) La compradora está obligada a despachar de exportación si esto es un requisito en el país de exportación.

8. Respecto a la regla Incoterms CPT:

   a) Ninguna de las partes tiene la obligación de contratar un seguro de transporte aunque, en todo caso, sería a la compradora a quien le convendría contratar un seguro que cubriese los riesgos desde el lugar de entrega (en origen) hasta el de destino y, si lo considera oportuno, también para los transportes posteriores.

   b) La compradora controla la mayor parte de la cadena logística.

   c) La vendedora debe asumir los costos de los despachos aduaneros de exportación e importación si la operación los requiere.

   d) La vendedora tiene la obligación de contratar un seguro que cubra los riesgos de transporte que soporta la compradora.

9. Respecto a la regla Incoterms CIP:

   a) Ninguna de las partes tiene la obligación de contratar un seguro de transporte aunque, en todo caso, sería a la compradora a quien le convendría contratar un seguro que cubriese los riesgos desde el lugar de entrega (en origen) hasta el de destino y, si lo considera oportuno, también para los transportes posteriores.

b) La compradora debe contratar y pagar el transporte desde origen hasta el lugar que concreta la regla Incoterms.

c) La compradora tiene un alto control de la cadena logística.

d) La vendedora está obligado a contratar los costos de la regla Incoterms CPT y, además, un seguro que cubra los riesgos de la mercancía respecto a su transporte (riesgos que son soportados por la compradora desde que la mercancía se entrega en origen).

10. Respecto al seguro regulado por la regla Incoterms CIP:

a) La suma del valor asegurado o suma asegurada debe cubrir al menos el 100 % del precio de compraventa y contratarse en la misma moneda del contrato de compraventa.

b) La cobertura mínima del seguro debe corresponderse con la cobertura de la cláusula ICC «A» del Instituto de Aseguradores de Londres.

c) Es condición indispensable que la vendedora pueda reclamar directamente a la aseguradora.

d) En cuanto al trayecto del transporte asegurado, debe ser exclusivamente el que se corresponde con los trayectos nacionales a recorrer en el país de la compradora.

11. Respecto a la regla Incoterms DPU:

a) La vendedora está obligada a contratar un seguro que cubra los riesgos de la mercancía respecto a su transporte (que son soportados por la compradora desde que la mercancía se entrega en origen).

b) La vendedora debe contratar y pagar el transporte hasta el lugar que concreta la regla pero entrega, a afectos de transmisión del riesgo a la compradora, cuando pone la mercancía a disposición de la porteadora contratada por ella.

c) La vendedora debe contratar y pagar el costo del transporte asumiendo sus riesgos hasta que entrega la mercancía, descargada del medio de transporte de llegada al lugar de destino convenido.

d) La compradora controla la cadena logística y ofrece un nivel alto de servicio.

12. En relación a la regla Incoterms DPU:

a) La compradora controla la cadena logística y ofrece un nivel alto de servicio.

b) Ninguna de las partes tiene la obligación de contratar seguro de transporte aunque, en todo caso, sería a la vendedora al que le convendría contratar un seguro que cubriese los riesgos hasta el lugar de entrega (lugar de destino designado), incluyendo la descarga allí.

c) A efectos de transmisión de riesgos, la vendedora entrega a la compradora en sus instalaciones situadas en el origen del transporte.

d) Es una regla muy adecuada para combinarse con los créditos documentarios (como todos los del grupo D).

13. Con la regla Incoterms DAP:

a) La vendedora ha de pagar todos los costos y soportar los riesgos del transporte hasta posicionar la mercancía en el lugar de destino, sobre el vehículo de transporte, cuando llega (en ese momento, normalmente en el almacén de la compradora, se transfieren los riesgos a esta).

b) La vendedora debe contratar y pagar el transporte hasta el lugar que concreta la regla pero entrega, a afectos de transmisión del riesgo a la compradora, cuando pone la mercancía a disposición de la empresa porteadora contratada por ella.

c) La compradora controla la cadena logística y ofrece un nivel alto de servicio.

d) La vendedora está obligada a contratar un seguro de transporte para cubrir los riesgos que soporta la compradora.

14. En relación a la regla Incoterms DAP:

a) La compradora controla la cadena logística y ofrece un nivel alto de servicio.

b) La vendedora despacha de exportación y de importación, si la operación lo requiere.

c) Tanto vendedor como comprador están obligados a contratar un seguro de transporte que cubra los riesgos que cada uno soporta.

d) La vendedora entrega cuando la mercancía se pone a disposición de la compradora sobre los medios de transporte sin descargar en el lugar de destino designado.

15. En relación a la regla Incoterms DDP:

    a) La compradora despacha de importación
    b) Supone para la vendedora las mismas obligaciones y costos que DAP pero además debe gestionar y pagar el despacho de importación y sus impuestos (arancel y otros).
    c) La compradora controla la cadena logística y ofrece un nivel alto de servicio.
    d) La vendedora debe contratar y pagar el transporte hasta el lugar que concreta la regla pero entrega, a afectos de transmisión del riesgo a la compradora, cuando pone la mercancía a disposición de la porteadora contratada por ella.

Elija la respuesta correcta (o incorrecta si así se especifica) entre las opciones que se presentan en cada una de las siguientes cuestiones

1. Las reglas Iincoterms para transporte marítimo son:

   a) EXW, FCA, CPT, CIP, DAP, DPU y DDP.
   b) FAS, FOB, CFR y CIF.
   c) EXW, FOB, CFR y CIF.
   d) FCA, FOB, CFR y CIF.

2. Un factor en contra del uso de reglas Incoterms marítimas con transporte marítimo en contenedor es:

   a) La inercia de usarse tan habitualmente.
   b) Clarifica el reparto de imputación de costos entre vendedor y comprador.
   c) La complejidad en la asignación del riesgo ante un siniestro.
   d) Las cotizaciones de las agencias transitarias se suelen ofrecen en términos marítimos.

3. Un factor a favor del uso de reglas Incoterms marítimas con transporte marítimo en contenedor es:

   a) Mayor control de los costos que puede acabar asumiendo la vendedora.
   b) Mayor riesgo de incumplimiento de la fecha de embarque.
   c) Complejidad en la asignación del riesgo ante un siniestro.
   d) Las cotizaciones de las agencias transitarias se suelen ofrecen en términos marítimos.

4. Con la regla Incoterms FAS:

a) La vendedora debe entregar la mercancía, despachada de exportación, al costado del buque (en el muelle bajo la grúa que cargará la mercancía) contratado por la compradora, en el puerto de embarque designado (en el país de la vendedora), donde se entrega a efectos de costo y riesgo.

b) La vendedora debe entregar la mercancía, despachada de exportación, a bordo del buque contratado por la compradora en el puerto de embarque designado (normalmente en el país de la vendedora). En ese momento se produce la entrega y la transferencia de riesgos (de daños a la mercancía durante el transporte) a la compradora.

c) La vendedora debe entregar la mercancía, despachada de exportación, a bordo del buque (igual que FOB), y contratar y pagar el costo de su transporte hasta el puerto de destino designado.

d) La vendedora debe entregar la mercancía, despachada de exportación, a bordo del buque (igual que FOB), y contratar y pagar el costo de su transporte hasta el puerto de destino designado (igual que CFR) pero además debe contratar un seguro de transporte que cubra los riesgos que soporta la compradora en los términos que indica la regla Incoterms.

5. En relación a la regla Incoterms FAS:

a) La vendedora despacha de exportación e importación en el caso de que resulte necesario.

b) La vendedora paga el costo de cargar la mercancía a bordo del buque en el puerto de embarque.

c) La vendedora paga el costo del transporte marítimo entre los puertos de embarque y descarga.

d) Es una regla poco utilizada y, cuando se hace, suele ser con graneles y mercancía no contenerizada.

6. En relación a la regla Incoterms FAS:

a) La compradora despacha de exportación e importación en el caso de que resulte necesario.

b) En el caso de combinarse con transporte en régimen de fletamento sería conveniente utilizar como términos de embarque LIFO o línea regular (en ambos el flete que se paga a la naviera ya incluye la operación de carga en origen).

c) La vendedora debe pagar el costo de descargar la mercancía en el puerto de destino.

d) Las dos partes (vendedor y comprador) tienen obligación de contratar un seguro de transporte, cada una para cubrir los riesgos de transporte que soporta la otra.

7. Con la regla Incoterms FOB:

a) La vendedora debe entregar la mercancía, despachada de exportación, al costado del buque (en el muelle bajo la grúa que cargará la mercancía) contratado por la compradora en el puerto de embarque designado (en el país de la vendedora), donde se entrega a efectos de costo y riesgo.

b) La vendedora debe entregar la mercancía, despachada de exportación, a bordo del buque contratado por la compradora en el puerto de embarque designado (normalmente en el país de la vendedora). En ese momento se produce la entrega y la transferencia de riesgos (de daños a la mercancía durante el transporte) a la compradora.

c) La vendedora debe entregar la mercancía, despachada de exportación, a bordo del buque (igual que FOB), y contratar y pagar el costo de su transporte hasta el puerto de destino designado.

d) La vendedora debe entregar la mercancía, despachada de exportación, a bordo del buque (igual que FOB), y contratar y pagar el costo de su transporte hasta el puerto de destino designado (igual que CFR) pero además debe contratar un seguro de transporte que cubra los riesgos que soporta la compradora en los términos que indica la regla Incoterms.

8. En relación a la regla Incoterms FOB:

a) La compradora despacha de exportación e importación en caso de que resulte necesario.

b) La vendedora paga el costo de cargar la mercancía a bordo del buque en el puerto de embarque y entrega una vez que se ha cargado.

c) La vendedora paga el costo del transporte marítimo entre los puertos de embarque y descarga.

d) La vendedora está obligada a contratar un seguro que cubra los riesgos del transporte marítimo que soporta la compradora.

9. En relación a la regla Incoterms FOB:

   a) La compradora paga la carga de la mercancía a bordo del buque en el puerto de embarque.
   b) La vendedora despacha de exportación y la compradora, de importación.
   c) La vendedora debe pagar el costo del transporte marítimo entre puertos.
   d) La vendedora obtiene en el puerto de origen un BL con transporte prepagado *(prepaid)*.

10. Con la regla Incoterms CFR:

    a) La vendedora debe entregar la mercancía, despachada de exportación, al costado del buque (en el muelle bajo la grúa que cargará la mercancía) contratado por la compradora en el puerto de embarque designado (en el país de la vendedora), donde se entrega a efectos de costo y riesgo.
    b) La vendedora debe entregar la mercancía, despachada de exportación, a bordo del buque contratado por la compradora en el puerto de embarque designado (normalmente en el país de la vendedora). En ese momento se produce la entrega y la transferencia de riesgos (de daños a la mercancía durante el transporte) a la compradora.
    c) La vendedora debe entregar la mercancía, despachada de exportación, a bordo del buque (igual que FOB), y contratar y pagar el costo de su transporte hasta el puerto de destino designado.
    d) La vendedora debe entregar la mercancía, despachada de exportación, a bordo del buque (igual que FOB), y contratar y pagar el costo de su transporte hasta el puerto de destino designado (igual que CFR) pero además debe contratar un seguro de transporte que cubra los riesgos que soporta la compradora en los términos que indica el Incoterms.

11. En relación a la regla Incoterms CFR:

    a) La compradora debe contratar y pagar el costo del transporte marítimo entre puertos.
    b) La vendedora paga el costo del transporte marítimo, pero asume los mismos riesgos que con la regla FOB, hasta que la mercancía se encuentra a bordo del buque en el puerto de embarque.

c) La vendedora asume los riesgos del transporte entre el puerto de origen y el de destino ya que paga el flete marítimo hasta allí.

d) La vendedora está obligada a contratar un seguro que cubra los riesgos del transporte marítimo que soporta la compradora.

12. En relación a la regla Incoterms CFR:

a) La compradora está obligada a contratar un seguro que cubra los riesgos del transporte marítimo.

b) La vendedora obtiene en el puerto de origen un BL con transporte debido *(collect)*.

c) La vendedora asume los riesgos del transporte hasta que la mercancía se encuentra a bordo del buque en el puerto de destino.

d) La vendedora obtiene en el puerto de origen un BL con transporte pagado *(prepaid)*.

13. Con la regla Incoterms CIF:

a) La vendedora debe entregar la mercancía, despachada de exportación, al costado del buque (en el muelle bajo la grúa que cargará la mercancía) contratado por la compradora en el puerto de embarque designado (en el país de la vendedora), donde se entrega a efectos de costo y riesgo.

b) La vendedora debe entregar la mercancía, despachada de exportación, a bordo del buque contratado por la compradora en el puerto de embarque designado (normalmente en el país de la vendedora). En ese momento se produce la entrega y la transferencia de riesgos (de daños a la mercancía durante el transporte) a la compradora.

c) La vendedora debe entregar la mercancía, despachada de exportación, a bordo del buque (igual que FOB), y contratar y pagar el costo de su transporte hasta el puerto de destino designado.

d) La vendedora debe entregar la mercancía, despachada de exportación, a bordo del buque (igual que FOB), y contratar y pagar el costo de su transporte hasta el puerto de destino designado (igual que CFR) pero además debe contratar un seguro de transporte que cubra los riesgos que soporta la compradora en los términos que indica la regla Incoterms.

14. En relación a la regla Incoterms CIF:

a) Ninguna de las partes está obligada por esta regla a contratar un seguro de transporte.

b) La vendedora paga el costo del transporte marítimo (y un seguro que cubre los riesgos de este que soporta la compradora) pero asume los mismos riesgos que con la regla FOB, hasta que la mercancía se encuentra a bordo del buque en el puerto de embarque.

c) La vendedora debe contratar un seguro cuya suma asegurada debe cubrir al menos el 100 % del precio de compraventa y formalizarse en la misma moneda del contrato de compraventa.

d) La cobertura mínima del seguro debe corresponderse con la cobertura de la cláusula ICC «A» del Instituto de Aseguradores de Londres (LMA/IUA).

15. En relación al seguro regulado por la regla Incoterms CIF:

a) En cuanto al trayecto del transporte asegurado, debe cubrir los riesgos de la mercancía durante su transporte desde el punto geográfico en que se produce la entrega (en el caso de CIF, cuando la mercancía se entrega al primer transportista en el almacén de la vendedora) hasta como mínimo el puerto de destino designado.

b) La suma del valor asegurado o suma asegurada debe cubrir al menos el 120 % del precio de compraventa y contratarse en la misma moneda del contrato de compraventa.

c) Es condición indispensable del seguro a contratar que la vendedora pueda reclamar directamente a la aseguradora.

d) La cobertura mínima del seguro debe corresponderse con la cobertura de la cláusula ICC «C» del Instituto de Aseguradores de Londres (LMA/IUA).

Test 4
Relacionado con los capítulos 6 y 7 de este manual:
• **Criterios para elegir la regla Incoterms óptima**
  y aplicarla al contrato de compraventa
• **Casos prácticos**

Elija la respuesta correcta (o incorrecta si así se especifica) entre las opciones que se presentan en cada una de las siguientes cuestiones

1. Usar una regla Incoterms adecuada al medio de transporte y su operativa implicaría según las recomendaciones de la Cámara de Comercio Internacional:

    a) Usar CFR en lugar de FOB en operaciones con transporte marítimo en contenedor.
    b) Usar FCA en lugar de FOB en operaciones con transporte marítimo en contenedor.
    c) Usar CIF en lugar de FOB en operaciones con transporte marítimo en contenedor.
    d) Usar FAS en lugar de FOB en operaciones con transporte marítimo en contenedor.

2. Usar una regla Incoterms adecuada al medio de transporte y su operativa implicaría según las recomendaciones de la Cámara de Comercio Internacional:

    a) Usar CFR con transporte por carretera puerta a puerta.
    b) Usar FOB con transporte por carretera puerta a puerta.
    c) No emplear reglas Incoterms para transporte marítimo (FAS, FOB, CFR y CIF) con transporte puerta a puerta por carretera.
    d) Usar FAS con transporte por carretera puerta a puerta.

3. Para clarificar la parte (vendedor o comprador) que asume el riesgo ante un siniestro en el transporte en contenedor, deberíamos usar las siguientes reglas Incoterms:

    a) FOB, CFR, CIF, DAP y DDP.
    b) FAS, FOB, CFR, CIF, DAP y DDP.
    c) FCA, FOB, CFR, CIF, DAP y DDP.
    d) FCA, CPT, CIP, DAP y DDP.

4. Ante operaciones especialmente complejas por tratarse de mercados novedosos, cliente nuevo, nuevos proveedores de servicios logísticos, mercancías con riesgos elevados, aduanas de destino complejas, etc., se aconseja que la vendedora proponga el uso de:

    a) Una regla Incoterms corta, como FCA o FOB.
    b) Reglas Incoterms del grupo D para controlar mejor la cadena logística.
    c) La regla DAP almacén de la compradora.
    d) La regla DDP almacén de la compradora.

5. Si tenemos en cuenta la aduana y la fiscalidad internacional a la hora de elegir la regla Incoterms idónea:

    a) El criterio más lógico es que cada parte despache de aduana en su país, por lo que podríamos descartar tanto FCA como DDP.
    b) El criterio más lógico es que cada parte despache de aduana en su país, por lo que podríamos descartar tanto EXW como DAP.
    c) El criterio más lógico es que cada parte despache de aduana en su país, por lo que podríamos descartar tanto EXW como DDP.
    d) El criterio más lógico es que la vendedora despache de exportación y de importación (para controlar la coordinación de la documentación aduanera), por lo que la regla recomendable es DDP.

6. En cuanto a la relación entre las reglas Incoterms y el medio de pago, podemos indicar que:

    a) En la medida en que se haya acordado un medio de pago documentario y en él se exija determinada documentación a presentar por la vendedora, esta documentación debiera ser aquella que prueba la entrega y otras obligaciones de la vendedora según la regla Incoterms.
    b) No existe relación alguna entre ambos.
    c) Las reglas Incoterms solo se relacionan con el medio de pago si este es no documentario como, por ejemplo, en una transferencia por adelantado.

d) Las reglas Incoterms indican, en una de sus diez obligaciones, el medio de pago a utilizar y la documentación a presentar en cada caso.

7. Si se tiene en cuenta el factor de minimizar el riesgo de transporte a la hora de elegir la regla Incoterms idónea, podemos indicar que:

a) Una empresa vendedora preferirá pactar DAP puerto de destino mejor que acordar CPT puerto de destino.
b) Una empresa vendedora preferirá pactar DAP puerto de destino mejor acordar que CFR puerto de destino.
c) Una empresa vendedora preferirá pactar DAP almacén de la compradora mejor que acordar CPT almacén de la compradora.
d) Una empresa vendedora preferirá pactar CPT puerto de destino mejor que acordar DAP puerto de destino.

8. Si se tiene en cuenta el factor de tener mayor control de la cadena logística y ofrecer un mayor nivel de servicio:

a) Una empresa vendedora preferirá pactar FCA almacén del vendedor mejor acordar que DAP almacén de la compradora.
b) Una empresa vendedora preferirá pactar DAP almacén del comprador mejor que acordar FCA almacén del vendedor.
c) Una empresa vendedora preferirá pactar FCA almacén del vendedor mejor que acordar CIF puerto de destino.
d) Una empresa vendedora preferirá pactar FCA almacén del vendedor mejor que acordar DAP terminal de destino.

9. Si se tiene en cuenta el factor de elegir la regla Incoterms que minimiza el costo total:

a) En el caso de que la vendedora pudiese contratar y pagar el costo de la cadena logística a menor precio que la compradora, lo ideal sería pactar FCA almacén de la vendedora, frente a DAP almacén del comprador.
b) En el caso de que la compradora pudiese contratar y pagar el costo de la cadena logística a menor precio que la vendedora, lo ideal sería pactar DAP almacén dela compradora, frente a FCA almacén del vendedor.

c) En el caso de que la compradora pudiese contratar y pagar el costo de la cadena logística a menor precio que la vendedora, lo ideal sería pactar DAP puerto de destino, frente a FCA almacén del vendedor.

d) En el caso de que la vendedora pudiese contratar y pagar el costo de la cadena logística a menor precio que la compradora, lo ideal sería pactar DAP almacén de la compradora, frente a FCA almacén del vendedor.

10. *A priori,* si la empresa vendedora es mucho más grande y está más internacionalizada que la compradora, podemos decir que:

a) Sería preferible DAP almacén del comprador, frente a FCA almacén del vendedor.

b) Sería preferible FCA almacén del vendedor, frente a DAP almacén del comprador.

c) Sería preferible FOB puerto de embarque, frente a DAP almacén del comprador.

d) Sería preferible FCA almacén del vendedor, frente a DAP puerto de destino.

11. El criterio de elección de la regla Incoterms relativa al mayor poder de negociación de la vendedora o la compradora hace referencia a:

a) La mayor o menor dificultad de los despachos aduaneros de cada operación.

b) El mayor o menor control de la cadena logística global.

c) Minimizar el riesgo del transporte de la mercancía.

d) Que una de las partes (vendedor o comprador) pueda imponer a la otra la regla Incoterms a utilizar en la compraventa.

12. Completar la regla Incoterms para obtener un contrato de compraventa completo implica que:

a) No tiene sentido, pues las reglas Incoterms regulan todos los aspectos de una compraventa.

b) Además de la regla Incoterms debe especificarse exclusivamente el medio de pago a utilizar.

c) Teniendo en cuenta que hay aspectos que escapan a la regulación de la regla Incoterms, es muy importante que las partes la pacten expresamente y se refleje en el contrato de compraventa.

d) Además de la regla Incoterms debe especificarse exclusivamente la ley aplicable al contrato y la jurisdicción competente para posibles reclamaciones ante disputas.

13. No usar variantes de las reglas Incoterms implica que:

a) No deben usarse estas variantes (ejemplos: FOT, CPT *unload,* EXW *loaded,* etc.) pues no están reguladas y generan inseguridad jurídica respecto a las obligaciones de las partes.

b) La regla Incoterms siempre debe concretarse con el lugar donde se ubica el almacén de la vendedora.

c) La regla Incoterms siempre debe hacer referencia a la versión 2000.

d) Las partes no pueden concretar más aspectos del contrato de compraventa de los que vienen regulados por las reglas Incoterms.

14. Redactar correctamente la regla Incoterms implica que:

a) Debe redactarse en inglés.

b) La regla Incoterms siempre debe concretarse con el lugar donde se ubica el almacén de la vendedora.

c) Deben indicarse primero las letras de la regla, después el lugar geográfico de la forma más exacta posible y finalmente hacer referencia a la versión de las reglas. Por ejemplo, «FOB Terminal de Servicios Portuarios Patagonia Norte, Puerto San Antonio Este, Argentina. Incoterms 2020».

d) Deben indicarse primero el lugar geográfico de la forma más exacta posible, después las letras de la regla Incoterms y finalmente hacer referencia a la versión de las reglas. Por ejemplo, «Terminal de Servicios Portuarios Patagonia Norte, Puerto San Antonio Este, Argentina. FOB. Incoterms 2010».

15. Coordinar los contratos de compraventa y de transporte implica que:

a) Es innecesaria esta coordinación pues la regla Incoterms se aplica tanto al contrato de compraventa como al de transporte.

b) La regla Incoterms se aplica al contrato de transporte, pero no al de compraventa.

c) El precio de la compraventa será el mismo que se pagará en el contrato de transporte.

d) Es conveniente comunicar al transportista la regla Incoterms pactada y comprobar que los costos y las obligaciones del contrato de transporte son acordes a ella.

Soluciones de los test

A continuación se presentan las soluciones a los cuestionarios:

Cuestionario 1:

1d	2d	3b	4a	5c
6c	7b	8a	9d	10b
11c	12b	13d	14c	15c.

Cuestionario 2:

1b	2d	3a	4b	5d
6a	7b	8a	9d	10b
11c	12b	13a	14d	15b.

Cuestionario 3:

1b	2c	3d	4a	5d
6b	7b	8b	9b	10c
11b	12d	13d	14b	15d.

Cuestionario 4:

1b	2c	3d	4a	5c
6a	7d	8b	9d	10a
11d	12c	13a	14c	15d.

Recursos web

Test de autoevaluación

Afianza tus conocimientos sobre las reglas Incoterms 2020.

Recuerda que también puedes experimentar cómo aplicarlas correctamente, desde cualquier dispositivo o navegador.

Accede a **www.margebooks.com** y supera los test de autoevaluación.

Bibliografía

Diccionario de organizaciones económicas internacionales, *Leopoldo Ceballos López,* Instituto Español de Comercio Exterior (ICEX), Madrid 2006.

El contrato de transporte marítimo de mercancías. Reglas de La Haya-Visby, *Fernando Sánchez Calero,* Editorial Aranzadi, Cizur Menor 2010.

El contrato de transporte por carretera. Ley 15/2009, *Alfonso Cabrera Cánovas,* Marge Books, Barcelona, 2010.

El Convenio CMR, *Francisco Sánchez-Gamborino y Alfonso Cabrera Cánovas,* Marge Books, Barcelona 2012.

El seguro de las mercancías en el transporte, *Albert Badia y Felipe Arizón,* Marge Books, Barcelona 2009.

El transporte internacional por carretera, *Alfonso Cabrera Cánovas,* Marge Books, Barcelona 2011.

Flujo documental de exportación, Transporte marítimo en contenedor de línea regular, *Jesús García-Luján López y Sonia Iborra Gómez,* Fundación IPEC, Valencia 2002.

Manual del transporte de mercancías, *Jaime Mira y David Soler,* Marge Books, Barcelona 2015.

Gestión financiera del comercio internacional, Josep Ma Casadejús, Marge Books, Barcelona, 2010.

Incoterms 2010, Instituto Español de Comercio Exterior (Icex), Madrid 2011.

Incoterms: el lenguaje común del comercio internacional, Instituto Español de Comercio Exterior (ICEX), Madrid 2011.

Los 100 documentos del comercio exterior, *Albert García Trius,* Editorial Global Marketing Strategies, Madrid 2009.

Los riesgos y su cobertura en el comercio internacional, *Lázaro Hernández Muñoz,* Fundación Confemetal, Madrid 2003.

Los transportes marítimos de línea regular, *Aquilino Blanco Álvarez,* Fundación IPEC, Valencia 2007.

Manual de gestión aduanera. Normativas y procedimientos clave del comercio internacional, *Pedro Coll,* Marge Books, Barcelona, 2020.

Regímenes aduaneros económicos y procesos logísticos en el comercio internacional, *Pedro Coll,* Marge Books, Barcelona 2013.

Reglas de ICC para el uso de términos comerciales nacionales e internacionales, *Cámara de Comercio Internacional,* Publicación CCI n.º 715/S, 2010.

Reglas y usos uniformes relativos a los créditos documentarios [revisión 2007], *Cámara de Comercio Internacional,* Publicación CCI n.º 600, 2007.

Shipping and Commercial Case Law, *Albert Badia,* Marge Books, Barcelona 2013.

Transporte en contenedor, *Jaime Rodrigo de Larrucea, Ricard Marí Segarra y Joan Martín Mallofré,* Marge Books, Barcelona 2020.

Transporte internacional de mercancías, *Alfonso Cabrera Cánovas,* Instituto Español de Comercio Exterior (ICEX), Madrid, 2011.

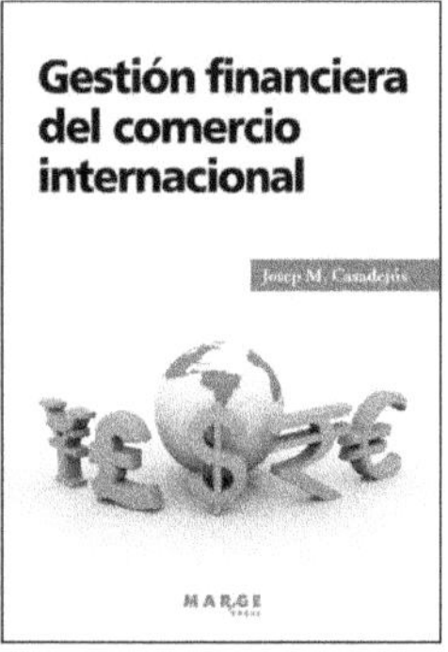

Gestión financiera del comercio internacional
Josep M.ª Casadejús

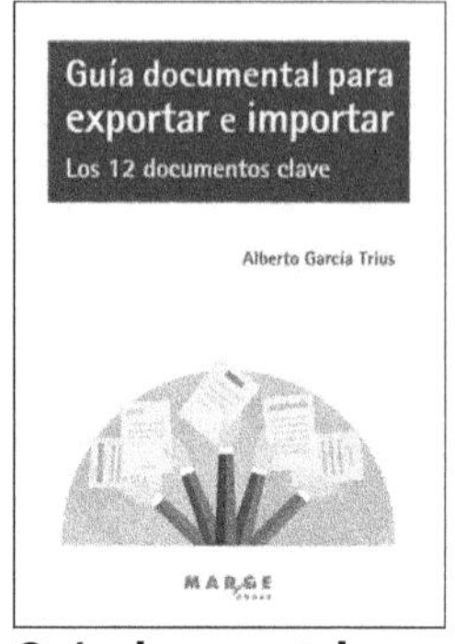

Guía documental para exportar e importar. Los 12 documentos clave
Alberto García Trius

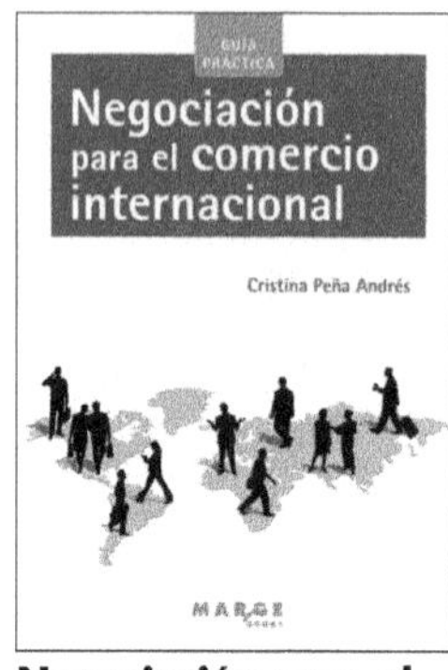

Negociación para el comercio internacional
Cristina Peña Andrés

Crédito documentario. Guía para el éxito en su gestión
Cristina Peña Andrés, Amelia de Andrés Leal

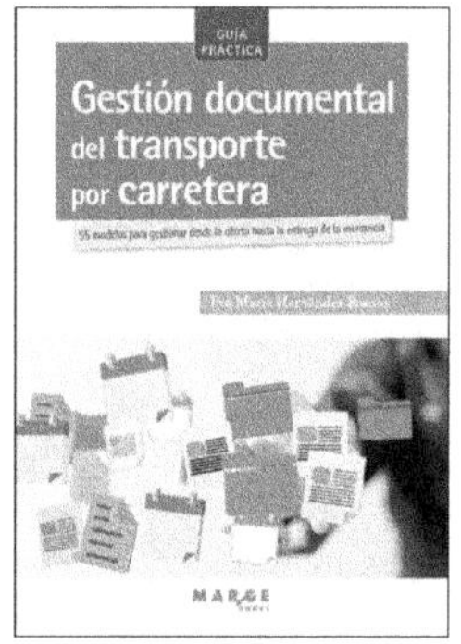

Gestión documental del transporte por carretera
Eva María Hernández Ramos

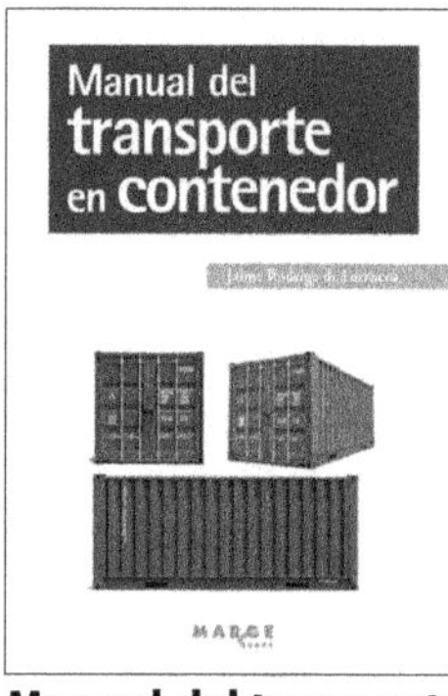

Manual del transporte en contenedor
Jaime Rodrigo de Larrucea

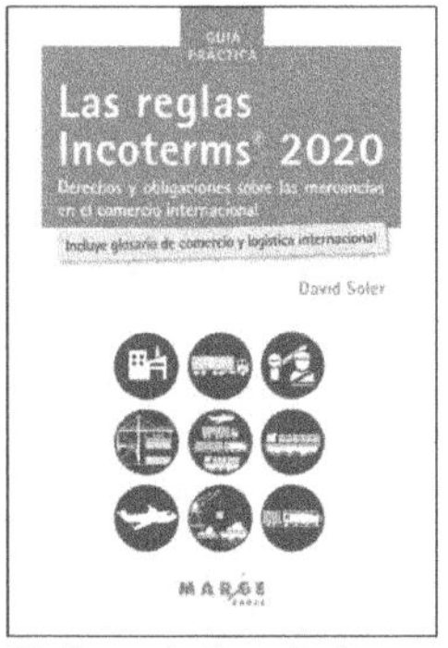

Guía práctica de las reglas Incoterms® 2020
David Soler

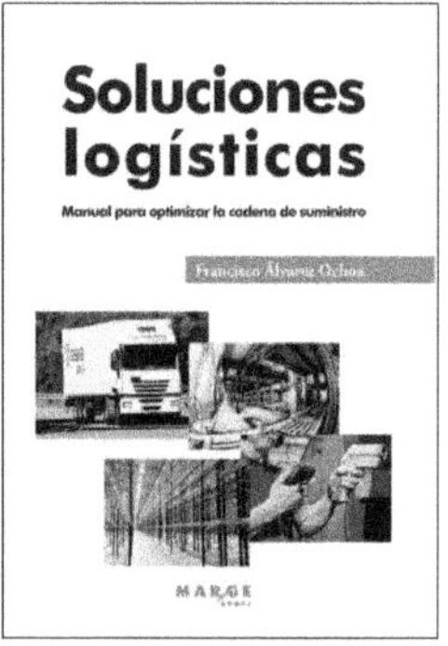

Soluciones logísticas
Francisco Álvarez Ochoa

Regímenes aduaneros económicos y procesos logísticos en el comercio internacional
Pedro Col

Manual de gestión aduanera. Normativas y procedimientos clave del comercio internacional
Pedro Coll

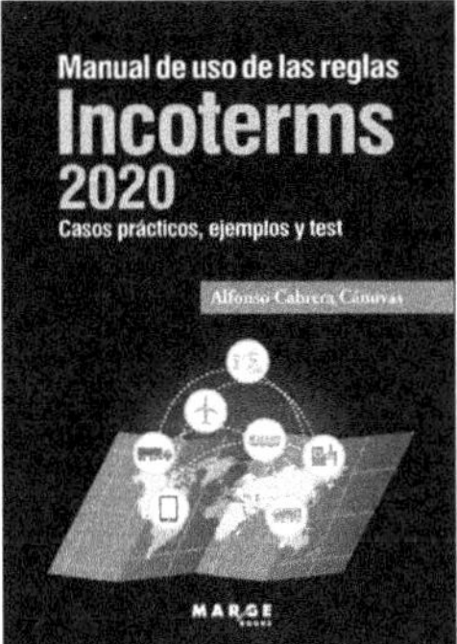

Manual de uso de las reglas Incoterms 2020
Alfonso Cabrera Cánovas

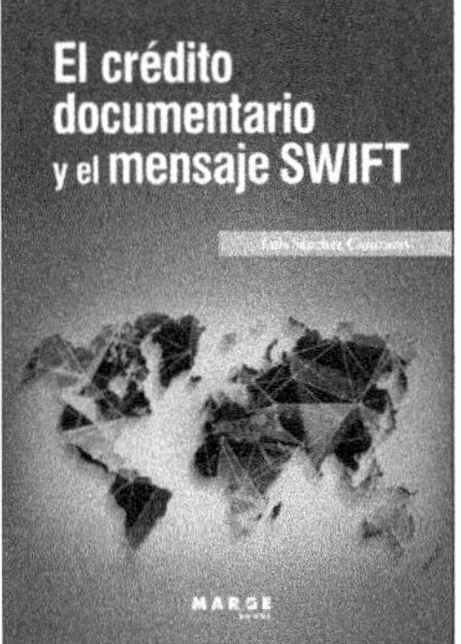

El crédito documentario y el mensaje SWIFT
Luis Sánchez Cañizares

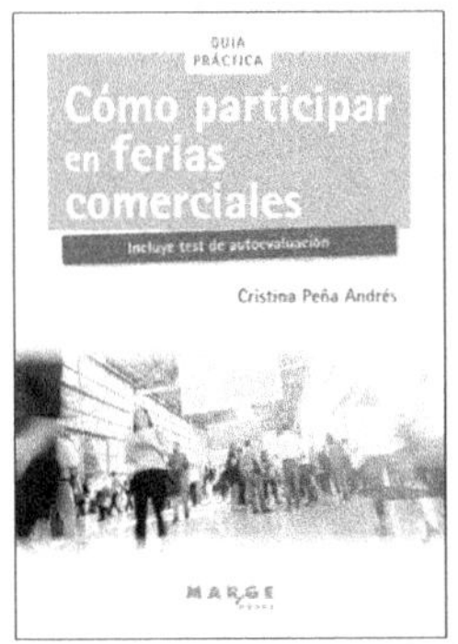

Manual de transporte para el comercio internacional
Cristina Peña Andrés

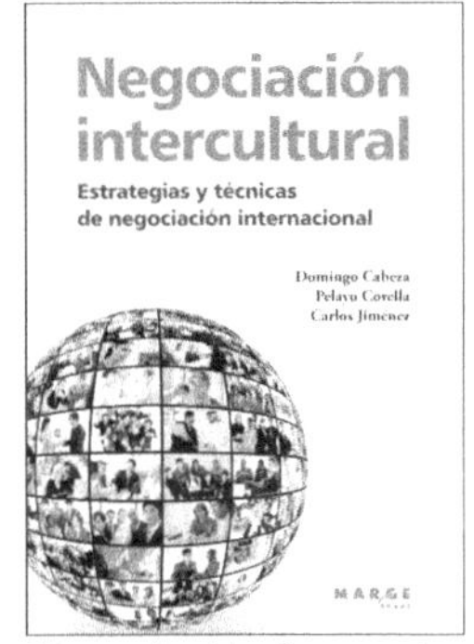

Negociación intercultural. Estrategias y técnicas de negociación internacional
Domingo Cabeza, Pelayo Corella, Carlos Jiménez

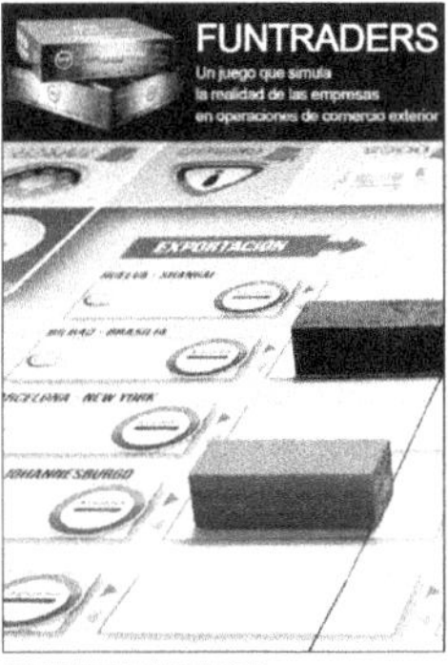

FUNTRADERS Un juego para aprender comercio internacional

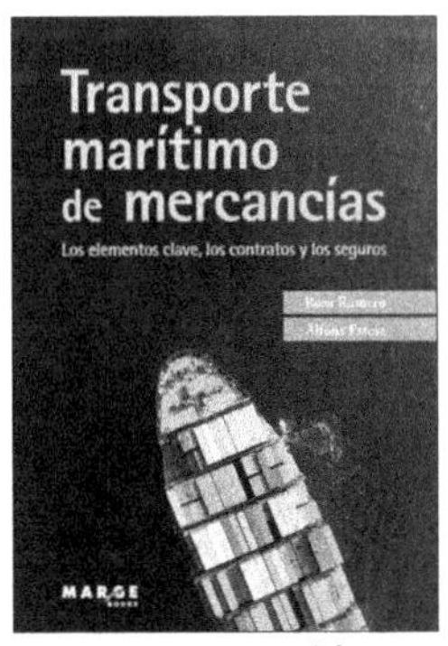

Cómo participar en ferias comerciales
Cristina Peña Andrés

Transporte marítimo de mercancías. Los elementos clave, los contratos y los seguros
Rosa Romero, Alfons Esteve

Manual del transporte de mercancías
Jaime Mira, David Soler

València, 558 – 08026 Barcelona – Tel. +34-931 429 486 – marge@margebooks.com – www.margebooks.com